INTERNET DAS COISAS (IoT)

SEGURANÇA E PRIVACIDADE DOS DADOS PESSOAIS

DAVIS ALVES — MÁRIO PEIXOTO — THIAGO ROSA

• COM BASE NA LGPD — LEI GERAL DE PROTEÇÃO DE DADOS •

INTERNET DAS COISAS (IoT)

SEGURANÇA E PRIVACIDADE DOS DADOS PESSOAIS

ALTA BOOKS
E D I T O R A
Rio de Janeiro, 2021

Internet das Coisas (IoT)

Erratas e arquivos de apoio: No site da editora relatamos, com a devida correção, qualquer erro encontrado em nossos livros, bem como disponibilizamos arquivos de apoio se aplicáveis à obra em questão.

Acesse o site **www.altabooks.com.br** e procure pelo título do livro desejado para ter acesso às erratas, aos arquivos de apoio e/ou a outros conteúdos aplicáveis à obra.

Suporte Técnico: A obra é comercializada na forma em que está, sem direito a suporte técnico ou orientação pessoal/exclusiva ao leitor.

A editora não se responsabiliza pela manutenção, atualização e idioma dos sites referidos pelos autores nesta obra.

Dados Internacionais de Catalogação na Publicação (CIP) de acordo com ISBD

A474i   Alves, Davis

     Internet das Coisas (IoT): Segurança e privacidade de dados pessoais / Davis Alves, Mário Peixoto, Thiago Rosa. - Rio de Janeiro : Alta Books, 2021.

     256 p. : il. ; 16cm x 23cm.

     Inclui bibliografia e índice.
     ISBN: 978-65-5520-122-2

     1. Ciências da computação. 2. Internet. 3. Internet das Coisas (IoT). 4. Segurança. 5. Privacidade. 6. Dados pessoais. I. Peixoto, Mário. II. Rosa, Thiago. III. Título.

                            CDD 004.678
                            CDU 004.5
2021-2046

Elaborado por Vagner Rodulfo da Silva - CRB-8/9410

Produção Editorial
Editora Alta Books

Gerência Comercial
Daniele Fonseca

Editor de Aquisição
José Rugeri
acquisition@altabooks.com.br

Produtores Editoriais
Ian Verçosa
Illysabelle Trajano
Larissa Lima
Maria de Lourdes Borges
Paulo Gomes
Thiê Alves
Thales Silva

Equipe Ass. Editorial
Brenda Rodrigues
Caroline David
Luana Goulart
Marcelli Ferreira
Mariana Portugal
Raquel Porto

Diretor Editorial
Anderson Vieira

Coordenação Financeira
Solange Souza

Equipe Comercial
Alessandra Moreno
Daiana Costa
Fillipe Amorim
Kaique Luiz
Tairone Oliveira
Thiago Brito
Vagner Fernandes
Victor Hugo Morais
Viviane Paiva

Marketing Editorial
Livia Carvalho
Gabriela Carvalho
marketing@altabooks.com.br

Atuaram na edição desta obra:

Revisão Gramatical
Alessandro Thomé
Vinicius Rocha

Capa
Rita Motta

Diagramação
Daniel Vargas

(📧) **Ouvidoria:** ouvidoria@altabooks.com.br

Editora afiliada à:

Rua Viúva Cláudio, 291 — Bairro Industrial do Jacaré
CEP: 20.970-031 — Rio de Janeiro (RJ)
Tels.: (21) 3278-8069 / 3278-8419
www.altabooks.com.br — altabooks@altabooks.com.br
www.facebook.com/altabooks — www.instagram.com/altabooks

DEDICATÓRIA

Dedico esta obra ao meu filho, Kevin Davis Girão Alves, nascido em outubro de 2019, por ser o nosso presente de Deus! Também a minha esposa, Jamille Girão Alves, pois ao lado de um grande homem sempre há uma grande esposa! Por fim, a minha mãe, Valdelice Souza Alves, e ao meu pai, Edvaldo Alves, pelo homem que me fizeram.

Davis Alves

Dedico esta obra à minha amada família, que é meu alicerce. A minha esposa, Camila Santos, e aos meus filhos, Sarah e Lorenzo, razões da minha vida. E a Deus, Jesus e Maria Santíssima, que me iluminam e me reerguem, dando-me asas de águia para continuar alçando novos voos.

Mário Peixoto

Eu dedico esta obra a minha esposa, Camila, a minha linda filha, Heloísa, e a minha mãe, Solange.

Thiago Rosa

AGRADECIMENTOS

Agradeço a Milena Andrade, Regional Manager do EXIN Brasil, pelo apoio contínuo em todas as práticas que envolvam os profissionais de TI. A todos os membros da ANPPD — Associação Nacional dos Profissionais de Privacidade de Dados, por estarem comprometidos com a temática e evolução do tema no Brasil. Só assim podemos desenvolver nosso nobre país.

Davis Alves

Agradeço ao meu irmão Hugo, pela ajuda sempre útil com sua habilidade artística, bem como aos amigos Thiago Rosa e Davis Alves, que proporcionaram uma nova dinâmica e um novo aprendizado enquanto profissionais das áreas jurídica de segurança e privacidade. Aos grandes amigos e mentores Márcio Moreira e Helio Rubens, muito importantes na minha trajetória profissional. Ao querido amigo Willian Rende, meu anjo da guarda durante os anos de faculdade. A querida amiga Suely Emiko Fujita Gonsalez, que me abriu as portas aos desafios dos riscos operacionais.

Mário Peixoto

Agradeço ao Mário Peixoto pelo convite.

Thiago Rosa

a lei dos homens não é a lei de Deus
Mas se Deus se fez humano perante os homens
ao qual eu não confio nos homens mas em Deus
Posso talvez questionar a Deus, os homens ou as leis?

[Autor Desconhecido]

BIOGRAFIA DOS AUTORES

Davis Alves

 Doutor em Administração de TI com tese sobre Green IT — Ph.D. na Florida Christian University (EUA); mestre em Administração com foco em TI Verde (USCS, 2015); extensão em Gestão TI pela FGV/SP (2011); pós-graduado em Gerenciamento de Projetos (2009); graduado em Redes de Computadores e Internet (2008). Residiu nos Estados Unidos e na Nova Zelândia para estudos. Tem as certificações ITIL® Expert, EXIN® Agile Scrum Foundation e Scrum Master, VeriSM, ISO-20000®, ISO-27002®, COBIT®, Lean IT, Green IT Citizen, Green IT Foundations, ICS MCSA®, Cloud Computing, EXIN® DPO Data Protection Officer LGPD/RGPD (PDPE, PDPF, PDPP), Cyber Security, Ethical Hacker (HumanHacking através da Fisiognomonia), DAC® Wireless, DCP® Switching, DSS® IP Surveillance. É consultor de Gestão de Sustentabilidade de TI, desenvolvendo produtos e consultorias em Green IT para órgãos públicos municipais do Brasil. Em 2019, assumiu como presidente da ANPPD® — Associação Nacional dos Profissionais de Privacidade de Dados. Também atua como sócio-gerente na Millennium Hardware®, responsável pela coordenação da equipe técnica e projetos de infraestrutura de TI, além de lecionar Gestão de Serviços, Segurança da Informação e Redes de Computadores na Universidade Paulista — UNIP (professor titular), Universidade Municipal de São Caetano do Sul — USCS (professor concursado), Universidade Federal de São Carlos — UFSCar e DARYUS/Faculdade Impacta. Academicamente, é membro do Congresso Científico Internacional POMS nos Estados Unidos, no qual participa como presidente da sessão de Sustentabilidade. Já no Brasil, faz parte do NDE (Núcleo Desenvolvedor Estruturante) da Universidade Paulista, no curso superior de Tecnologia em Redes de Computadores, responsável pela adequação do curso junto ao MEC, onde obteve a nota máxima (5). Também responde como instrutor credenciado pelo EXIN/PeopleCert

com foco em ITIL®, RGPD, ISO-27001®, Green IT, além de ser pesquisador e palestrante em diversos eventos científicos relacionados com TI Verde na Espanha, Holanda e Estados Unidos, tendo seus estudos publicados nesses países.

Mário Peixoto

 Tem dezoito anos de experiência em Tecnologia da Informação e Comunicação, sendo gerente em entrega de serviços de TI e gestor de segurança com histórico comprovado em grandes empresas nacionais de Call Center, telecomunicações e em uma multinacional russa, bem como em áreas da educação, agronegócios e financeira/bancária. Tem qualificação em Gestão de TI; Governança, Risco e Compliance; Transformação Digital; Infraestrutura, Controle de Acessos, Privacidade de Dados LGPD/RGPD; Serviços de Consultoria CyberSecurity e Projetos ágeis.

Membro da ABNT/CB21, Comitê Brasileiro de Normas de Gestão de Segurança da Informação e Cloud Computing da série 27000.

Autor de três livros nas áreas de Segurança da Informação e Governança de TI.

Colunista do WebInsider da Uol nas colunas de Negócios & Tecnologia, e durante algum tempo foi blogueiro do *Jornal Correio de Uberlândia*, nas colunas de TI.

No meio acadêmico, desde 2008 é professor da graduação em Sistemas de Informação, Redes de Computadores e Engenharias, nos cursos de MBA e pós-graduação em Segurança da Informação, Gestão de TI nas faculdades Uniube, Pitágoras e UNA.

É mestre em Tecnologia da Informação e Comunicação pela Universidade Federal de Uberlândia — UFU; bacharel em Ciência da Computação; especialista em Segurança da Informação; MBA em Gestão de Projetos. Certificado em: ITIL v2 e v3; ISO/IEC 27002-Information Security; ISO/IEC

20000 IT Service Management; Green IT Citizen; Cloud Computing Architecture; Scrum Master e Privacy & Data Protection Essentials e Foundation for LGPD/RGPD.

Atualmente é consultor independente para LGPD, como membro oficial da ANPPD® — Associação Nacional dos Profissionais de Privacidade de Dados, representando o estado de Minas Gerais.

Thiago Rosa

Membro fundador e cadeira fixa no Comitê Diretivo da ANPPD® — Associação Nacional dos Profissionais de Privacidade de Dados; superintendente das representações estaduais da ANPPD; faz avaliação dos comitês ANPPD; votação no conselho diretivo; orientações para a presidência da ANPPD CFO na ANPPD®; consultor de Privacidade Jurídica alinhado com LGPD e RGPD.

PREFÁCIO

Que ironia do destino chegarmos ao 21º século da Era Cristã ou Era Comum, e primeiro século do terceiro milênio, relembrando Adão e Eva, a cobra e a maça. Analogamente, teríamos o povo-empresa, os três poderes, os políticos e a lei, respectivamente. Adão sendo o cidadão ou a empresa, representando o povo, bem como os conglomerados em si; Eva sendo os três poderes (legislativo, judiciário e executivo), que tem a maça nas mãos, podendo alterá-la; a cobra representando a essência da tentação, corrupção doutrinária de seus prazeres e interesses; e a maça como a própria e legítima lei em si.

Espero, com toda sinceridade e de coração, que não sejamos reféns de autoritarismos, de imposições, hipocrisias e interesses particulares que venham repercutir, consequentemente, no cidadão de bem, trabalhador, honesto, pagador de impostos (altos), arrimo de família, que busca simplesmente uma palavra: dignidade.

Dignidade essa que já se estabelece na nossa Declaração Universal dos Direitos Humanos, que diz: *"Estabeleceu como universal o direito à vida privada: Art.12 — Ninguém será sujeito à interferência na sua vida privada, na sua família, no seu lar ou na sua correspondência, nem a ataque à sua honra e reputação. Todo ser humano tem direito à proteção da lei contra tais interferências ou ataques."*

A partir, então, do momento em que a LGPD (Lei Geral de Proteção de Dados Pessoais) esteja cada vez mais escusa, perdendo sua real essência e sendo utilizada justamente para essas interferências, não poderemos considerá-la como regra ou prescrição escrita que emana da autoridade confiável e soberana para a sociedade.

Acredito, sim, em uma LGPD isônoma, transparente, laica, clara, objetiva, coerente e fiel ao que se propõe de fato, digna realmente de prover as devidas proteções aos dados pessoais, sem segundas ou terceiras intenções e passível de aplicação prática aos Encarregados | Data Protection Officers — DPOs do Brasil.

Mário Peixoto, Msc, Esp

DPO — Data Protection Officer

Sumário

Introdução

O leitor poderá observar nesta obra questões que envolvem a segurança das informações em uma visão de cidadão-usuário, atrelada à presença do fabricante que fornece algum tipo de produto ou serviço, vinculada à Internet das Coisas (IoT). Serão apresentados, ainda, alguns insights interessantes envolvendo situações da lei em algumas passagens dos diferentes tópicos que abordaremos em cada uma das partes deste livro.

Nesse contexto, traremos para melhor elucidar essa importante relação da LGPD perante a IoT, o cenário que envolve uma das "coisas" tão utilizadas por esse cidadão-usuário, tanto em casa quanto na própria empresa, que são essas famosas televisões digitais, mais especificamente as *Smart TVs* (TVs inteligentes).

O grande desafio nessa intrigante relação cidadão-usuário, fabricante, o próprio produto, bem como as leis que vigoram em torno desse contexto, é saber até que ponto a segurança das informações é algo tratado com o devido cuidado e respeito. Até onde e como estão sujeitas à privacidade de cada usuário perante aquilo que se tem e não tem nas políticas e nos termos de uso? O que vaza? O que de fato está em jogo? Quais os interesses? Será uma questão de políticas púbicas? Ou simplesmente de readequação do estado da arte em utilizar seu aparelho dito inteligente? Por isso, nos basearemos, como exemplo principal, na Smart TV para contextualizar as questões de segurança, privacidade e proteção dos dados nesse universo da Internet das Coisas, demonstrando assim até que ponto esse cidadão-usuário estaria à mercê de supostas violações de sua privacidade, bem como o papel do fabricante quanto a suas políticas de privacidade, compreendendo, por fim, essa diferença de considerar a proteção não apenas na teoria de sua política, mas, sobretudo, na prática.

Enfim, durante a leitura deste livro, o leitor encontrará em um conteúdo extremamente rico em informações históricas, operacionais e técnicas, de cunho jurídico e de segurança das informações. Assim, temos os seguintes capítulos: no Capítulo 1, tratamos da segurança da informação e da privacidade. No Capítulo 2, abordaremos a LGPD no cenário brasileiro, enquanto que o Capítulo 3 entrará em um contexto mais técnico envolvendo, de fato, a Internet das Coisas (IoT). Por fim, o Capítulo 4 tratará sobre uma checklist de segurança para IoT na visão do Data Protection Officer (DPO).

Segurança da Informação & Privacidade

Com o passar do tempo, a evolução natural das coisas faz com que o modelo mais simples de algum determinado produto ou equipamento seja passivo de "carregar" informações de forma cada vez mais inteligente, com recursos avançados de interação e interface homem-máquina, de maneira que, com a inclusão digital, cada vez mais os acessos a esses tipos de equipamentos serão expansivos para diversas classes da sociedade. Toda essa interação, acessibilidade, mobilidade e facilidade na transposição dos conteúdos digitais de diferentes equipamentos fazem com que a segurança da informação seja um desafio a ser mantido perante o usuário dono dessas ditas "coisas" online (como uma Smart TV, geladeira, micro-ondas etc.), integrando--se ainda com outros usuários ditos "em volta", bem como com o próprio fabricante.

Por isso, essa nova dinâmica em torno da privacidade dos dados de quem utiliza ou esteja envolvido nos faz pensar em nosso tipo de comportamento, atitude e reação perante tanta informação e interação, em um contexto em que somos ao mesmo tempo espectadores (enquanto usuários) e protagonistas (enquanto clientes que definem as necessidades de consumo e aceitam as políticas de privacidade). É essa interface cultural que Steven Johnson (2001) demarca com a seguinte preocupação:

> **A interface é uma maneira de mapear esse território novo e estranho, um meio de nos orientarmos em um ambiente desnorteante. Décadas atrás, Doug Engelbart e um punhado de outros visionários reconheceram que a explosão da informação poderia ser tanto libertadora quanto destrutiva — e sem uma metaforma para nos guiar por esse espaço-informação, correríamos o risco de nos perder no excesso de informação.**

 Temos aqui, certamente, um dos primeiros e grandes desafios perante a LGPD, que será sobre o tratamento dessas informações, para que, de fato, não se perca e não se faça expor, de maneira que encontramos isso na própria lei, no Art.5º inciso X, no qual temos a seguinte passagem:

"Art. 5º Para os fins desta Lei, considera-se:

[...]

X - tratamento: toda operação realizada com dados pessoais, como as que se referem a coleta, produção, recepção, classificação, utilização, acesso, reprodução, transmissão, distribuição, processamento, arquivamento, armazenamento, eliminação, avaliação ou controle da informação, modificação, comunicação, transferência, difusão ou extração."

Por isso existe a grande diferença entre dados e informação. Proteger dados é mais complexo, porém menos impactante. Proteger informação é menos complexo, porém muito mais impactante, caso seja comprometida. E esse entendimento será mais bem elucidado justamente no início desta obra, para que o prezado leitor possa de fato compreender melhor a verdadeira essência dos dados e a diferença entre característica e qualidade. Por exemplo: o que realmente o fabricante de Smart TVs está levando para sua central (ou para outras centrais): dados ou informação? Que tipos de dados? Ou que tipos de informações? Está realmente previsto e clarificado na política de privacidade da Smart TV? Ou pior ainda: existe alguma política de privacidade? Vamos pensando...

Sabemos que existem outras "vertentes" que levam a pensar no conceito de televisão inteligente, como quando se fala em HbbTV, Set Top Box, PowerBox, PVR's, VoD, IPTV, dentre outros, mas centraremos nosso estudo na Smart TV. Pensemos sobre uma situação real que pode ocorrer: A partir do momento em que sua TV tem Wi-Fi integrado/embutido, conhecido também como "internet-TV" (o adaptador do televisor é capaz de captar o sinal Wi-Fi), alguns perigos iminentes podem estar à tona, uma vez que já sabemos que é extremamente natural controlar esse tipo de televisão por meio de aplicativos para smartfones.

A maior parte dos fabricantes tem aplicativos grátis para smartfones que permitem usar o celular para controlar o televisor. Nesse contexto, já se tem uma ideia do que pode vir como consequências aos usuários mais incautos. Essa "comodidade" de ter Wi-Fi integrado sem precisar plugar um adaptador (parecido com um pen drive) em sua TV pode custar o descuido com a segurança de suas informações. A partir do momento que sua TV tem Wi-Fi integrado e você o configura para detectar seu Access Point (AP) ou roteador wireless automaticamente quando ligada, estará, portanto, literalmente online. E isso pode ser perigoso. Até porque, o próprio manual do usuário das TVs não menciona esse tipo de situação. O importante para o fabricante, na verdade, é que você ligue e utilize sua Smart TV, independentemente de qualquer processo preventivo.

 No próprio Art. 5º, temos a descrição do titular e do controlador. Nesse caso, o fabricante da Smart TV o controlador e o próprio cidadão-usuário, o titular em questão. Temos o seguinte:

[...]

"V - titular: pessoa natural a quem se referem os dados pessoais que são objeto de tratamento;"

"VI - controlador: pessoa natural ou jurídica, de direito público ou privado, a quem competem as decisões referentes ao tratamento de dados pessoais."

Esse controlador deverá emitir um relatório ou, pelo menos, deixar disponível para o titular a clara informação daquilo que esteja sendo trafegado com os dados pessoais do titular. Bom, então você pergunta: "Mas a própria política de privacidade já não contemplaria esse resguardo?" Sim, deveria, se todo fabricante de Smart TV tivesse sua política de privacidade muito bem exposta, deixando bem claro onde encontrá-la para ser lida e entendida. E justamente dentro dessa política de privacidade constaria o acesso ao relatório de impacto dos dados pessoais, para que o titular (cidadão-usuário) melhor compreendesse o que seria exposto, se haveria algum risco à sua liberdade de comunicação, expressão e privacidade, é claro.

[...]

"XVII - relatório de impacto à proteção de dados pessoais: documentação do controlador que contém a descrição dos processos de tratamento de dados pessoais que podem gerar riscos às liberdades civis e aos direitos fundamentais, bem como medidas, salvaguardas e mecanismos de mitigação de risco."

Alguns dicionários dão o seguinte significado para a palavra "privacidade": *"Condição do que é pessoal, íntimo, vida privada, intimidade, privatividade. Intimidade de pessoal ou grupo de pessoas."*

O conceito de privacidade nasceu na filosofia antiga, com as distinções quanto aos domínios do público e do privado, como demonstra a dicotomia aristotélica entre vida política, na *polis*, e a doméstica, na *oikos*. O nascimento da privacidade, como conceito próprio, coincidiu com a desagregação da sociedade feudal — na qual o isolamento era privilégio de poucos — e com o crescimento da classe burguesa, o que favoreceu aos que dispusessem de meios materiais para tanto a reprodução, no ambiente urbano, das condições que satisfaziam a essa nova necessidade.

Até a primeira metade do século XIX, a defesa do direito à privacidade confundiu-se com a da propriedade privada e da honra, mas a partir da segunda metade do século XIX, a tutela da privacidade recebeu novos contornos na América e na Europa. No século XX, as inovações tecnológicas provocaram súbitas mudanças de paradigmas e de formatação no conceito de privacidade, elevando o risco da violação do direito a graus continuamente mais elevados, conforme o desejo de obter informações sobre pessoas tornou-se crescente em grupos econômicos e políticos, conhecedores de que quem detém a informação detém o poder (e o lucro). Esta correlação foi apontada por J. Oliveira Ascensão ao observar que, no período seguinte à guerra do Vietnã, mostrando-se oportuno o surgimento de uma alternativa ao poderio nuclear, foi encontrada na informação, de sorte que "[...] o grande lema (que não foi dito) passaria a ser: "Quem domina a informação domina o mundo."

O cientista da informação Rainer Kuhlen concebe o conceito de "privacidade" (*Privatheit*) não apenas como proteção de dados ou como o direito de ser deixado em paz, mas também como **"autonomia informacional"** (*informationelle Selbstbestimmung*), ou seja, a capacidade de, em um ambiente eletrônico, escolher e utilizar o conhecimento e a informação autonomamente e determinar quais atributos de si serão usados por outros.

Poder escolher e utilizar a informação autonomamente em um ambiente eletrônico é algo que certamente deverá ser muito bem tratado e elucidado na LGPD, evoluindo ainda bem esse assunto para deixar bem claro até onde ele vai e podem ir o titular e o controlador, ou, especificando mais, o cidadão-usuário e o fornecedor de solução ou fabricante. Então entra aqui o papel da ANPD (Autoridade Nacional de Proteção de Dados), a quem, segundo o Art. 55-B, é assegurada autonomia técnica e decisória, de maneira que a ANPD deva ser uma facilitadora para o processo de reclamações no que vem justamente ferir essa chamada autonomia informacional que o cidadão-usuário deveria ter de forma natural. Isso vai, por exemplo, de encontro ao item 24 do Art.55-B:

[...]

XXIV - implementar mecanismos simplificados, inclusive por meio eletrônico, para o registro de reclamações sobre o tratamento de dados pessoais em desconformidade com esta Lei. - (Incluído pela Lei nº 13.853, de 2019).

Na segunda metade do século XIX, foi declarada a autonomia da *privacy* em relação ao direito de propriedade, independência obtida a partir de sucessivos julgados da Suprema Corte norte-americana, mas que teve, como início de caminhada, o célebre ensaio assinado pelos advogados Samuel D. Warren e Louis D. Brandeis, publicado na *Harvard Law Review* de dezembro de 1890, intitulado *The Right to Privacy*. Os ensaístas mencionaram a transformação da sociedade por força das mudanças econômicas e políticas que agitavam o fim do século XIX, fizeram análise de vários julgados dos tribunais norte-americanos e, da inteligência das decisões e dos princípios que as fundamentaram, extraíram a ideia de um direito autônomo em relação ao de propriedade, a que denominaram *right to privacy.*

Warren e Brandeis direcionaram as tratativas para o foco sobre informações da vida privada, de maneira que havia, na época, o desenvolvimento das técnicas de impressão, o emprego da fotografia — a captação à distância das imagens de pessoas, sem permissão, estampando-as depois na imprensa diária, bem como a rápida divulgação da notícia, que faria assim o alerta aos "homens da lei" quanto à inevitável transformação em curso, o que de certa forma gerava uma ameaça aos valores morais e políticos vigentes. Sobre o direito à privacidade e de exercer controle da informação sobre si, vale resgatar o famoso ensaio de Warren e Brandeis, que já espelhava, naquele fim de século XIX, a nítida preocupação quanto à divulgação não consentida de informações relativas à intimidade da vida privada, já com as invenções da época que permitiam mais agilidade na captura de dados pessoais (a imagem, por exemplo, por meio do daguerreotipo) e divulgação destes (máquinas de tipografia mais ágeis para a impressão de jornais e novos meios de transporte), o que gerava, por outro lado, a construção de mecanismos jurídicos que se mostravam hábeis na repressão de condutas invasivas ou na prevenção de riscos.

Vale ressaltar que a LGPD deverá prever situações em que tais dados trafegados transcendem geograficamente o território nacional, ou seja, no caso de envio dos dados para determinada central do fabricante ou seus afiliados, sobretudo após o cidadão-usuário ter aceitado os termos da política de privacidade (isso, nos melhores dos casos, quando se tem uma política bem definida e publicamente existente). Em que no capítulo X da lei, em Disposições Gerais e Transitórias, Art.61, consta o seguinte:

[...]

"Art. 61. A empresa estrangeira será notificada e intimada de todos os atos processuais previstos nesta Lei, independentemente de procuração ou de disposição contratual ou estatutária, na pessoa do agente ou representante ou pessoa responsável por sua filial, agência, sucursal, estabelecimento ou escritório instalado no Brasil."

Um dos conceitos sobre o que é uma "Política de Privacidade" que vale ser ressaltado nesse momento é: conjunto de regras que determinam como serão utilizadas as informações fornecidas pelos usuários quando ocorrer o preenchimento de seus dados. Ou ainda: uma espécie de garantia, prestação de informações da empresa para com o usuário em relação à atuação e utilização dos dados a ela fornecidos.

Cada fabricante deveria manter, sempre ao alcance do usuário, sua "Política de Privacidade" (alguns chamam de "Diretiva de Privacidade", "Termos e Condições" ou "Termos de Uso") no que tange à segurança e utilização dos dados pessoais dos usuários. Nessa relação de esclarecimentos devem constar assuntos como compartilhamento das informações, esclarecimento de dúvidas referentes a cadastro, cookies, enfim, informações que comprovem o envolvimento e comprometimento da empresa para com seu cliente. Os termos de serviços nada mais são do que o contrato firmado entre você e o fabricante. Ao aceitar o que dizem os termos de serviços, você está de acordo com cada linha escrita no documento (que muito raramente é lido).

Tomando-se como base o fato de que um conjunto de dados coerentes forma informações, os quais são convertidos em conhecimento para depois ajudar nas tomadas de decisão, percebe-se o quanto a coleta de tais informações (uma vez convertidas, de voz para texto, por exemplo) serve como um "arcabouço" de sustentação para formar uma base de dados interessantes. Nesse prisma, temos as TVs inteligentes, que podem ter acesso a tais informações, muitas vezes devido à falta de cuidado do usuário, como, por exemplo, saber se minhas palavras foram transmitidas através de um formulário seguro (criptografado), se isso for legalmente permitido/respaldado por meio de uma política de privacidade, nem sempre fornecida pelos fabricantes, ou, quando sim, sem muita clareza. Ou, ainda, se existiriam mecanismos de proteção da própria Smart TV quanto ao acesso indevido quando ela estiver online, por exemplo a exigência de um processo de autenticação ou identificação por MAC quando da tentativa de acesso de algum dispositivo externo até o ambiente interno onde se encontra sua Smart TV.

Conforme pesquisas reveladas pelo IBGE, a única forma de ver TV para 54,5% dos domicílios com televisores no Brasil é por meio de um aparelho ultrapassado, como as TVs de tubo, que já não são mais fabricadas, segundo a Associação dos Fabricantes de Eletroeletrônicos (Eletros). No Brasil, os itens restantes desse tipo de aparelho são somente os que estão em estoque das lojas. Outro fator é a possibilidade de o Ministério das Comunicações analisar como o desligamento do sinal analógico, em 2018, possa ter impactado os brasileiros. A meta da pasta é levar o sinal para, no mínimo, 93% das residências que recebem programação de TV aberta com antenas analógicas. Podemos então constatar que nas próximas décadas teremos um "boom" de conversão forçada para Smart TVs em todas as classes sociais.

Além da segurança pública e do Estado, sempre derrogadoras das normas de proteção de dados pessoais, seja nos Estados Unidos da América ou na União Europeia, há outros componentes que, em conjunto, propiciam uma maior ou menor proteção da privacidade em dado espaço e tempo. Dentre eles, os culturais parecem exercer o mais amplo papel, e o cotejo entre os modelos norte-americano e brasileiro de coleta de dados pessoais para fins de investigação criminal serve à investigação quanto ao acerto dessa afirmativa. Considerando, por exemplo, que as interceptações telefônicas judicialmente autorizadas estão sob gerenciamento das autoridades norte-americanas e brasileiras, o mais recente relatório oficial norte-americano disponível a respeito (*Wiretap Report*) encerrou seu período de apuração em 31 de dezembro de 2010, registrando um número 34% maior de escutas federais e estaduais em relação ao ano anterior, ou seja, 3.194 escutas por um tempo médio de 29 dias em relação a 2009 (2.376 escutas). Se esses números impressionam em um primeiro momento, mostram-se tímidos, porém, quando comparados aos do Brasil, onde, apenas em março de 2010 — para situar a comparação entre os dois países em período próximo no tempo — havia mais de 10 mil escutas telefônicas autorizadas judicialmente. Em um momento no qual a questão da transparência das deliberações públicas segue prestigiada por legislações que visam conferir melhores práticas institucionais, na garantia dos direitos fundamentais, torna-se necessário um mais amplo debate nacional em tema de privacidade das informações pessoais, sua coleta e manejo pelo poder público e empresas privadas, sua comunicação a terceiros, a finalidade dos atos de tratamento de dados, os direitos e as garantias dos cidadãos e outras questões correlatas. Sobretudo agora, em tempos em que estamos cada vez mais integrados, conectados, em uma espécie de "bolha da imprivacidade", nesse mundo chamado Internet das Coisas (IoT).

Saiba como escrever uma política de privacidade, acessando o site da Privacy Policies.com . Entenda a importância de uma política de privacidade, como aplicá-la adequadamente e como estruturá-la, descrevendo o que, de fato, é importante:

https://www.privacypolicies.com/blog/how-write-privacy-policy/

Porém, independente da modalidade, todas essas "coisas", nesse contexto da Internet das Coisas (IoT), deverão ser previstas segundo a LGPD, desde a sua concepção, para que se exerça, de fato, a proteção de dados pessoais. No Capítulo VII da lei, Da Segurança e das Boas Práticas – Seção I – Da Segurança e do Sigilo de Dados, em seu Art. 46, inciso 2ª, assim consta:

[...]

"Art. 46. Os agentes de tratamento devem adotar medidas de segurança, técnicas e administrativas aptas a proteger os dados pessoais de acessos não autorizados e de situações acidentais ou ilícitas de destruição, perda, alteração, comunicação ou qualquer forma de tratamento inadequado ou ilícito.

§ 1º A autoridade nacional poderá dispor sobre padrões técnicos mínimos para tornar aplicável o disposto no caput deste artigo, considerados a natureza das in-

formações tratadas, as características específicas do tratamento e o estado atual da tecnologia, especialmente no caso de dados pessoais sensíveis, assim como os princípios previstos no caput do art. 6º desta Lei.

§ 2º As medidas de que trata o caput deste artigo deverão ser observadas desde a fase de concepção do produto ou do serviço até a sua execução."

Os Seis Grandes Pilares da Segurança e Privacidade

Primeiramente, é muito importante, antes de nos "debruçarmos" sobre esses seis grandes pilares, alinhar definitivamente três conceitos muitos importantes que erroneamente muitos confundem ou pensam se tratar da mesma coisa, que seriam: a Segurança, a Proteção e a Privacidade.

Segundo o site da Associação Internacional de Profissionais de Privacidade (IAPP), em termos gerais, a privacidade é o direito de ser deixado em paz ou a de estar livre de interferência ou intrusão. A privacidade das informações é o direito de ter algum controle sobre como suas informações pessoais são coletadas e usadas.

Entrando profundamente nos conceitos da Ciência da Computação, a distinção entre proteção e segurança é uma escolha de projeto. Segundo William Wulf, identifica-se proteção como um mecanismo, e segurança como uma política, fazendo da distinção entre proteção e segurança um caso particular da separação entre o mecanismo e a política, considerando, assim, o mecanismo como se fosse o *modus operandi*, o como fazer, de maneira que a política seria o "estratégico", o que fazer. Não é à toa que seja natural às vezes confundir facilmente segurança com proteção, entendendo praticamente serem a mesma coisa. Verdade que, em vários contextos, acaba sendo, porém, é muito importante entender que não se tem privacidade sem segurança e proteção. E veja o "e", e não "ou", pois se completam literalmente. Não basta ter todo um arsenal de mecanismos altamente tecnológicos de última geração se não se sabe ao certo suas proporções de ação e reação, bem como sua eficiência naquilo que realmente é necessário para se conseguir, por exemplo, a tal privacidade. São simplesmente intrínsecos entre si, provendo em seguida a sustentação mediante os seis pilares que a apoiarão nesse sentido. Então, entenda que privacidade, além de ser diferente de segurança e proteção, é dependente delas.

Novamente, conforme a própria IAPP, a privacidade dos dados é focada no uso e controle de dados pessoais — coisas como implementar políticas para garantir que as informações pessoais dos consumidores sejam coletadas, compartilhadas e usadas de maneiras apropriadas. A segurança se concentra mais na proteção de dados contra ataques maliciosos e na exploração de dados roubados com fins lucrativos. Embora a segurança seja necessária para proteger os dados, não é suficiente para abordar a privacidade.

Vamos então entender quais são e o que são esses seis grandes pilares que acabam sustentando a segurança e proteção dos dados, para que, enfim, seja possível atingir os níveis adequados de privacidade, conforme a situação. São eles:

» **Confidencialidade**: Confidencialidade é garantir que o acesso aos dados seja restrito apenas ao público-alvo, e não a outros. Como você pode esperar, quanto mais sensíveis forem as informações, mais rigorosas serão as medidas de segurança. Não é por menos sua forte ligação com privacidade. Muitas leis de privacidade dependem de controles de segurança de confidencialidade para impor requisitos legais.

» **Integridade**: Refere-se à manutenção da precisão e integridade dos dados. Em suma, trata-se de proteger os dados de modificações por partes não autorizadas, sobretudo acidentalmente, ou por eventos não humanos, como descargas eletromagnéticas ou falha no servidor. Por exemplo, um hacker pode interceptar dados e modificá-los antes de enviá-los para o destinatário pretendido. Aqui sua é ligação mais forte quanto à proteção.

» **Disponibilidade**: Em geral, as informações devem estar disponíveis quando necessárias. Para garantir alta disponibilidade de dados, você deve manter um hardware e software funcionando corretamente e fornecer largura de banda adequada. Mas essas medidas por si só não são suficientes, porque existem forças externas em questão.

» **Autenticidade**: O pilar de autenticidade é definido pela busca da garantia de que as informações sejam provenientes de uma *trusted source* (fonte confiável). Para isso, é necessário manter um registro do autor de determinada informação, a fim de atestar sua veracidade.

» **Irretratabilidade (ou não repúdio)**: Este pilar foi estabelecido com o intuito de impedir que algum usuário negue a autoria de determinada informação, garantindo assim sua autenticidade. Dessa forma, nem autor e nem receptor poderão contestar qualquer transação de dados realizada por eles.

» **Legalidade**: Procura estabelecer a legalidade (jurídica) da informação, com determinada aderência de um sistema à legislação e suas leis, caracterizado como valor legal dentro de um processo de comunicação, em que os ativos estejam de acordo com as cláusulas contratuais definidas ou a legislação política institucional, nacional e até internacional vigentes, conforme o caso.

Figura 1: Alicerce Privacidade

Fonte: Elaborado pelos autores

Então, caro leitor, deixamos aqui uma provocação. A pergunta que melhor se encaixaria não seria "*Nós realmente precisamos disso?*", e, sim, "*Antes disso, do que necessariamente precisamos?*" Tenho certeza de que agora, depois do que falamos antes, você já sabe a resposta.

Segurança Corporativa vs. Segurança Residencial (Home Offices)

Passando pelo momento coronavírus, conseguimos tirar alguns bons aprendizados, e certamente um deles é sobre o desafio da diferença de atuar em atividades operacionais ou não, executar funções, tomar decisões, enfim, trabalhar em casa, e não dentro da empresa. Diferenças essas nas quais, às vezes, não paramos para pensar, e sem nos dar conta, realizamos certas atividades como se tudo estivesse igual. Mas podemos dizer que, se nem tudo mudou, muita coisa está diferente, sobretudo o ambiente tecnológico em que você está inserido. Vamos a um pequeno e rápido exercício. Mentalize suas respostas e reflita.

- » O equipamento que está utilizando é seu ou da empresa?
  - Se for seu, está com antivírus pago e atualizado?
  - O sistema operacional é original ou pirata? E as ferramentas Office?
- » O local onde está trabalhando tem câmeras?
  - Se sim, é possível resgatar as imagens?
- » O local onde está trabalhando é compartilhado por outras pessoas, ou somente você tem acesso?
- » Sua internet é exclusiva para seu uso ou é compartilhada?
- » O seu AP — Access Point está devidamente configurado com os recursos de segurança?
  - Nesse mesmo AP existem outros equipamentos "pendurados", que acessam a internet por ele?
- » Quando você se conecta à intranet de sua empresa ou acessa o e-mail corporativo, utilizando seu equipamento particular, baixa os documentos e demais arquivos para o HD interno de seu PC/notebook?
- » Na empresa, você tinha direito a fazer impressões?
  - E em casa, você também consegue imprimir?
    - Se sim, tem seguido as melhores práticas para armazenamento e descarte?
- » Tem seguido/respeitado as políticas de senha forte, seja para o equipamento da empresa ou o seu particular?
- » Tem tido os mesmos cuidados para não acessar sites indevidos, perigosos, promíscuos, não confiáveis?
- » Se antes nas empresas as portas USB eram bloqueadas por questões de segurança, como está agora, acessando de sua casa?
  - Se for em seu equipamento particular, tem tomado o cuidado de escanear pelo antivírus? (pen drives, HDs externos etc.)

» Você realiza suas videoconferências em casa com os devidos aplicativos desktop ou web homologados pela empresa?

» Ao finalizar suas atividades, estando em casa, tem deixado seu equipamento, seja particular ou da empresa, ligado/online?

Penso que o prezado leitor deve ter imaginado alguns momentos desses, ora seguindo em partes as melhores práticas, ora seguindo totalmente as boas práticas, ou até mesmo não seguindo praticamente nada. Todavia, percebemos que estamos às voltas com uma disciplina da segurança da informação chamada "Perímetro de Segurança", perímetro esse que deveria ser como as melhores práticas que certamente a empresa tem quando você está dentro dela trabalhando. E vale, sim, pensarmos sobre essas questões de perímetro físico e lógico, buscando mitigar ao máximo os riscos inerentes a acessos indevidos, vazamento de informação ou fraudes.

NBR/ISO – 27701 – Norma Brasileira de Segurança da Informação e Privacidade

No dia 6 de agosto de 2019, a Organização Internacional de Padronização (ISO) e a Comissão Eletrônica Internacional (IEC) lançaram a ISO/IEC 27701 (ISO 27701), uma extensão de privacidade da ISO/IEC 27001 e do ISO/IEC 27002, projetada para ajudar as organizações a proteger e controlar as informações pessoais que elas manipulam. Semelhante aos padrões ISO existentes que a ISO 27701 complementa, esse novo padrão ISO pode se tornar o padrão de atendimento de fato para as organizações protegerem informações de identificação pessoal e, com isso, pode ser usado para demonstrar conformidade com os regulamentos de privacidade em todo o mundo, incluindo com o Regulamento Geral de Proteção de Dados (RGPD) ou quem sabe até mesmo com a nossa LGPD.

Inclusive, existe uma visão geral de alto nível, muito interessante, de certos requisitos principais dessa ISO 27701 aplicáveis a controladores e processadores, conforme relação com a RGPD, com a qual já podemos ter uma boa ideia perante alguma futura relação também com a LGPD, conforme pode-se observar a seguir.

Tabela 1: Características e riscos

Requisitos aplicáveis aos controladores e processadores
Quanto à confidencialidade: Os indivíduos autorizados a acessar dados pessoais devem assinar um contrato de confidencialidade.
Quanto à análise do risco: Uma avaliação de risco de privacidade deve ser realizada para identificar os riscos de processamento de dados pessoais.
Quanto à supervisão: As organizações devem nomear um indivíduo responsável pelo desenvolvimento, pela implementação, pela manutenção e pelo monitoramento de seu programa de governança e privacidade.
Quanto ao treinamento: É necessário um treinamento de conscientização da privacidade para o pessoal que tem acesso aos dados pessoais.
Quanto aos processos internos: As organizações devem adotar várias políticas e procedimentos, como planos de resposta a incidentes por violações de dados pessoais.
Quanto à manutenção de registros: A ISO/IEC 27701 exige que as organizações mantenham um registro de todas as atividades de processamento de dados pessoais, incluindo transferências desses dados entre jurisdições e divulgações a terceiros.

Requisitos específicos do controlador	Requisitos específicos do processador
Avisos de privacidade: As organizações devem fornecer uma política de privacidade contendo informações específicas sobre a coleta, o uso e o processamento de dados pessoais.	**Limitações de processamento**: As organizações devem processar dados pessoais apenas nas instruções documentadas do controlador ou processador (dependendo da função do cliente).

Requisitos de contrato do processador: As organizações devem ter um contrato por escrito com seus processadores, que aborde itens específicos, como proteger seus dados pessoais, limitando o processamento ao objetivo específico para o qual tais dados pessoais foram coletados e fornecendo notificação por violações desses dados.

Auxiliar com os direitos dos indivíduos: A ISO/IEC 27701 exige que os processadores implementem medidas que ajudam o cliente a cumprir os direitos das pessoas.

Direitos dos indivíduos: A ISO/IEC 27701 exige que as organizações implementem mecanismos para acomodar os direitos das pessoas de acessar, corrigir e apagar seus dados pessoais, além de objetar ou restringir o processamento desses dados, entre outros.

Transferências e divulgações: Os processadores devem informar ao cliente com antecedência sobre transferências de dados pessoais entre jurisdições ou quaisquer alterações pretendidas.

Privacidade por design e padrão: As organizações devem adotar medidas que operacionalizem os princípios de privacidade por design e por padrão.

Subcontratados: A ISO/IEC 27701 exige que os processadores contratem apenas um subcontratado para processar dados pessoais de acordo com os termos do contrato do cliente.

Em resumo, quanto à importante norma ISO/IEC 27701, temos o seguinte:

» A ISO/IEC 27701 é um novo padrão voltado para a privacidade, baseado no conhecido padrão de segurança ISO/IEC 27001.

» Embora a ISO/IEC 27001 forneça controles para medidas gerais de segurança, a ISO/IEC 27701 se concentra em novos requisitos e controles, junto de orientações de implementação, direcionadas especificamente à proteção de informações pessoais.

» A ISO/IEC 27701 pode ser usada para demonstrar conformidade e responsabilidade com vários regimes de privacidade em todo o mundo, incluindo o RGPD e, às vezes, a LGPD.

» As empresas podem incluir obrigações contratuais exigindo que os fornecedores que lidam com informações pessoais sigilosas obedeçam ou, quando apropriado, sejam certificados pela ISO/IEC 27701.

» Os fornecedores que lidam com informações pessoais podem iniciar proativamente os esforços para desenvolver a conformidade com a ISO/IEC 27001 e tornar-se compatível e/ou certificado sob a ISO/IEC 27701.

Um dos benefícios é que as organizações que seguirem seus requisitos criarão evidências documentais de como lidam com o processamento de dados pessoais, que podem ser usadas para facilitar acordos com parceiros de negócios nos quais o processamento desses dados seja relevante e para esclarecer o processamento de tais dados pessoais da organização com outros acionistas. Embora o RGPD ainda não tenha um método de certificação credenciado, de acordo com relatórios recentes, a ISO/IEC 27701 pode mudar isso em um futuro muito próximo.

As organizações com certificação ISO/IEC 27001 e que desejam implementar os requisitos da ISO/IEC 27701 devem considerar as seguintes etapas:

» Realizar uma avaliação de lacunas do Sistema de Gestão de Segurança da Informação (SGSI) existentes aos requisitos da ISO/IEC 27701 e produzir um plano de ação sobre como lidar com essas lacunas.

» Realizar um mapeamento de dados, sobretudo dos dados sensíveis e pessoais cadastrais, coletados pela organização, para entender o escopo desses dados e como eles são usados e compartilhados com os processadores.

» Determinar o papel da organização como controlador e/ou processador com base em fatores internos ou externos relevantes ao seu contexto, como legislação de privacidade aplicável, regulamentos, decisões judiciais ou requisitos contratuais, entre outros.

» Revisar e atualizar as políticas de privacidade para garantir que elas contenham as informações necessárias.

» Desenvolver políticas e procedimentos aplicáveis ao papel da organização.

» Começar o planejamento e a implementação da privacidade de acordo com os princípios by design/default.

Independentemente do tamanho da organização e se é um controlador ou processador de dados pessoais, seria bastante interessante as empresas considerarem buscar uma certificação ISO/IEC 27701 para sua própria organização ou solicitar a certificação de seus fornecedores. Isso é especialmente coerente, sobretudo, para processadores, subprocessadores e controladores que estão processando volumes sensíveis ou altos de dados pessoais.

Monitoramento

A eficiência do DPO está diretamente relacionada a sua capacidade de monitoramento das tarefas. Em outras palavras, ele deve ter acesso às atividades de rotina da organização para **avaliar o que pode ser melhorado**, principalmente para evitar irregularidades.

É importante registrar, por exemplo, todas as práticas e estratégias implementadas na empresa. Isso promove dois resultados importantes. Primeiro, os funcionários podem consultar as informações sobre de que forma devem trabalhar, adequando-se às novas regras. Segundo, o próprio DPO pode avaliar se eventuais irregularidades são fruto de falhas no planejamento ou se alguém ainda não adotou as novas práticas estabelecidas. Parte desse trabalho é feita por meio de auditoria interna, uma ferramenta essencial para momentos de mudanças operacionais como essa.

Por fim, vale destacar que o DPO é responsável também pelo contato entre a empresa e a autoridade supervisora, que no Brasil é a Autoridade Nacional de Proteção de Dados (ANPD). Essa relação deve ser valorizada, pois se trata de um **canal para tirar eventuais dúvidas** sobre as regras ou receber as equipes de fiscalização.

Nesse sentido, o DPO não se preocupa apenas com os funcionários da TI ou de departamentos que lidam diretamente com os dados. Qualquer reclamação de usuário ou cliente deve ser recebida por ele, assim como todo profissional cujo trabalho possa ter impactos legais no âmbito da LGPD deve receber seu suporte.

Privacy by Design e Privacy by Default

Considerar a privacidade de dados desde a sua concepção é algo que a LGPD aqui no Brasil deverá saber tratar e conduzir, assim como ocorre com a (Regulamentação Geral de Proteção aos Dados (RGPD) na Europa, valendo-se de dois conceitos muitos importantes, que são: Privacy by Design e Privacy by Default. O Privacy by Design afirma que as organizações precisam considerar a privacidade nos estágios iniciais de design e durante todo o processo de desenvolvimento de novos produtos, processos ou serviços que envolvem o processamento de dados pessoais. Enquanto a Privacy by Default significa que, quando um sistema ou serviço inclui opções para o indivíduo quanto à quantidade de dados pessoais que ele compartilha com outras pessoas, as configurações padrão devem ser as mais favoráveis à privacidade. Embora Privacy by design e Privacy by default se tornem novos requisitos legais no âmbito do LGPD, esses conceitos não são novos. Considerar a privacidade desde o início do processo de desenvolvimento é essencial para abordar com sucesso a privacidade no tratamento dos dados pessoais que se quer implantar aqui no Brasil.

Pensando já então no aumento da eficiência até, de certa forma, antecipada dessa privacidade, considerando os termos da diretiva atual que se tem descrito até então na formação da LGPD, os controladores de dados já precisam implementar medidas técnicas e organizacionais apropriadas para proteger os dados contra o processamento ilegal. Isso, no entanto, deixa espaço para que as considerações de privacidade sejam reduzidas a uma mera reflexão tardia no processo de desenvolvimento.

Dessa forma, a LGPD deverá exigir que as organizações considerem a privacidade no estágio inicial. A privacidade deve ser um dos ingredientes de um novo produto ou serviço, em vez de um conjunto geral que é adicionado no final. Isso pode parecer complexo, mas, na verdade, é mais fácil do que aplicar considerações de privacidade depois que um design é desenvolvido. Quando você pensa antecipadamente sobre quais dados pessoais deseja usar, com que finalidade e como fará isso legitimamente, reduz as chances de descobrir em um estágio posterior que a incorporação de privacidade é tecnologicamente desafiadora, cara ou até mesmo impossível. O desafio está lançado. Isso é fato. E é por isso que é importante entender bem o valor desses dados, compreender verdadeiramente a essência desses dados, sabendo diferenciar característica de qualidade, e saber que esse dado se transforma em informação e evolui durante esse processo perante a tecnologia e o negócio.

A aplicação do Privacy by Design tornará, portanto, o processo de desenvolvimento mais eficiente na proteção dos dados. Saber quais os dados que pretende utilizar e dar uma opção sobre a forma como são utilizados, aplicando a privacidade por predefinição, também facilitará a transparência desses dados. E a transparência é fundamental quando se trata de ganhar a confiança para coletar os dados em primeiro lugar. Em outras palavras: aplicar Privacy by Design e Privacy by Default é essencial para diminuir riscos legais no manuseio de dados pessoais. É por isso que muitas organizações já incorporaram esses conceitos em seus processos de desenvolvimento.

Regras para a proteção de dados pessoais dentro e fora da UE estão disponíveis em:

https://ec.europa.eu/info/law/law-topic/data-protection_en

Saber então por onde iniciar a incorporação da privacidade no processo de design não é algo trivial. No entanto, para isso, vários aspectos devem ser levados em consideração.

1. Ser responsável, operacionalizando conforme limites legais

No que diz respeito à LGPD, as organizações não serão apenas responsáveis por aderir aos princípios de privacidade; elas devem ser capazes também de demonstrar conformidade com elas. Uma estratégia de privacidade é essencial para fazer escolhas no início do processo de desenvolvimento sobre como você deseja lidar com a privacidade em seu novo serviço ou produto, avaliando antecipadamente se a ideia pode ser executada dentro dos limites legais relevantes.

2. Sempre aderente à ética

Os aspectos éticos do conceito também devem ser levados em consideração desde o início. Uma organização deve determinar o quão transparente ela quer ser em seu processamento de dados e o quanto deseja saber sobre os dados envolvidos. Uma pergunta bem conveniente seria: você usaria o produto ou serviço por conta própria?

3. O alicerce chama-se comunicação

A comunicação com os titulares de dados é muito importante nas fases iniciais do projeto e durante todo o processo de desenvolvimento daquilo que será entregue e disposto ao mercado como produto ou solução. As linhas de comunicação devem ser claras também quando algo dá errado. Para os titulares de dados, deve ficar claro a quem procurar se quiserem saber mais sobre o processamento de seus dados pessoais e como podem exercer seus direitos. Por isso a importância da tal política de privacidade abordada aqui quando no exemplo de utilização da Smart TV perante o cidadão-usuário.

4. Segurança de dados, qualidade e defasagem

Claro que é importante pensar em medidas de segurança adequadas, como a qualidade dos dados pode ser garantida e o que será feito com eles quando o produto ou serviço for retirado do mercado. É mais ou menos pensar naquele velho e conhecido processo do fluxo de vida da informação: manuseio → armazenamento → transporte → descarte.

5. Fase de implementar

A implementação bem-sucedida da Privacy by Design e by Default exigirá que os funcionários internos — especialmente aqueles envolvidos no desenvolvimento de novos produtos e serviços — tenham conhecimento básico suficiente sobre privacidade. Políticas, diretrizes e instruções de trabalho claras relacionadas à proteção de dados devem ser desenvolvidas, e um especialista em privacidade deve estar disponível para auxiliar e acompanhar a aplicação desses requisitos. O método de desenvolvimento em projetos, por exemplo, (Scrum etc.) utilizado dentro da organização deve ser levado em conta, a fim de se aplicar os conceitos ao longo de todo o processo de desenvolvimento. Isso permitirá que as equipes de desenvolvimento tomem as medidas apropriadas nas fases relevantes. E, finalmente, quando um projeto for concluído, ele deve ser adotado pela organização e monitorado durante toda a sua vida útil. É por isso que a LGPD deverá evoluir desde a fase embrionária dos dados perante sua constituição nos diferentes tipos de serviços, soluções e produtos que conduzirão, envolvendo os dados pessoais, nos quais todo sistema operacional, firmware e arquitetura da televisão está direcionado para segmentar os dados segundo seu interesse de captação.

Por isso, mais do que nunca, conhecer esses interesses do fabricante se faz importante, por isso, tais interesses devem constar da política de privacidade de cada fabricante. Todavia, raramente essas políticas são publicadas por todos os fabricantes, e quando são, não ficam facilmente disponíveis ou encontráveis, e o pior são os casos em que nem política de privacidade o fabricante tem, impossibilitando, assim que o cidadão-usuário que adquiriu, por exemplo, uma Smart TV tenha conhecimento daquilo a que poderia estar vulnerável, como sua informação a ser captada, absorvida. Até mesmo antes de adquirir sua Smart TV, pois se houvesse algum recurso que ele pudesse consultar, poderia se informar melhor antes de se decidir pela comprar.

Têm-se, então, as seguintes visões que justificam os cuidados perante a disponibilidade, integridade e confidencialidade da informação, no contexto da segurança das informações, envolvendo os principais objetos/agentes envolvidos nesse cenário, que são o cidadão-usuário-cliente, o fabricante e o produto em si (por exemplo, uma Smart TV):

» A necessidade de entender esse tipo/perfil de usuário-cliente utilizador da Smart TV ou de outras coisas desse mundo da IoT.

» A exigência de ter a política de privacidade publicada pelo fabricante.

» A importância de procurar as vulnerabilidades nas Smart TVs, entendendo sobretudo aquilo que fere a privacidade desse cidadão-usuário.

O leitor pode aqui, claro, levar essa ideia/exemplo da Smart TV para outros tipos de produtos e situações para melhor se esclarecer.

Daí a grande importância da LGPD de fato tratar e se fazer entender para esse cidadão-usuário sobre até onde tal proteção e tais cuidados com seus dados serão considerados junto a esse fornecedor de solução ou fabricante do produto. De maneira que, na lei, na Seção IV — Do Término do Tratamento de Dados, Art. 15 e Art 16, relata-se tal situação:

I Art. 15. O término do tratamento de dados pessoais ocorrerá nas seguintes hipóteses:

I - verificação de que a finalidade foi alcançada ou de que os dados deixaram de ser necessários ou pertinentes ao alcance da finalidade específica almejada;

II - fim do período de tratamento;

III - comunicação do titular, inclusive no exercício de seu direito de revogação do consentimento conforme disposto no § 5º do art. 8º desta Lei, resguardado o interesse público; ou

IV - determinação da autoridade nacional, quando houver violação ao disposto nesta Lei.

Art. 16. Os dados pessoais serão eliminados após o término de seu tratamento, no âmbito e nos limites técnicos das atividades, autorizada a conservação para as seguintes finalidades:

I - cumprimento de obrigação legal ou regulatória pelo controlador;

II - estudo por órgão de pesquisa, garantida, sempre que possível, a anonimização dos dados pessoais;

III - transferência a terceiro, desde que respeitados os requisitos de tratamento de dados dispostos nesta Lei; ou

IV - uso exclusivo do controlador, vedado seu acesso por terceiro, e desde que anonimizados os dados.

Esse cidadão-usuário, quando compra uma TV inteligente e a insere em sua residência ou empresa, normalmente não tem ideia nenhuma de algumas precauções que deveria ter, sobretudo agora, vivenciando um ambiente cada vez mais integrado na sociedade da informação com a Internet das Coisas (IoT). Em termos de benefício científico, seria a real noção das vulnerabilidades existentes em termos de segurança da informação na Smart TV.

Como benefício social, poderia se possibilitar determinado recurso que centralizasse as políticas de privacidade em um único local de acesso, para que se soubesse se existe ou não política de privacidade por tipo de fabricante, e acessar nessa política e conhecer as informações importantes seria um diferencial de consulta técnica, legal e de segurança. Outro ponto é estar por dentro dos jargões, nomenclaturas e siglas que envolvem a privacidade e segurança dos dados desse cidadão-usuário no universo das coisas.

Figura 2: Pilares da Segurança da Informação

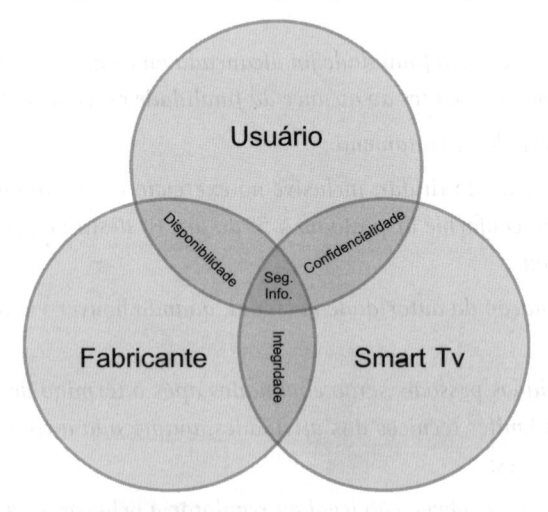

Fonte: Pesquisa e elaboração dos próprios autores.

Nesse sentido, passa a ser importante o entendimento desse cenário, que envolve o fabricante, o usuário e o produto, no que diz respeito aos pilares da segurança da informação, representados pela confidencialidade, integridade e disponibilidade, conforme apresentado na Figura 2. De maneira que esse cidadão-usuário espera ter sempre os recursos e as informações disponíveis pela sua Smart TV, quando solicitado, bem como navegar, transmitir e compartilhar informações de forma íntegra, sem alterações nos dados, obtendo a confiabilidade de que aquilo que está trafegando é para o destino real que ele objetivara quando partiu de sua Smart TV ou qualquer outro recurso inerente à IoT que esteja vinculando aos dados pessoais /cadastrais.

Nota-se, então, perante tudo introduzido até aqui, trazendo questões que envolvem os meios técnicos e operacionais, bem como os de cunho legal, que deve haver, com certeza, uma preparação no contexto das áreas e segmentos da segurança da informação e jurídica, valendo-se da evolução e de toda a transformação digital dos produtos e serviços oferecidos a esse cidadão-usuário, tornando-se mais complexa a gestão da privacidade, pois enquanto preocupação legal, existem ou deveriam existir as chamadas políticas de privacidade, e junto a essas vertentes, as questões sobre o tratamento que constam do Art.5º da LGPD. Atrelado a tudo isso, ainda há o viés da proteção dos dados, no qual estão inseridos os atores desse processo, que são os fabricantes/fornecedores, o cidadão-usuário e o próprio produto/ serviço oferecido, de maneira que esse produto deveria, assim, passar pelos conceitos e melhores práticas do Privacy by Design e Privacy by Default, envolvendo toda uma tratativa desde o início/concepção do que será desenvolvido-entregue, até sua forma final de utilização, interação e integração diante daquilo que esse cidadão-usuário utilizará e receberá.

Nesse contexto, em que as áreas de segurança e jurídica estão fomentando seus planejamentos e estruturações, faz total sentido também o profissional de privacidade de dados, mais especificamente o Data Protection Officer (DPO), estar muito bem consolidado e adentrado em todas essas questões que envolvem a IoT, a privacidade e proteção dos dados, perante todos esses desafios que literalmente se bifurcam nesses dois grandes universos que são o do contexto técnico e o do legal.

A Importância das Políticas de Privacidade

Elaborar uma política de privacidade, além do cunho orientativo, como instrumento legal do fabricante para com o cliente, é, sobretudo, um mecanismo de comunicação que não somente informa, mas ajuda o cidadão-usuário a entender o que de fato poderá ser absorvido perante a utilização de seus serviços e produtos, bem como ter o livre arbítrio, em alguns casos, de ativar ou desativar os recursos de envio/captação de informações para o fabricante. Tudo isso de forma explicativa perante algumas políticas de privacidade. Dessa forma, pode-se entender melhor a frase de Torquato, quando diz que "toda atividade comunicativa é uma atividade educativa, e vice-versa".

Perceba que o próprio cidadão-usuário terá de se educar no processo de compreender o que é uma política de privacidade, sua importância perante o que ela traz de informação e sua relação quanto à segurança das informações. Pois pelo que se pode perceber mercadologicamente, o fabricante em si não terá muito interesse em fortificar ou garantir esse entendimento. No máximo, terá sua política publicada em algum lugar. Por isso, essa relação fabricante-cliente, fazendo uma analogia, seria como se fosse, respectivamente, professor-aluno. E a política de privacidade seria o conteúdo ou "dever de casa" a ser aprendido/assimilado pelo aluno (cidadão-usuário), que deveria ter a atitude de concretizar esse processo de se educar, uma vez que a autonomia de buscar isso junto ao fabricante o cidadão-usuário já tem.

Ao longo da história, a educação sempre foi atrelada aos interesses ideológicos/filosóficos. A ascensão ou declínio das teorias pedagógicas é resultado dos embates políticos nos níveis nacional e internacional. A dominação dos homens em função do macrossocial sempre tem encontrado resistência no microssocial (professor/aluno). Sua capacidade autoecoorganizadora prevalece. A autonomia do homem é um fenômeno surpreendente. Ela se sobrepõe e sobrevive ao ambiente mais desfavorável.

Em levantamento realizado, avaliou-se como o consumidor lida com a coleta, o uso e o armazenamento de seus dados pessoais por parte das empresas. Nesse contexto, o setor financeiro ficou em evidência, com 32% dos brasileiros informando que "confiam totalmente" nas instituições financeiras. Agora veja isso na ótica dos recursos e produtos eletrônicos, o chamado marketplace eletrônico, no qual a confiança cai para 20%.

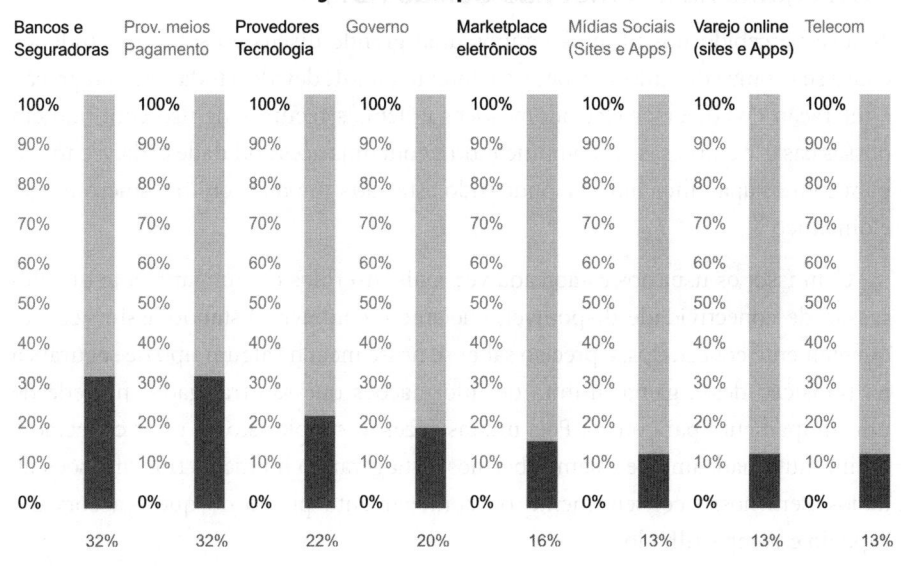

Figura 3: Marketplace eletrônico

Fonte: Security Report.

A responsabilidade sobre os dados desse cidadão-usuário pode significar não apenas perdas para o fabricante em si, mas também para todo o mercado, por causa do risco sistêmico que um incidente pode causar. Logo, investir na segurança cibernética deixou de ser opção para empresas, sendo quesito indispensável para a própria sobrevivência da corporação, já que os ataques cibernéticos geram diversas perdas financeiras e envolvem diminuição de receita e prejuízos à marca e reputação. Há um custo social elevado a ser pago, que é o da reconstrução da confiança dos clientes, o que, às vezes, não é possível mais.

APRIMORANDO SEUS CONHECIMENTOS

Questão 1 - O que os seis grandes pilares sustentam de fato? E qual a diferença disso que é sustentado?

Questão 2 - Qual a norma que trata exclusivamente a privacidade? Qual sua importância?

Questão 3 - Por que o papel da Privacy by Default e by Design é tão importante para o processo da privacidade?

Privacidade na Internet das Coisas (IoT)

Tem-se percebido nos últimos tempos uma grande discussão sobre os cuidados com a segurança das informações no contexto da IoT, devido a toda essa integração e interação dos diversos eletrodomésticos e demais recursos de uso contínuo em nossas casas e empresas, se comunicando e com uma acessibilidade cada vez maior para com os aparelhos móveis, onde tudo está cada vez mais online, sincronizado e dinâmico.

Com isso, os usuários estão cada vez mais inseridos em um ambiente que necessita de conectividade disponível, eficiente e confiável. Estando assim, consequentemente conectados, é preciso saber se nesse meio há algum tipo de segurança na transição dessa gama infinita de informações que são trafegadas na rede de um equipamento para outro. Pois muitas vezes, o simples ato de estar conectado, online, automaticamente e sem sabermos, está gerando inúmeras transmissões de dados, sem nosso consentimento ou conhecimento prévio do que é absorvido, captado e compartilhado.

Nesse contexto, possuir e conhecer as políticas de privacidade dos equipamentos que estão nesse ambiente é extremamente importante, sobretudo no quesito de respaldo legal, jurídico, dos direitos de uso e transmissão da informação gerada, manipulada pelo fabricante. Claro que a IoT engloba muitos outros tipos de equipamentos além das televisões, mas sendo a Smart TV um recurso de comunicação em massa, muito utilizado e encontrado naturalmente em grande parte das empresas e casas, deve-se levar em consideração os cuidados perante o que consta nessas políticas de privacidade de cada fabricante, valendo isso também para os outros tipos de recursos e serviços do cotidiano.

Conforme relatório de pesquisadores holandeses, todos os fabricantes de Smart TV monitoram aquilo que os usuários assistem e quais são seus interesses, de maneira que os usuários dão aos fabricantes de TV permissão para coletar e usar os dados a partir do momento que aceitam seus termos de privacidade. Destaca-se, ainda, que todas as Smart TVs apresentam as práticas/termos de privacidade ao ser instaladas.

Os usuários da Smart TV podem, portanto, concluir que aceitar as condições de privacidade seja obrigatoriamente necessário, mas não é. Ou seja, consegue-se utilizar o aparelho normalmente mesmo rejeitando-se os termos de privacidade. Somente não se operam todas as funções inteligentes, ou se operam parcialmente. A grande questão é que os tais termos de privacidade magicamente surgem novamente na tela se você (ainda) estiver online (na internet) ou tentar utilizar algum outro recurso inteligente da Smart TV. Em vários casos, pela insistência ou incômodo, acaba-se por concordar, sem ainda ler e entender de fato a política de privacidade em questão.

Por todo esse contexto até então trazido aqui relativo a todas essas características de alguns dos principais fornecedores de Smart TV, bem como os quesitos de privacidade, quando sobretudo se tem uma política de privacidade, vale, ainda, mencionar os riscos quando se abre mão de certos recursos que se preconizam com essa privacidade, dos quais é apresentada na tabela a seguir uma relação de característica versus risco, um exemplo interessante.

Tabela 2: Características e riscos

Característica	Risco que se corre ao abrir mão/ aceitar a política de privacidade
Afirma-se que há coleta, uso, compartilhamento e armazenamento de informações através da Smart TV.	Informações cadastrais do usuário podendo ser utilizadas por outros fornecedores.
Determina-se qual conteúdo estará disponível para você com base em seu código postal (CEP) cadastrado.	Conseguir identificar geograficamente onde se encontra.
Coleta de informações sobre o conteúdo que você assistiu, comprados, baixados ou transmitidos através de aplicações da Smart TV.	Identificação de seus gostos e perfis perante aquilo que consome, podendo isso ser utilizado para outros fins, como usar seus interesses conhecidos para vendas por meio de ligações, cartas ou e-mails falsos.
Coleta de informações sobre aplicativos acessados através dos painéis.	Aumentar a probabilidade de os principais aplicativos que se costuma acessar/ utilizar estarem ou serem alvos de infecção por algum tipo de malware ou aplicativo malicioso.

Característica	Risco que se corre ao abrir mão/ aceitar a política de privacidade
Coleta de informações sobre os seus cliques em "Like", "Dislike", "Assista agora" e outros botões da Smart TV.	Identificação de seus gostos e perfis perante aquilo que consome, podendo isso ser utilizado para outros fins, como usar seus interesses conhecidos para vendas por meio de ligações, cartas ou e-mails falsos.
Coleta sobre os termos da consulta que você insere nos recursos de pesquisa da Smart TV, incluindo quando você procura por determinado conteúdo de vídeo.	Identificação de seus gostos e perfis com base naquilo que consome, podendo isso ser utilizado para outros fins, como usar seus interesses conhecidos para vendas por meio de ligações, cartas ou e-mails falsos. Além da indução de apresentar resultados preestabelecidos conforme a base de dados que acumulou conforme perfil de pesquisa do usuário, limitando novas possibilidades.
Coleta de informações do dispositivo, como endereço IP, informações armazenadas em cookies e tecnologias similares, informações que identificam o hardware ou o software de configuração, informações do navegador, e as páginas pelas quais você navegou	Sendo coletados o IP e demais informações de tráfego pela rede, podem estar sucessíveis a captura para futuras investidas de ataques em nível de interceptação, alteração ou visualização de informações.
Com base em recursos de sincronização automática e marketing interativo da Smart TV, existe a possibilidade de repasse de informações a terceiros (outros fornecedores), como IP e demais identificadores do dispositivo.	Sendo coletados o IP e demais informações de tráfego na rede, podem estar sucessíveis a captura para futuras investidas de ataques em nível de interceptação, alteração ou visualização de informações

Característica	Risco que se corre ao abrir mão/ aceitar a política de privacidade
Surgimento de recomendações personalizadas e/ou propagandas e anúncios (espécies de ADS-PROVIDER).	Pode criar a possibilidade de adwares carregarem outros programas subinternamente embutidos, causando algum tipo de oscilação normal da funcionalidade operacional do middleware; não sendo nem sempre um malware, mas causando maior sobrecarga de processamento.
Possibilidade da coleta de dados de reconhecimento de voz (podendo ativar/desativar).	O acesso ao que foi captado em termos de dados e voz pode levar a que estes ser utilizados por fontes não confiáveis, pelos canais que trafegam nas estruturas NGN (Next Generation Networks — Próxima Geração de Redes).
Informações para autenticar a Smart TV com os servidores do fabricante, como o código do país e/ou código postal da região, endereço IP, tipo de dispositivo (por exemplo, set-top box, DVD player etc.), o endereço MAC, software e versão da plataforma, idioma, fabricante set-top box, resolução de tela e o número do modelo da Smart TV.	Identificação do nome do usuário e senha de acesso no processo de autenticação, podendo ser utilizados para outros fins, como se passar pelo usuário comprando e adquirindo novos produtos ou serviços. Saber, ainda, os perfis de acesso a determinados recursos que os usuários têm ou contrataram em termos de autorização, ferindo, assim, os princípios fundamentais da segurança de informações, que é saber quem é, como acessa, o que acessa.
Utilização de uso ou informações sobre DLNA.	Consegue-se identificar quais dispositivos/ recursos são utilizados integrados à Smart TV, e demais informações.

Fonte: Elaborado pelos autores.

Vale aqui uma colocação extremamente interessante como ideia que pode ser aplicada na prática no quesito "trabalhos futuros": a implantação da tecnologia NFC (um exemplo é o LG TV Tag On para Smart TV e o Android Beam para celulares Android). A proposta da ideia basicamente é poder usufruir dos recursos de leitura aproximada do smartfone junto a uma Smart TV (implantado/embutido de fábrica). Essa tecnologia é uma comunicação de curto alcance e alta frequência que permite a troca de dados com o equipamento eletrônico localizado dentro de uma área de 10 centímetros (3,9 polegadas), sem entrar em contato com eles, e ela permite que um dispositivo, conhecido como leitor, interrogador ou dispositivo ativo, possa criar uma corrente de radiofrequência e, assim, se comunicar com outro dispositivo compatível NFC ou uma pequena tag NFC que detém a informação que o leitor quer para dispositivos passivos. Devido a sua capacidade de comunicação bidirecional, a NFC é ideal para estabelecer conexões com outras tecnologias, também pela sua simplicidade de comunicação. Então, nada mais coerente do que oferecer justamente essa relação dos riscos que se correm ao abrir mão e aceitar a política de privacidade (demonstrada na tabela anterior), de modo que se teria, assim, por intermédio dessa tecnologia NFC, a possibilidade da comunicação ativa (Smartphone <>Smart TV e Smart TV <> Smartphone). Dentro desse aplicativo aqui proposto, haveria esse novo recurso, que proveria o surgimento de um checklist, com as informações específicas daquilo que foi lido para determinado fabricante de Smart TV, de maneira que o usuário marcaria nos respectivos flags disponíveis aquilo que foi absorvido dos recursos de configuração em nível de privacidade e segurança das informações, sendo assim pré-configurado o comando, ou caso se clicasse no botão para atualização. A figura a seguir apresenta um esboço dessa ideia.

Figura 4: Tecnologia NFC ajudando na configuração de privacidade

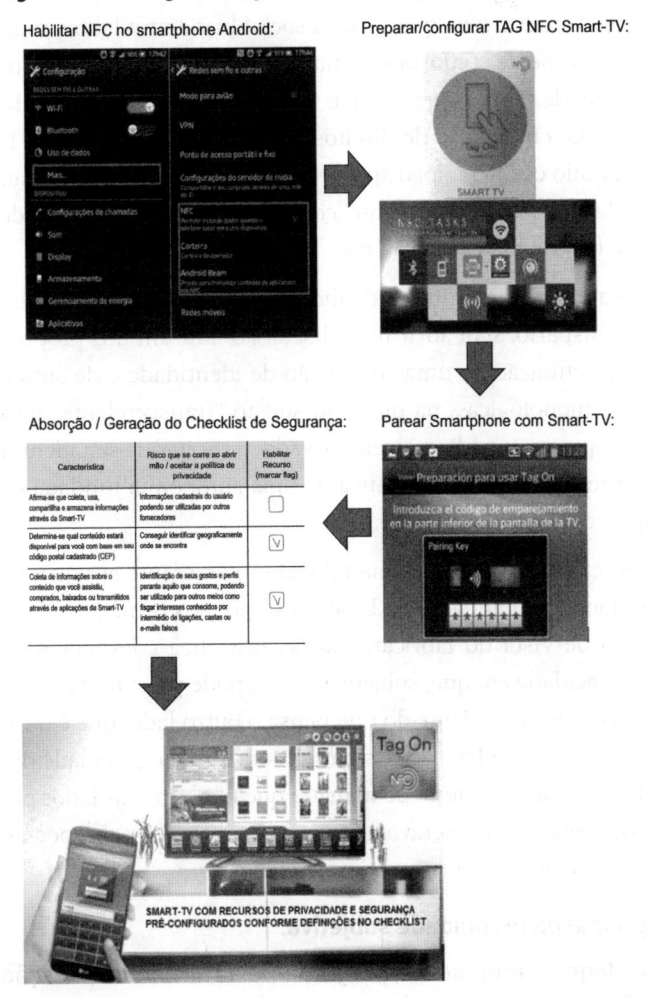

Isso faria com que esse cidadão-usuário pudesse ler de forma menos cansativa, pois estaria lendo cada quadrante/tópico de maneira mais direta, entendendo melhor as características e os riscos de cada situação, e conforme seu interesse, deixaria habilitado ou desabilitado cada recurso, por meio da marcação ou não da flag. Essa solução aqui proposta poderia ser aplicada não apenas em Smart TVs, mas também em outros produtos e/ou serviços que envolvem a IoT.

O fato é que a privacidade é resumida a uma forma de vida não discursiva. O diagnóstico de Arendt é o de que a esfera social havia mutilado a individualidade, gerando uma espécie de conformismo não discursivo. Deve-se refletir que as políticas de privacidade são, de certa forma, impostas e unilaterais. Não há um caráter do tipo contratual em termos de direitos e deveres. É aquilo que se tem, é aquilo que se faz, é aquilo que será, logo após "forçadamente" se aceita (clicando) a política de privacidade pelo usuário-cliente, como um todo, sem o direito de fragmentar aquilo que de fato deseja liberar ou não.

Praticamente ignora-se a individualidade, a identidade e a vontade específica desse cidadão-usuário, sem abrir uma discussão. Em um dos propósitos de Honneth, traz-se a refutação de uma concepção de identidade e de autonomia entendida em bases monológicas, na qual um sujeito "transcendente" fórmula para si mesmo, como que em uma linguagem privada, o caráter de sua identidade. A ideia que Honneth reconstrói é justamente a de uma autonomia fundada no reconhecimento recíproco.

Nesse contexto, entra-se em uma reflexão interessante em que, no ensejo das ideias de vontade e moralidade, pode-se contrapor aos princípios da eticidade, em que, do ponto de vista do fabricante/fornecedor, fica convencional dispor uma política de privacidade em que, subjetivamente, pode presumir o entendimento de que fez sua parte, independente do que pensa o outro lado, que é o cidadão-usuário. Não ocorre uma ponderação das partes com a homogeneidade de interesses e intenções para um bem comum, de maneira que nenhum dos lados pode ser refém um do outro, tornando-se escravos de uma situação que sobrepõe as vontades e moralidades objetivas ou subjetivas de cada lado.

No prisma da moralidade subjetiva:

Para Hegel, a moralidade pergunta pela "autodeterminação da vontade". Pelos propósitos e intenções que movem o sujeito agente (1999, p.98). A responsabilização, do ponto de vista subjetivo, portanto, exige a presença dessas duas condições: o saber e o querer (o reconhecimento e a vontade). [...] Na exteriorização, a vontade reconhece como seu o que ela soube e quis fazer. Só um ato livre pode ser responsabilizado. É o direito de saber que cada indivíduo tem (ibidem, p.99).

No prisma da moralidade objetiva:

Uma vontade só se determina quando decide. "Por meio da decisão, a vontade se põe como vontade de um determinado indivíduo frente a outro [...]. Uma vontade que não decide nada não é uma vontade real."

(Hegel, *Rechtsphilosophie...*, parágrafo 13). Toda decisão é escolha, e quem escolhe deixa, ou como diz Hegel, "renuncia à totalidade" e se "compromete com a finitude", isto é, se põe limites. O que determina essa escolha são as circunstâncias históricas, a cultura, os hábitos e costumes. Todo esse movimento de concretização, limitação, mediação social da liberdade é o âmbito da eticidade (p.108). Minha vontade livre tem que se mediar com a vontade livre do outro, a fim de se universalizar. O imediato tem de ser mediado, para que possa estabelecer um princípio ético universal.

Na eticidade, enquanto identidade da vontade universal e particular, há uma coincidência entre deveres e direitos. "Por meio do ético, o homem tem direitos, na medida em que tem deveres, e deveres, na medida em que tem direitos" (Hegel, 1843). Só pode ter deveres quem tem, ao mesmo tempo, direitos. Um escravo, portanto, não pode ter deveres. É esse o perigo quando se fala da relação cidadão--usuário e fabricante, no contexto de uso da Smart TV ou outros produtos, por exemplo, quando o mesmo cliente se torna escravo do fabricante.

Pesquisadores holandeses realizaram alguns testes no quesito de entendimento interpretativo para a compreensão da política de privacidade de alguns principais fabricantes, os quais podem ser vistos a seguir, conforme apresentado na Legenda e Tabela de resumo dos resultados:

Legenda	
+ +	As principais sessões/tópicos da política de privacidade adaptam-se muito bem, sendo coerentes com os requisitos.
+	As principais sessões da política de privacidade satisfazem os requisitos, mas ainda existem melhorias possíveis.
+/-	As principais sessões da política de privacidade encontram-se em padrões mínimos, ou em pequenos itens pouco explorados e explicativos, havendo ainda muito espaço para melhorias.
-	As principais sessões da política de privacidade não atendem aos requisitos.
--	As principais sessões da política de privacidade não são totalmente compatíveis com os requisitos e/ou não estão em cumprimento mínimo.

Tabela 3: Resultado da pesquisa de política de privacidade dos fabricantes

		LG	PANASONIC	PHILLIPS	SAMSUNG	SONY
FORMA	Facilidade de encontrar	++	+/-	-	-	+/-
	Acessibilidade	-	-	-	--	+
	Legibilidade	-	+/-	+	+	+
CONTEÚDO	Identificação*	+/-	-	++	++	-
	Propósito dos dados*	-	+/-	++	+/-	+
	Compartilhamento de informação com terceiros*	+/-	+	--	+	Nenhuma indicação
	Necessidade de dados*	+/-	-	+/-	+/-	+
	Direitos do consumidor*	--	--	--	+/-	--
	Períodos de retenção	+/-	+/-	+	+/-	--
CONTEÚDO	Precauções de segurança	--	+/-	--	-	--
	Considerações de uso	-	-	+/-	-	-
Permissão	Permissão*	+/-	+/-	++	+/-	++

Fonte: Consumentenbond, 2014.

* Exigência legal

Conforme apontado por Gartner, a IoT, bem como a Smart TV, constam como tecnologias promissoras em utilização e ascensão nos últimos cinco anos e nos próximos dez anos, conforme a figura a seguir.

Figura 5: Hype Cycle do Gartner para tecnologias emergentes

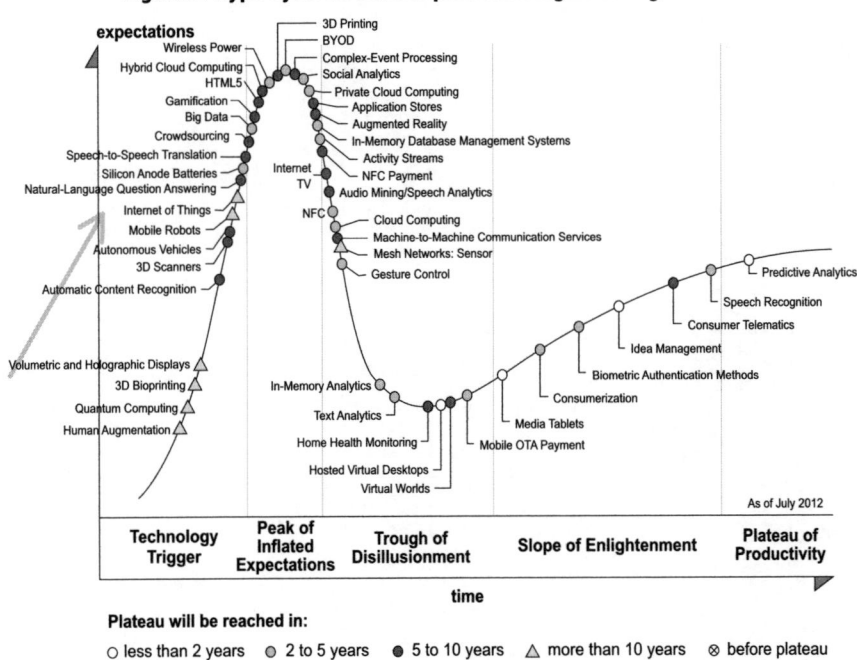

Fonte: Gartner, 2015.

Lei Geral de Proteção de Dados (LGPD) e o Cenário Brasileiro

Neste capítulo, trazemos a você leitor uma visão comparativa do que vem a ser Regulamento Geral de Proteção de Dados (RGPD) e Lei Geral de Proteção de Dados (LGPD), clarificando algumas de suas principais diferenças, contudo desmistificando a relação fundamental da governança alinhada às conformidades esperadas frente à LGPD e à RGPD, com algumas orientações valiosas e direcionamentos que o ajudarão muito a compreender o caminho das pedras daquilo que se espera quando se quer implementar eficientemente a lei, suas políticas, normas e diretrizes.

O que é LGPD? Visão Geral

Se fossemos tentar resumir o que é, bem como para que veio ou virá e se tornará a Lei Geral de Proteção dos Dados, poderíamos dizer que são várias regras para todos os cidadãos brasileiros e empresas, buscando uma verdadeira ordem e progresso nesse sentido de proteção dos dados, daquilo que o Marco Civil começou esboçando, com um foco no consentimento daquilo que será manipulado em termos de dados pessoais/cadastrais do usuário-cidadão, buscando literalmente desmistificar o sentido e a essência do que são dados, em todo seu ciclo de vida, por assim dizer. Sobretudo, no que tange ao que o fornecedor/fabricante de soluções e serviços pode oferecer vinculando esses dados do usuário perante o que pode e o que não pode fazer sobre sua aprovação.

E tudo isso valendo para empresas dentro e fora do Brasil, alinhando-se sobretudo com o que a RGPD (na Europa por exemplo) vem fazendo e tratando. No entanto, aqui no Brasil teremos a Autoridade Nacional de Proteção de Dados. (ANPD), que gerenciará essa governança da privacidade dos dados sobre sua ótica legal/jurídica, havendo os devidos responsáveis, por exemplo, o controlador e o operador, e preocupando-se sempre com os riscos inerentes a todo esse cenário, buscando os devidos apoios e evoluções com o passar do tempo, mas sempre com a devida transparência, para que a ANPD possa atuar e, consequentemente, ajudar. Assim, se estabelece, mediante as respectivas regras da LGPD, as devidas punições e sanções legais cabíveis a cada caso e impacto gerado. Mas sempre mantendo o usuário-cidadão, principal interessado também, a par do que está acontecendo e de suas decisões. Veja a seguir a imagem elaborada pelo SERPRO e que resume bem esse giro geral sobre a LGPD:

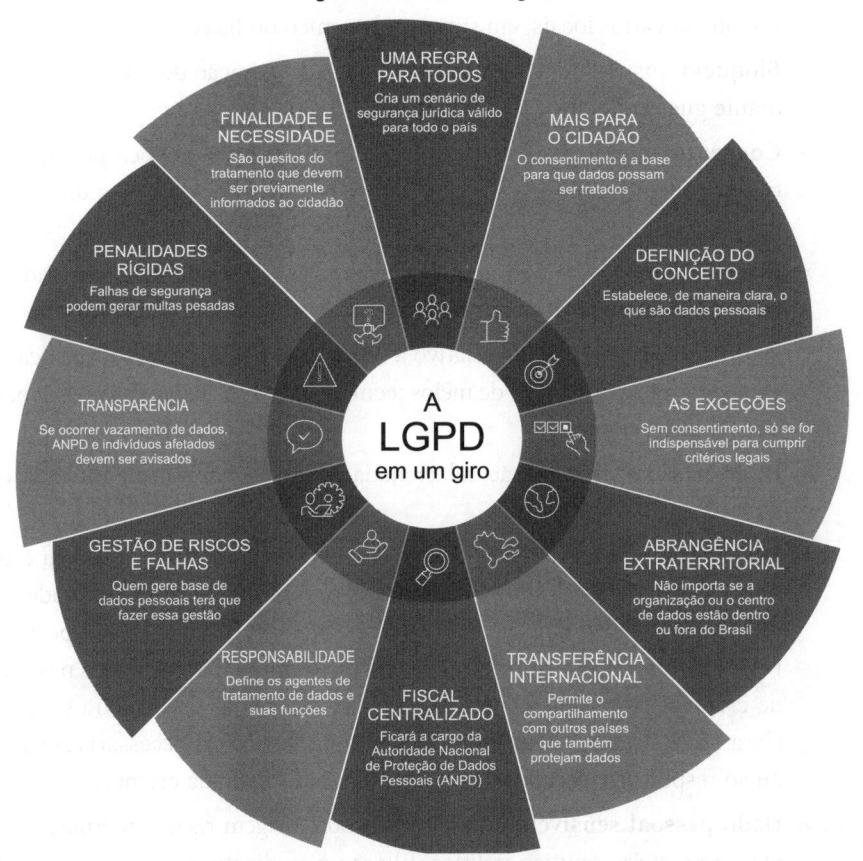

Figura 6: LGPD em um giro

Fonte: Serpro, 2019.

A SERPRO traz, ainda, em seu site um glossário muito útil para esclarecer os principais termos sobre a LGPD:

» **Agentes de tratamento**: o controlador e o operador.

» **Anonimização**: utilização de meios técnicos razoáveis e disponíveis no momento do tratamento, por meio dos quais um dado perde a possibilidade de associação, direta ou indireta, a um indivíduo.

» **Autoridade nacional**: órgão da administração pública responsável por zelar, implementar e fiscalizar o cumprimento dessa lei em todo o território nacional.

» **Banco de dados**: conjunto estruturado de dados pessoais, estabelecido em um ou em vários locais, em suporte eletrônico ou físico.

» **Bloqueio**: suspensão temporária de qualquer operação de tratamento, mediante guarda do dado pessoal ou do banco de dados.

» **Consentimento**: manifestação livre, informada e inequívoca pela qual o titular concorda com o tratamento de seus dados pessoais para uma finalidade determinada.

» **Controlador**: pessoa natural ou jurídica, de direito público ou privado, a quem competem as decisões referentes ao tratamento de dados pessoais.

» **Dado anonimizado**: dado relativo a titular que não possa ser identificado, considerando a utilização de meios técnicos razoáveis e disponíveis na ocasião de seu tratamento.

» **Dado pessoal**: informação relacionada à pessoa natural identificada ou identificável.

» **Dado pessoal de criança e de adolescente**: o Estatuto da Criança e do Adolescente (ECA) considera criança a pessoa até 12 anos de idade incompletos e adolescente aquela entre 12 e 18 anos de idade. Em especial, a LGPD determina que as informações sobre o tratamento de dados pessoais de crianças e de adolescentes deverão ser fornecidas de maneira simples, clara e acessível de forma a proporcionar a informação necessária aos pais ou ao responsável legal e adequada ao entendimento da criança.

» **Dado pessoal sensível**: dado pessoal sobre origem racial ou étnica, convicção religiosa, opinião política, filiação a sindicato ou à organização de caráter religioso, filosófico ou político, dado referente à saúde ou à vida sexual, dado genético ou biométrico, quando vinculado a uma pessoa natural.

» **Eliminação**: exclusão de dado ou de conjunto de dados armazenados em banco de dados, independentemente do procedimento empregado.

» **Encarregado**: pessoa indicada pelo controlador e operador para atuar como canal de comunicação entre o controlador, os titulares dos dados e a Autoridade Nacional de Proteção de Dados (ANPD).

» **Garantia da segurança da informação**: capacidade de sistemas e organizações assegurarem a disponibilidade, a integridade, a confidencialidade e a autenticidade da informação. A Política Nacional de Segurança da Informação (PNSI) dispõe sobre a governança da segurança da informação aos órgãos e às entidades da administração pública federal em seu âmbito de atuação.

» **Garantia da segurança de dados**: ver garantia da segurança da informação.

» **Interoperabilidade**: capacidade de sistemas e organizações operarem entre si. A autoridade nacional poderá dispor sobre padrões de interoperabilidade para fins de portabilidade, além dos padrões de interoperabilidade de governo eletrônico (ePING).

» **Operador**: pessoa natural ou jurídica, de direito público ou privado, que realiza o tratamento de dados pessoais em nome do controlador.

» **Órgão de pesquisa**: órgão ou entidade da administração pública direta ou indireta ou pessoa jurídica de direito privado sem fins lucrativos legalmente constituída sob as leis brasileiras, com sede e foro no País, que inclua em sua missão institucional ou em seu objetivo social ou estatutário a pesquisa básica ou aplicada de caráter histórico, científico, tecnológico ou estatístico.

» **Relatório de impacto à proteção de dados pessoais**: documentação do controlador que contém a descrição dos processos de tratamento de dados pessoais que podem gerar riscos às liberdades civis e aos direitos fundamentais, bem como medidas, salvaguardas e mecanismos de mitigação de risco.

» **Titular**: pessoa natural a quem se referem os dados pessoais que são objeto de tratamento.

» **Transferência internacional de dados**: transferência de dados pessoais para país estrangeiro ou organismo internacional do qual o país seja membro.

» **Tratamento**: toda operação realizada com dados pessoais; como as que se referem a:

- acesso — possibilidade de comunicar-se com um dispositivo, meio de armazenamento, unidade de rede, memória, registro, arquivo etc., visando receber, fornecer ou eliminar dados.

- armazenamento — ação ou resultado de manter ou conservar em repositório um dado.

- arquivamento — ato ou efeito de manter registrado um dado, embora já tenha perdido a validade ou esgotado sua vigência.

- avaliação — ato ou efeito de calcular valor sobre um ou mais dados.

- classificação — maneira de ordenar os dados conforme algum critério estabelecido.
- coleta — recolhimento de dados com finalidade específica.
- comunicação — transmitir informações pertinentes a políticas de ação sobre os dados.
- controle — ação ou poder de regular, determinar ou monitorar as ações sobre o dado.
- difusão — ato ou efeito de divulgação, propagação, multiplicação dos dados.
- distribuição — ato ou efeito de dispor de dados de acordo com algum critério estabelecido.
- eliminação — ato ou efeito de excluir ou destruir dado do repositório.
- extração — ato de copiar ou retirar dados do repositório em que se encontrava.
- modificação — ato ou efeito de alteração do dado.
- processamento — ato ou efeito de processar dados.
- produção — criação de bens e de serviços a partir do tratamento de dados.
- recepção — ato de receber os dados ao final da transmissão.
- reprodução — cópia de dado preexistente obtido por meio de qualquer processo.
- transferência — mudança de dados de uma área de armazenamento para outra, ou para terceiro.
- transmissão — movimentação de dados entre dois pontos por meio de dispositivos elétricos, eletrônicos, telegráficos, telefônicos, radioelétricos, pneumáticos etc.
- utilização — ato ou efeito do aproveitamento dos dados.

» **Uso compartilhado de dados**: comunicação, difusão, transferência internacional, interconexão de dados pessoais ou tratamento compartilhado de bancos de dados pessoais por órgãos e entidades públicas no cumprimento de suas competências legais, ou entre eles e entes privados, reciprocamente, com autorização específica, para uma ou mais modalidades de tratamento permitidas por esses entes públicos, ou entre entes privados.

O Profissional de Privacidade de Dados: Encarregado|DPO Especialista em IoT

"Proteção de dados" e **"segurança cibernética"** são assuntos cada vez mais presentes em círculos de discussão, mesmo para quem não é especialista em TI ou atua na área. Com os avanços acelerados da tecnologia, novos modelos de negócio surgiram, e a informação passou a ser tratada como um verdadeiro ativo para as empresas, especialmente no ambiente eletrônico.

Por um lado, essa nova fase, também inserida na transformação digital, trouxe consigo uma série de benefícios para as empresas, formando mercados completamente novos. Por outro, no entanto, a demanda pela proteção de dados também cresceu. Afinal, o vazamento de informações e a própria instabilidade da infraestrutura de TI podem colocar em risco toda a operação de uma empresa. Isso gerou impactos de nível global — a Europa, por exemplo, foi pioneira ao estabelecer uma legislação sobre o assunto. Uma cultura de cibersegurança passou, então, a integrar as estratégias de negócios, sendo personificada na figura do Data Protection Officer (DPO). Esse profissional atua diretamente na privacidade de dados, algo que chega a interferir no próprio desempenho de sua empresa. Mas, afinal, o que faz um DPO?

A nova regulamentação estabelece que a empresa deve contar com um profissional responsável tanto pela adequação às normas da LGPD quanto pela gestão dos dados. Isso inclui as informações de usuários, clientes e funcionários. Alguns setores do mercado, como varejo e TI, apresentam uma demanda ainda maior por esse tipo de profissional. Para isso, a lei brasileira trouxe o encarregado pela proteção de dados, que, segundo o RGPD, é o oficial de proteção de dados, também referenciado por muitos como diretor de proteção de dados, justamente por ter acesso direto ao nível mais alto da direção da empresa, assim como previsto no artigo 38, parágrafo 3º, do RGPD. Na prática, suas atribuições o colocam como diretor/gestor de segurança da informação, de mesmo nível ou até superior para algumas empresas nas quais lidar com dados pessoais é crucial para o negócio. De modo geral, ele deve garantir que todas as atividades da empresa estejam de acordo com as determinações da LGPD.

Além disso, cabe ao DPO garantir que todos os envolvidos em atividades que manipulem esses dados estejam capacitados para essa tarefa. Isso significa promover treinamentos e iniciativas de conscientização para que eles atuem de acordo com o que consta na legislação brasileira, podendo se basear também no regulamento europeu, por ser mais completo quanto às capacidades e qualificações do profissional de privacidade de dados.

Os Requisitos para o Papel de DPO

Apesar de exigir a atuação de um DPO, a LGPD não dá detalhes sobre as qualificações específicas que ele deve ter. De modo geral, vale o que define o Artigo 37, parágrafo 5º, do RGPD, que informa que o DPO deve ter **"conhecimento especializado sobre a lei e práticas de proteção de dados"**. Tais direcionamentos o aproximam de um profissional tanto da área jurídica como da área de tecnologia da informação. Porém, de antemão pode-se dizer que não se faz necessária formação acadêmica nessas áreas para atuar como um DPO, tampouco esse profissional restringe-se somente a um advogado ou profissional de TI.

O papel de DPO pode ser atribuído tanto a um advogado como a um profissional de TI, pois cada qual ficará responsável por responsabilidades específicas que, juntas, colaboram com a aplicação dos requisitos impostos pela lei dentro da empresa. Na tabela a seguir, pode-se observar uma divisão clara das responsabilidades que colaboram com a proteção de dados e que podem ser atribuídas a ambos os profissionais.

Tabela 4: Comparação de especialistas

Profissional de TI Especialista em Segurança da Informação	Advogado Especialista em Direito Digital
Cria a topologia da rede.	Regulamentação de sites e novos negócios na internet.
Mapeia locais de armazenamento de dados.	Favorece uma blindagem jurídica.
Implementa a criptografia, VPN etc.	Cria termos de condições de uso.
Gerencia os acessos lógicos.	Cria as políticas de compliance.
Monitora os recursos.	Garante alinhamento com leis trabalhistas.

Conduz a análise de risco.	Responde juridicamente pelos relatórios.
Implementa planos de continuidade.	Treinamento para conscientização jurídica.

Fonte: Elaborado pelos próprios autores.

Como observado na tabela, enquadram-se como "Profissional de TI" aqueles de áreas como a de segurança da informação, redes, cybersecurity, etc., e pode existir uma clara cooperação entre os profissionais de TI e o do jurídico, sendo expansível para outras áreas que também colaboram com o DPO. Por exemplo, é importante obter o auxílio do pessoal de COMPLIANCE, AUDITORIA, RECURSOS HUMANOS, DISASTER AND RECOVERY, e até GOVERNANÇA. Importante haver uma pluralidade de conhecimentos disponíveis para auxiliar o DPO, independente de qual seja a área de que ele venha, só assim o profissional responsável pelo tratamento de dados poderá realizar seu trabalho com maestria.

Muito também se questiona sobre o que as empresas devem fazer para estar em adequação e qual profissional deve ser contratado para deixar a empresa em conformidade com a LGPD. Desse modo, serão apresentados aqui os dois profissionais de privacidade de dados que podem ser inseridos para sua adequação corporativa: o *DPO Consultor* e o *DPO Gestor*, como observado na figura a seguir.

Figura 7: Tipos de DPO

Fonte: Elaborada pelos próprios autores.

O *DPO Consultor* foca no Projeto de Implantação da Gestão da Privacidade de Dados e tem como objetivo a adequação da empresa aos requisitos da LGPD. Para isso, é recomendável uma abordagem de Gestão de Projetos, para levar o programa de privacidade para dentro da empresa.

Já o *DPO Gestor* tem como foco a pós-implantação, ou seja, "cuidar" da Gestão da Privacidade de Dados já implantada e garantir suas operações e sua continuidade no dia a dia. Nesse caso, recomenda-se a abordagem da Gestão de Serviços, para manter e governar o programa de privacidade dentro da empresa, garantindo a melhoria contínua.

Vale destacar que tanto o DPO Consultor como o DPO Gestor devem ter proximidade com as áreas jurídicas e de segurança da informação, podendo ser, inclusive, advogados ou profissionais de TI de formação — porém isso não é obrigatório, como já mencionado.

Além disso, ele deve ter as habilidades necessárias para lidar com as atividades de acordo com o modelo operacional da organização. Em outras palavras, o DPO deve ser um profissional capaz de gerenciar pessoas, com formação em Ciência de Dados e que conheça bem a dinâmica da empresa.

A Formação do Data Protection Officer para IoT

As habilidades que se esperam de um DPO eficiente envolvem um conhecimento técnico bastante específico, sobretudo em relação à Ciência de Dados e à LGPD. Tendo em vista que o mercado para esse profissional vem crescendo, vale a pena **investir em certificações** que aprofundem seu domínio sobre determinados temas, uma vez que também cabe à Autoridade Nacional de Proteção de Dados (ANPD) estabelecer normas complementares sobre a definição e as atribuições do DPO, às quais a autoridade supervisora pode exigir requisitos mínimos, como as certificações (Art.41, §3º).

A ISO 27001 é um bom exemplo disso, pois estabelece padrões para a gestão da segurança da informação. Logo, um bom caminho para começar é providenciando uma certificação baseada nela, como a da *Information Security Foundation*.

O curso ensina a lidar com habilidades que vão desde definição e implementação até gestão e manutenção de ferramentas de controle. O objetivo é formar um profissional capaz de garantir a disponibilidade, a integridade e, principalmente, a confidencialidade, que são as informações acessadas somente por pessoas autorizadas, aspecto fundamental para a garantia da privacidade dos dados pessoais.

Nesse sentido, é fundamental acessar as certificações por meio de uma instituição que seja referência no assunto, além de também ser usada em caso do órgão regulador exigir comprovação em segurança da informação para o DPO.

No tocante à relação entre o DPO e a Internet das Coisas (IoT), nota-se a importância do profissional de privacidade também para proteger os dados pessoais nos diferentes dispositivos além dos tradicionais computadores. Para isso, o DPO também deve se especializar, por meio de programas que validem seu conhecimento sobre a IoT. O Cloud Credencial Council (CCC) observou o mercado e mapeou as competências necessárias para um profissional especializado em IoT, possibilitando o desenvolvimento da certificação necessária que é distribuída pelo EXIN — instituto europeu certificador independente de reconhecimento entre os profissionais de TI.

A certificação chama-se "CCC Internet of Things Foundation". Para obtê-la, o profissional realiza um exame de múltipla escolha com 40 questões — sendo necessários 26 acertos dentro do prazo de uma hora —, que em seu total testa o entendimento sobre as tecnologias relacionadas à IoT, podendo capacitar o candidato para a tomada de decisão estratégica sobre a temática. Foca em capacitar diretores de tecnologia, gerentes seniores, gerentes de projetos e serviços, além dos Diretores de Segurança da Informação (CISO) e Data Protection Officers (DPOs), verificando como a IoT está incluída em suas rotinas.

Figura 8: Certificação IoT

Fonte: Exin, 2019.

Desse modo, os conhecimentos diretos e necessários para um profissional em IoT são:

» Domínio dos conceitos sobre a IoT

» Cloud computing

» Conceitos de Big Data

» Redes de computadores e telecomunicações

De modo complementar, ainda podemos destacar os conhecimentos indiretos que colaboram durante o exercício da função do profissional em IoT, sendo eles:

» Gestão de Projetos Ágeis — Agile Scrum

» Lean IT

» Princípios em Gestão de Serviços de TI

Em relação à estrutura de aprendizado para o DPO se especializar em IoT, o EXIN organiza o conhecimento em: Módulo 1: Introdução; Módulo 2: Conceitos e Terminologias; Modulo 3: Orientações de Negócio; Módulo 4: Arquitetura da IoT; Módulo 5: Tecnologias Habilitadoras para IoT; Módulo 6: Governança e Segurança em IoT; Módulo 7: Estudos de Casos em IoT e Predições Futuras.

Para melhor entendimento, veja a seguir a lista dos 37 conhecimentos exigidos na prova da certificação EXIN CCC Internet of Things Foundation:

1. Reconhecer os tipos de IoT: IoT do consumidor (CIoT) e IoT industrial (IIoT) e a comparação entre eles.

2. Explicar a história e a evolução da IoT e do ciclo das tecnologias emergentes.

3. Listar as características das coisas e benefícios da IoT.

4. Conhecer as características do estado e ciclo de vida do Sistema Ciber-físico (CPS).

5. Distinguir IoT, Machine-to-Machine (M2M) e Internet de Tudo (IoE).

6. Discutir os fatos e números em torno da IoT.

7. Descrever as áreas de aplicação da IoT.

8. Listar os principais fatores para a evolução da IoT.

9. Relacionar os benefícios e capacidades de um mundo conectado.

10. Identificar as oportunidades de IoT para aplicativos de negócios.

11. Reconhecer as oportunidades de IoT para fabricantes, desenvolvedores, análises e organizações comerciais que coletam dados e monitoram novos equipamentos.

12. Recordar as principais barreiras na adoção da IoT e dos requisitos da IoT.

13. Examinar as oportunidades de monetização, estratégias de monetização e modelos de monetização decorrentes da IoT.

14. Descrever a aplicabilidade dos modelos de monetização.

15. Explicar os componentes básicos da IoT, incluindo sensores, processadores, gateways e aplicativos.

16. Distinguir sensores e de atuadores.

17. Relacionar os fatores genéricos de sensores dos dispositivos IoT.

18. Explicar as camadas das arquiteturas de IoT.

19. Definir o funcionamento da IoT.

20. Descrever os principais requisitos da rede IoT.

21. Distinguir as diferenças entre IP versão 4 (IPv4) e IP versão 6 (IPv6).

22. Descrever as tecnologias de comunicação usadas na IoT, incluindo Wi-Fi, Bluetooth, NFC, ZigBee e IPv6 em redes de área pessoal sem fio de baixa potência (6LoWPAN), Z-Wave.

23. Relacionar os domínios de aplicativos e serviços de ambiente inteligente.

24. Conhecer as tecnologias capacitadoras que suportam a IoT e seus desafios.

25. Saber o papel das mídias sociais e da mobilidade na IoT.

26. Descrever a função de big data e analytics na IoT.

27. Entender o papel da computação em nuvem na IoT.

28. Conhecer as práticas recomendadas para a seleção do modelo de nuvem, plataforma de análise e dispositivos móveis certos.

29. Descrever os conceitos de segurança aplicáveis à IoT.

30. Analisar os riscos de segurança favorecidos pela IoT.

31. Conhecer as dez Brechas de Segurança e Privacidade elencadas pelo Projeto Aberto de Segurança em Aplicações Web (OWASP).

32. Estudar os casos propostos envolvidos com falhas de segurança e privacidade envolvendo IoT.

33. Falhas de segurança e medidas de mitigação para IoT em empresas e consumidores.

34. Citar os principais problemas de governança com a IoT.

35. Descrever os cenários de uso típicos da IoT.

36.   Reconhecer as perspectivas de crescimento da IoT.

37.   Observar as previsões futuras para a IoT.

Portanto, fica claro que um Profissional de Privacidade de Dados (DPO) deve se capacitar além dos pontos já elencados pela LGPD/RGPD para estar apto a assumir a gestão da privacidade. Uma vez com esse entendimento, pode-se partir agora para análises técnicas que envolvem a Internet das Coisas.

Associação Nacional dos Profissionais de Privacidade de Dados

Apesar de todo assessment existente e oferecido pelo mercado, às vezes até insistentemente por empresas que o determinam por si só, dando garantias de que determinada solução será o "resolvedor de todos problemas" inerentes à LGPD, o que diz respeito não somente a sua esfera legal, mas, sobretudo, à técnica, chega sem dúvida a assustar e deixa a seguinte questão: "Será que as superferramentas/soluções altamente inteligentes, por fazerem uma análise com perguntas e respostas e mais algumas outras informações, farão, de fato, o trabalho de um profissional especializado?" Entende-se que não, apesar de poderem, sim, ser um complemento (nada mais que isso) nesse desafio relativo à proteção e privacidade dos dados, respeitando a LGPD.

Não há dúvidas que a LGPD será um divisor de águas, a demonstrar ao mercado que, sem a devida capacitação, preparação e fomento de muito conhecimento alinhado, claro, às experiências práticas do profissional, não haverá milagres de resolução instantânea para todo o panorama e a complexidade que essa lei preconiza.

Chega a ser muito óbvia a compreensão de que mapear processos, entender as regras de negócio, levantar requisitos, gerenciar projetos, fazer auditorias, falar a linguagem jurídica e aplicar frameworks como ISO 27001/27002, ITIL, COBIT, Cyber Security, Cloud Computer não será algo simples de se entender, organizar e aplicar. É por isso que a ANPPD (https://anppd.org/) está presente aqui no Brasil, com a missão de promover a unidade dos profissionais de privacidade de dados de modo que tenham seus interesses atendidos dentro do cenário brasileiro, fomentando iniciativas que também favoreçam a classe, buscando, assim, ser a "voz" dos acadêmicos e profissionais de privacidade de dados perante a sociedade brasileira, incentivando o entendimento e a discussão sobre esse tema, atuando nas matérias conflitantes da lei e buscando sua melhoria, tendo, ainda, como valores a promoção de práticas de privacidade de dados embasadas com conhecimento científico, a contribuição com pareceres técnicos, independência político-partidária e filosófica, além de ser voz ativa no congresso nacional nas decisões que impactem a classe.

Assim, sua estrutura organizacional é composta da seguinte forma:

Figura 9: Comitês ANPPD

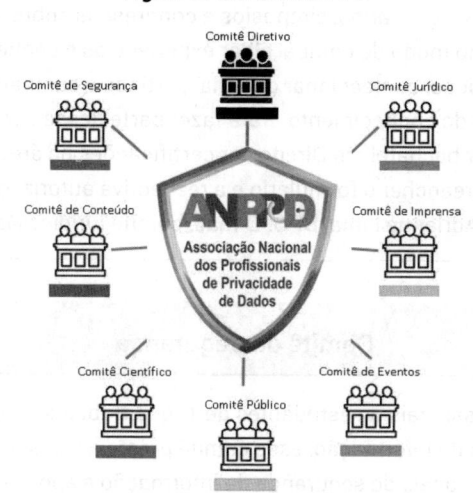

Fonte: ANPPD, 2019.

Comitê Diretivo

Grupo de profissionais de privacidade de dados idealizadores do projeto da Associação Nacional dos Profissionais de Privacidade de Dados (ANPPD) responsáveis pela direção da entidade, formado pelo presidente, vice-presidente, secretário e primeiro e segundo tesoureiros. Reúnem-se mensalmente para as tomadas de decisões que envolvem toda a ANPPD. Diretor responsável: Dr. Davis Alves, DPO. E-mail: comite.diretivo@anppd.org

Comitê Jurídico

Esse comitê objetiva reunir profissionais interessados em pesquisar, estudar e debater a legislação e os projetos de lei relacionados aos temas de tecnologia, direito digital em geral e, especialmente, sobre proteção de dados e privacidade; promover palestras, seminários, simpósios e congressos sobre os assuntos mencionados, como modo de compartilhar experiências e conhecimentos acadêmicos e práticas; confeccionar cartilhas, artigos e campanhas para compartilhamento do conhecimento. Para fazer parte desse comitê, o associado deve ser bacharel em Direito, ter certificações na área de Segurança da Informação, e preencher o formulário e a respectiva autorização. Diretora responsável: Dra. Adrianne Lima, DPO. E-mail: comite.juridico@anppd.org

Comitê de Segurança

Formado por profissionais ou estudantes de TI que trabalham ou estudam na área de Segurança da Informação, esse comitê presta assessoria técnica para empresas e profissionais de segurança da informação e apoio aos profissionais de segurança associados, gera conteúdo sobre o assunto, dá apoio técnico ao Comitê de Conteúdo e Científico e gera conteúdo especificamente da área da Segurança da Informação. Para participar, deve-se ser aprovado por esse comitê. Diretor responsável: Bruno Glaus, DPO. E-mail: comite.seguranca@anppd.org

Comitê Científico

Esse comitê lança artigos científicos sobre segurança e privacidade de dados, cria novas teorias científicas, estuda novos casos e cria pareceres técnicos da associação nos canais científicos. Os membros desse comitê devem ser mestres, doutores ou estudantes de *strictu sensu* (aluno de mestrado ou doutorado) e devem ter sua entrada aprovada por esse comitê. Diretor responsável: Dr. Davis Alves, DPO. E-mail: comite.científico@anppd.org

Comitê de Imprensa

É o canal porta-voz da associação para toda notícia sobre segurança e privacidade dos dados e seus profissionais, e também sobre a própria lei e suas alterações ou propostas de alteração. É esse comitê que, quando a associação precisar gerar nota, dar entrevista e opinião, responderá a essas demandas. Esse comitê também é responsável pelas respostas e pelo atendimento nas redes sociais da associação. É formado por associados que devem ter sua entrada aprovada por esse comitê. E-mail: comite.imprensa@anppd.org

Comitê de Conteúdo

Esse comitê cria conteúdo: artigos, palestras e cursos endossados pela ANPPD. Pode assinar como membro de conteúdo da ANPPD. Para participar desse comitê, o associado precisa ter qualquer certificação na área de Segurança da Informação e Privacidade de dados, deve seguir sua área de competência e ter sua entrada aprovada por esse comitê. Diretora responsável: Dra. Anielle Martinelli, DPO. E-mail: comite.conteudo@anppd.org

Comitê de Eventos

Esse comitê cria e organiza todos os eventos da associação, tanto dentro da associação quanto em parcerias com outras entidades. Para participar, o associado deve ter sua entrada aprovada por esse comitê. E-mail: comite.eventos@anppd.org

Comitê Público

Nesse comitê está todo associado que não se encontra em nenhum outro comitê; basta ser associado e pagar a anuidade normal. Ele constará no quadro de associados, terá acesso aos benefícios do associado e poderá ingressar, caso seja aprovado, em qualquer um dos comitês, caso não seja impedido por qualquer circunstância ou requisito. E-mail: comite.publico@anppd.org

A ANPPD ainda conta com seu site institucional para fomentar conhecimento, gerar novas e saudáveis discussões e manter os profissionais e empresas atualizados, no qual se podem encontrar os seguintes tópicos:

- » Notícias
- » Eventos
- » Pareceres Técnicos
- » Contatos

Além, ainda, da área do associado e composição dos membros que estão espalhados em todo Brasil, representando cada estado, os quais podem ajudar nos diferentes comitês.

Figura 10: Membros por estado

INÍCIO   QUEM SOMOS   NOTÍCIAS   EVENTOS   CONTATO   PARECERES TÉCNICOS

MEMBROS POR ESTADO

Pesquisa por nome do membro

Selecione no mapa um estado brasileiro ou digite ✋ acima o nome do profissional de privacidade de dados para checar suas certificações☐

Fonte: ANPPD, 2019.

Essência dos Dados na LGPD — Características x Qualidade

Certamente se deve refletir sobre o porquê da chegada da Lei Geral de Proteção de Dados (LGPD) aqui no Brasil, baseando-se fortemente na RGPD, que é a lei de proteção de dados na Europa, de maneira que, além de prover uma evolução e, de certa forma, a adaptação daquele famoso Marco Civil da Internet, no qual muita coisa ainda tinha que ser melhor ajustada, a LGPD certamente vem para responder e resolver algumas questões que ainda estavam obscuras.

Porém, antes de tudo, para melhor entender a LGPD, é melhor compreender, ou melhor dizendo, relembrar aquele velho conceito que já foi visto na academia-escola sobre a evolução dos dados. Muitas referências e autores descrevem o conceito de dados em disciplinas e cursos diversos como gestão do conhecimento, inovação, ciência da informação, big data, criptografia e, claro, segurança da informação. Neles, tenta-se desmistificar sua relação em diversas situações, nas quais se têm como a mola-mestre de apoio e alicerce os **dados**, que, por sua vez, devem ser bem formados, organizados, distribuídos, estruturados, em um formato em que se dê sentido a algo, havendo, consequentemente, a transformação em **informação**. Essa informação, caso compreendida como um conjunto coerente e interpretável, forma a próxima etapa, que é gerar **conhecimento**, que, por sua vez, trará **sabedoria**, para, consequentemente, prover **tomadas de decisão**.

Então perceba aqui a importância fundamental do que é gerar, prover, repassar e processar dados. Se isso começa errado, terminará fatalmente com uma decisão no mínimo equivocada. Quando o dado sai mal definido, estabelecido, construído/constituído, trata-se de uma questão de qualidade, muito diferente de integridade, que é um dos conceitos básicos da Segurança da Informação.

No Art. 6º da lei, o quinto princípio retrata essa questão da qualidade:

Art. 6º As atividades de tratamento de dados pessoais deverão observar a boa-fé e os seguintes princípios:

[...]

V - qualidade dos dados: garantia, aos titulares, de exatidão, clareza, relevância e atualização dos dados, de acordo com a necessidade e para o cumprimento da finalidade de seu tratamento;

Uma pequena observação: a palavra "qualidade" aparece somente nesse momento, ou seja, uma única vez, em todo o texto da lei.

Observações à parte, particularmente interpretamos essa passagem da qualidade dos dados como algo que ainda não tem relação com integridade dos dados. exatidão, clareza, relevância e atualização, que são **características** de sua propriedade de ser um dado. Estar mal definido, mal estabelecido ou mal construído/constituído é **qualidade** de fato.

Então consideramos, de certa forma, mal colocado e não tão bem referenciado o termo "qualidade dos dados" como realmente deveria ser.

De certa forma, pode até fazer sentido não estar tão bem descrito ainda na lei, que certamente sofrerá ajustes e melhorias, porque a LGPD focará o principal objetivo, pelo menos neste primeiro instante de oficialização na proteção dos dados, seja esse dado bem definido, estabelecido, construído/constituído ou não.

Vale relembrar que os dados estão fortemente ligados à informação. Mesmo que a LGPD trate da proteção de dados pessoais, futuramente pode ser que se tenha uma nova lei exclusivamente tratando da proteção de dados corporativos, como cita o próprio *Art.1: "Esta Lei dispõe sobre o tratamento de dados pessoais, inclusive nos meios digitais, por pessoa natural ou por pessoa jurídica de direito público ou privado, com o objetivo de proteger os direitos fundamentais de liberdade e de privacidade e o livre desenvolvimento da personalidade da pessoa natural."*

Mas, independentemente da situação, por exemplo, que se tem a palavra tão somente sozinha e isolada "João", isso é meramente um dado. Mas se tenho um conjunto de dados formados, como, por exemplo "João Augusto da Silva Santos", tem-se, então, uma informação que trata do nome completo de um cidadão. Nesse contexto, é importante estar ciente de que a informação deve ser considerada um patrimônio valioso para a organização e reconhecida como um ativo. Os ativos são componentes que a segurança da informação busca proteger a todo o momento. É através do ativo que a informação é manipulada. Por exemplo, as informações, os equipamentos (hardwares) e sistemas (softwares) e as pessoas que fazem o uso desse conjunto. Dessa forma, pode-se entender que os ativos precisam receber uma proteção adequada, pelo motivo de serem valores para as empresas e manterem a importante sustentabilidade dos negócios.

Dando sequência no raciocínio da evolução dos dados, com o exemplo da informação de saber o nome completo do cidadão João Augusto da Silva Santos, agora há o conjunto de nomes completos que começam com a letra "J" dos cidadãos da região Nordeste do país, para formação de um arquivo de mailing que gerará uma lista estratégica de pessoas com as quais fazer contato, na qual há o **conhecimento** para extrair as principais ligações que deram retorno. Levando-se em consideração o conhecimento que se tem, mais a importância desse chamado ativo da informação, constata-se que os dados, lá na sua forma até mesmo mais primitiva que seja, são parte integrante, de fato, daquilo que será gerado, podendo até mesmo ser considerados como diferencial competitivo. Todavia, deve-se levar em consideração o importante tratamento que a LGPD nos traz sobre o conceito de

dado anonimizado, que é o dado relativo ao titular que não possa ser identificado, considerando-se a utilização de meios técnicos razoáveis e disponíveis na ocasião de seu tratamento. É a **anonimização,** que é a utilização de meios técnicos razoáveis e disponíveis no momento do tratamento, por meio dos quais um dado perde a possibilidade de associação, direta ou indireta, a um indivíduo. E existe também a **pseudonimização**:

[...]

§ 4º Para os efeitos deste artigo, a pseudonimização é o tratamento por meio do qual um dado perde a possibilidade de associação, direta ou indireta, a um indivíduo, senão pelo uso de informação adicional mantida separadamente pelo controlador em ambiente controlado e seguro.

É por isso que se pode trocar a palavra **sabedoria** (tratada em diversas bibliografias), neste contexto da LGPD, por **valor**, não no sentido contábil, mas, sim, como significância à sustentabilidade do negócio e valor agregado.

Figura 11: Evolução dos dados

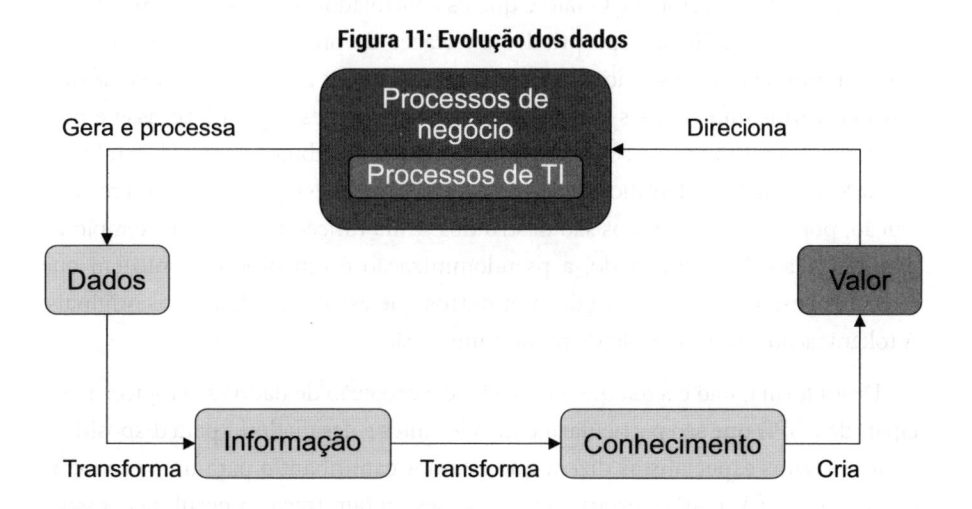

Fonte: Pesquisa e elaboração dos próprios autores.

Os dados, portanto, têm cada vez mais valor, considerando, ainda, que tais dados, em sua maioria, são digitais, ou seja, passam por estruturas, mecanismos e recursos tecnológicos que mais adiante promoverão processos de TI e de negócio, que vão de encontro a alguns ativos da informação, conforme citado antes.

Assim, vale repensar bem sobre os dados em sua essência, para se saber ao certo o que e como realmente devem ser protegidos. A característica do dado pessoal /"CPF" (e não a qualidade desse dado), enquanto *exatidão, clareza, relevância e atualização,* é diferente do dado corporativo/"CNPJ". Isso deve ficar bem claro nas transposições da Lei Geral de Proteção de Dados Pessoais, clarificando bem o que é qualidade dos dados versus características dos dados.

Consequências da Privacidade

A Seção II — Do Tratamento de Dados Pessoais Sensíveis da LGPD, Art. 12, da lei afirma que os dados anonimizados não serão considerados dados pessoais para os fins dessa lei, salvo quando o processo de anonimização ao qual foram submetidos for revertido, utilizando exclusivamente meios próprios, ou quando, com esforços razoáveis, puder ser revertido, no caso em que a autoridade nacional poderá dispor sobre padrões e técnicas utilizados em processos de anonimização e realizar verificações acerca de sua segurança, depois de ouvir o Conselho Nacional de Proteção de Dados Pessoais. O fato é que os controladores e processadores devem implementar mecanismos apropriados e eficazes de preservação da privacidade, como anonimização e pseudonimização. Embora ambos tenham o objetivo de desvincular certas informações pessoais dos dados, o processo para fazer isso é bem diferente. A anonimização concentra-se em suprimir atributos pessoais, geralmente chamados de PII (identificação pessoal de informações), para impedir a reconstrução; portanto, os atributos são destruídos. Uma função hash é um exemplo de anonimização. Por outro lado, a pseudonimização é um procedimento em que atributos pessoais são substituídos por outros que estão vinculados aos originais. A tokenização é um exemplo de pseudonimização.

Dessa forma, não é à toa que privacidade e proteção de dados são tópicos principais da LGPD que são particularmente relevantes e desafiadores para dispositivos da IoT. Alguns especialistas dizem que estamos caminhando para uma economia de vigilância, na qual governos e organizações tentam traçar o perfil das pessoas da melhor maneira possível, a fim de fornecer serviços mais úteis e desejáveis. Portanto, a gestão da privacidade nunca foi tão importante quanto é hoje em dia, considerando que vivemos a era dos dispositivos conectados, com enorme quantidade de dados coletados e trocados por eles.

Leis e Regulamentos em Geral

Independente do segmento de mercado em que se esteja inserido (indústria, serviços, telecomunicações, entre outros), fica a importância de conhecer e se estar ciente (seja pessoa física ou jurídica) da existência dos regulamentos ou novos complementos regulatórios existentes no mundo. No final das décadas de 1990 e 2000, foram inauguradas as primeiras leis que regem a segurança da informação, privacidade e prestação de contas, em parte devido ao grande volume de informações pessoais e confidenciais armazenadas e transmitidas através dos canais vulneráveis desses diversos segmentos de mercado existentes no mundo. Eles certamente serviram como alicerce para a RGPD iniciar a fomentação de sua lei.

No cerne da maioria dos regulamentos, a intenção é proteger a confidencialidade, integridade e disponibilidade da informação, devido aos impactos que certas ameaças e vulnerabilidades podem trazer aos usuários-clientes. Essas leis podem ser destinadas para os seguintes objetivos essenciais:

- » Criar e implementar controles.
- » Manter, proteger e avaliar questões de conformidade.
- » Identificar e corrigir vulnerabilidades e desvios.
- » Fornecer relatórios que podem comprovar a conformidade da organização/ fabricante.

Nesse sentido, será contemplada uma rápida passagem nas leis e regulamentos que têm impacto imediato sobre os profissionais de tecnologia e negócios em geral, apenas detalhes suficientes para que se entenda o que cada lei aborda. Não se deve assumir essa lista como a representação total de todas as leis e regulamentos que podem se aplicar a determinado negócio, no que tange sobretudo às questões inerentes à proteção da privacidade de dados pessoais.

Tabela 5: Descrição da lei

LEI/ REGULAMENTAÇÃO	DESCRIÇÃO
Diretiva da União Europeia de Proteção de Dados (EUDPD)	Padroniza a proteção da privacidade de dados para os cidadãos de toda a União Europeia (UE), fornecendo requisitos básicos que todos os Estados-membros da UE devem atingir em regulamentos nacionais. A EUDPD tem uma forte influência sobre os regulamentos internacionais devido às limitações que coloca no envio de informações pessoais dos cidadãos da UE fora da União Europeia para as áreas que são consideradas como tendo menos padrões adequados de segurança de dados. As transposições dos Estado-membro da EUDPD, mediante suas diretivas e as regulamentações promulgadas em conformidade com ela, impactam empresas que fazem negócios na UE ou que lidam com os dados dos cidadãos da UE.
California Senate Bill 1386 (CA SB 1386)	Introduzida em julho de 2003 como uma primeira tentativa de um legislador estadual para resolver o problema de roubo de identidade. Em suma, o projeto de lei introduz requisitos de divulgação duros para empresas e agências governamentais que sofrem violações de segurança que possam pôr em perigo as informações pessoais dos residentes da Califórnia. Espera-se que muitas organizações nos Estados Unidos estejam sujeitas a esses requisitos. Além disso, muitos outros estados já têm ou planejam aprovar uma legislação similar.

Proteção de Informações Pessoais e Documentos Eletrônicos (PIPEDA)	É uma regulamentação federal canadense que regulamenta a utilização e divulgação de informações pessoalmente identificáveis no curso de transações comerciais. O ato foi criado em resposta às diretivas de proteção de dados da União Europeia que limitam o comércio com nações cuja proteção de privacidade não cumprem as normas da UE. A PIPEDA incorpora e torna disposições obrigatórias da Associação Canadense de Normas do Código de Modelo de Privacidade de 1995. A lei abrange todo o Canadá, exceto aquelas províncias que têm legislação "substancialmente similar" (ou seja, British Columbia, Alberta e Québec), e abrange todos as províncias de comércio.

Fonte: Microsoft Technet, 2015.

No Brasil, ainda se precisa evoluir quanto às políticas públicas em geral, que poderiam ser sustentadas por normas, diretrizes e procedimentos que sejam respaldos de orientações mínimas quando se entra na esfera de empresas que entram no país e não seguem adequadamente as leis de proteção ao consumidor, e sobretudo de privacidade de suas informações, como acontece em outros países, conforme o quadro anterior. A LGPD busca preencher essa lacuna, mas deverá estar em constante evolução.

As diretrizes estratégicas explicitadas e qualificadas, que constituem o segundo nível da política de CT&I aqui formulada, identificam vias prioritárias para atingir os objetivos propostos. Essas diretrizes têm como ponto de partida a base de ciência, tecnologia e inovação construída nas últimas décadas, no Brasil, sucintamente caracterizada na seção anterior. Orientam-se para constituir a institucionalidade necessária para enfrentar o desafio da inovação, elemento determinante das políticas públicas em todo o mundo, que deve ser criativamente enfrentado pela sociedade brasileira.

Contudo, o Ministério de Ciência e Tecnologia do governo brasileiro, conforme menciona em seu *Livro Branco*, traz a importância de conduzir bem os desafios que a inovação tecnológica traz consigo, deliberando medidas estratégicas na esfera de políticas públicas, que seria o caso no novo Marco Civil brasileiro, que retratou algumas questões, de modo que a LGPD abrange, agora de forma mais completa e eficiente, esse panorama da proteção dos dados pessoais aqui no Brasil.

O Marco Civil da Internet Brasileira e a Privacidade

Com o surgimento da Lei 12.965, conhecida como Marco Civil da Internet, buscou-se regular o uso da internet no país, como forma de garantir os deveres e obrigações para os usuários da rede de computadores. O principal ponto da lei é a garantia dos direitos humanos como forma de fundamento ao respeito à liberdade de expressão na rede mundial de computadores, essencial ao exercício da cidadania. No que diz respeito à construção dos direitos humanos, haverá sempre a luta intensa de se estender a todos os cidadãos cada vez mais seus direitos e obrigações, e com a Lei 12.965 (Marco Civil da Internet), buscou-se exercer esse respeito aos direitos humanos, tais como a privacidade e a liberdade de expressão na internet, o que agora, com a LGPD, vem a evoluir. No entanto, é importante destacar que tais garantias dadas por essa lei devem também sofrer os limites constitucionais, mediante a necessidade de garantir o direito constitucional fundamental da personalidade e, consequentemente, sua individualidade no direito de escolha e definições.

A liberdade de expressão é fator preponderante para que se possa concretizar o chamado princípio da dignidade humana, como maneira de proteger a sociedade de opressões, de modo que, por essa característica tão singular, os artigos 2º e 3º da lei são bastante claros quanto à proteção dos direitos das personalidades aos usuários de internet e, consequentemente, aos princípios constitucionais civis, como se pode observar nos artigos a seguir:

Art. 3º - A disciplina do uso da internet no Brasil tem os seguintes princípios:

I - garantia da liberdade de expressão, comunicação e manifestação de pensamento, nos termos da Constituição Federal;

II - proteção da privacidade;

III - proteção dos dados pessoais, na forma da lei;

A privacidade é o direito à reserva de informações pessoais e da própria vida privada. Na definição de Celso Lafer, é "o direito do indivíduo de estar só e a possibilidade que deve ter toda pessoa de excluir do conhecimento de terceiros aquilo que a ela só se refere, e que diz respeito ao seu modo de ser no âmbito da vida privada."

Para Bastos, o direito à privacidade é "a faculdade que tem cada indivíduo de obstar a intromissão de estranhos em sua vida privada e familiar, assim como de impedir-lhes o acesso a informações sobre a privacidade de cada um, e também impedir que sejam divulgadas informações sobre esta área da manifestação existencial do ser humano." É justamente nesse contexto que os fabricantes de Smart TV e outros controladores deveriam aderir aos cuidados e à responsabilidade quanto às informações de seus usuários que são trafegadas até seus servidores ou os de terceiros. Todavia, de fato, o papel do marco civil brasileiro iniciou essa vontade, em que agora a LGPD deverá dar continuidade para que, de fato, possa prevalecer.

Na nova era digital, esse direito é muito vulnerável frente ao imenso mundo da internet. Resultado dessa fragilidade, a lei de regulação da utilização da internet procurou proteger esse valor tão essencial para a intimidade dos usuários de rede móvel de computador, tanto em modo offline quanto em modo online, o que, de certa forma, deveria se estender também para equipamentos inteligentes, como a Smart TV e outras coisas do universo da IoT, o que ainda não está bem claro nessa lei.

Art. 7º - O acesso à internet é essencial ao exercício da cidadania, e ao usuário são assegurados os seguintes direitos:

I - Inviolabilidade da intimidade e da vida privada, sua proteção e indenização pelo dano material ou moral decorrente de sua violação;

II - inviolabilidade e sigilo do fluxo de suas comunicações pela internet, salvo por ordem judicial, na forma da lei;

III - inviolabilidade e sigilo de suas comunicações privadas armazenadas, salvo por ordem judicial.

[...]

VII - não fornecimento a terceiros de seus dados pessoais, inclusive registros de conexão, e de acesso a aplicações de internet, salvo mediante consentimento livre, expresso e informado ou nas hipóteses previstas em lei;

Nas vertentes do que diz o direito à privacidade, o artigo 10 da lei é bastante taxativo sobre essa situação, que trata sobre os cuidados de arquivar todos os registros de conexão, bem como os dados pessoais das comunicações privadas. Segue sua redação:

> *Art. 10 - A guarda e a disponibilização dos registros de conexão e de acesso a aplicações de internet de que trata esta Lei, bem como de dados pessoais e do conteúdo de comunicações privadas, devem atender à preservação da intimidade, da vida privada, da honra e da imagem das partes direta ou indiretamente envolvidas.*

Percebe-se claramente que ainda deve haver um esclarecimento e amadurecimento maior nas tratativas desse terceiro, ou mais especificamente o fabricante de equipamentos tecnológicos, que utiliza, absorve, capta, extrai, trafega informações do usuário-cliente, mesmo após um "consentimento" de aprovar e aceitar a tal política de privacidade. Por exemplo, algumas passagens da Seção III — "Da Responsabilidade por Danos Decorrentes de Conteúdo Gerado por Terceiros".

> *Art. 18 - O provedor de conexão à internet não será responsabilizado civilmente por danos decorrentes de conteúdo gerado por terceiros.*

> *Art. 19 - Com o intuito de assegurar a liberdade de expressão e impedir a censura, o provedor de aplicações de internet somente poderá ser responsabilizado civilmente por danos decorrentes de conteúdo gerado por terceiros se, após ordem judicial específica, não tomar as providências para, no âmbito e nos limites técnicos do seu serviço e dentro do prazo assinalado, tornar indisponível o conteúdo apontado como infringente, ressalvadas as disposições legais em contrário.*

> *Art. 21 - O provedor de aplicações de internet que disponibilize conteúdo gerado por terceiros será responsabilizado subsidiariamente pela violação da intimidade decorrente da divulgação, sem autorização de seus participantes, de imagens, de vídeos ou de outros materiais contendo cenas de nudez ou de atos sexuais de caráter privado quando, após o recebimento de notificação pelo participante ou seu representante legal, deixar de promover, de forma diligente, no âmbito e nos limites técnicos do seu serviço, a indisponibilização desse conteúdo.*

LGPD x RGPD

O Regulamento (UE) 2016/679 do Parlamento Europeu e do Novo Conselho de Regulamento Geral de Proteção de Dados da União Europeia (RGPD) regula o processamento por um indivíduo, uma empresa ou uma organização, por dados pessoais relativos a indivíduos na UE. Não se aplica ao tratamento de dados pessoais de pessoas falecidas ou de pessoas coletivas.

As regras não se aplicam aos dados processados por um indivíduo por razões puramente pessoais ou para atividades realizadas em sua casa, desde que não haja conexão com uma atividade profissional ou comercial. Quando um indivíduo usa dados pessoais fora da esfera pessoal, para atividades socioculturais ou financeiras, por exemplo, a lei de proteção de dados deve ser respeitada.

Exemplo:

- » **Quando o regulamento se aplica (RGPD).**
  - • Uma empresa estabelecida na UE presta serviços de viagem a clientes com base nos países bálticos e, nesse contexto, processa dados pessoais de pessoas singulares.
- » **Quando o regulamento não se aplica (RGPD).**
  - • Um indivíduo usa seu próprio catálogo particular de endereços para convidar amigos por e-mail para uma festa que ele está organizando (exceção da família).

Após quatro anos de preparação e debate, a GDPR foi finalmente aprovada pelo Parlamento da UE em 14 de abril de 2016. Foi aplicada em 25 de maio de 2018, e as organizações que não estão em conformidade agora podem enfrentar pesadas multas.

De maneira geral e de forma bem resumida, o objetivo da RGPD é proteger todos os cidadãos da UE contra violações de privacidade e dados no mundo atual. Embora os princípios de privacidade de dados fundamentais ainda sejam verdadeiros à diretiva anterior (como o nosso Marco Civil que iniciou e agora veio da LGPD), muitas alterações foram propostas nas políticas regulatórias. Os pontos principais da RGPD, bem como informações sobre os impactos que ela terá nos negócios, são detalhados no próprio site oficial da RGPD.

Conheça na íntegra o Regulamento Geral de Proteção de Dados (RGPD).

ACESSE: https://gdpr-info.eu/

Na verdade, a LGPD se baseou na RGPD, até porque ela é mais antiga e tem maiores detalhamentos, quando comparada à nossa LGPD. A RGPD é considerada uma atualização da legislação de 1995 que estava vigente na União Europeia, portanto, tem maior "experiência", enquanto a LGPD está iniciando no Brasil.

Ou seja, a LGPD foi promulgada em 14 de agosto de 2018, perante a Lei nº 13.709 (Lei Geral de Proteção de Dados), criando uma estrutura legal de proteção de dados pessoais no Brasil. A LGPD, assim, é influenciada pelo Regulamento Geral de Proteção de Dados da UE (PGPD), envolvendo indivíduos, entidades privadas e autoridades públicas que são afetadas por suas disposições. De maneira que, agora o Brasil integra um grupo de mais de 120 países que promulgaram leis de proteção de dados pessoais. Entre eles estão outros países da América do Sul, como Argentina, Chile, Colômbia, Peru e Uruguai. A adoção das melhores práticas alinhadas com outros regulamentos internacionais cria espaço para empresas globais e multinacionais estabelecerem programas padronizados em todo o mundo, contribuindo para a eficiência e melhorando a proteção de dados.

Esse termo será importante para que empresas e indivíduos tomem medidas para cumprir as disposições da LGPD e de outras regulamentações ainda por vir. A aplicação da maioria das disposições da LGPD depende da criação de uma autoridade governamental (ANPD) com jurisdição para supervisionar, fazer cumprir e fornecer mais regulamentação sobre proteção de dados pessoais. E as regulamentações por meio de decreto federal certamente trarão as devidas evoluções da LGPD, como aconteceu com a própria RGPD.

Saiba Mais!

O CertiKit GDPR Toolkit pode ajudar sua organização a atender aos requisitos do Regulamento Geral de Proteção de Dados da UE de maneira rápida e eficaz. Esses modelos de documentos e listas de verificação são completos, com doze meses de atualizações e suporte, ajudando você a atualizar suas políticas e procedimentos para alcançar rapidamente a conformidade com o GDPR. E agora, com a versão 6 do GDPR Toolkit, foram adicionadas mais políticas, conteúdo de documento e exemplos, para tornar o processo ainda mais eficiente:

ACESSE https://certikit.com/products/gdpr-toolkit/

Os fundamentos da LGPD, conforme declarados na própria lei, dizem respeito à privacidade; autodeterminação informativa; liberdade de expressão, informação, comunicação e opinião; integridade da intimidade, honra e imagem; desenvolvimento econômico e tecnológico e inovação; livre iniciativa, livre concorrência e proteção do consumidor; direitos humanos, livre desenvolvimento da personalidade, dignidade e exercício da cidadania.

Ou seja, já tem uma boa abrangência. Porém, o processamento de dados pessoais estará sujeito à boa fé e aos seguintes princípios: limitação de finalidade; adequação; necessidade e razoabilidade, relacionadas à limitação do objetivo; acesso livre; qualidade dos dados; transparência; segurança; prevenção; não discriminação; e responsabilização. Alguns desses princípios também são adotados pela RGPD, o que explica, portanto, por que ambas as regras lidam com assuntos relevantes de maneira semelhantes, como escopo territorial, direitos dos titulares de dados, transferência internacional de dados pessoais e violação da lei. Veja a seguir o quadro publicado pela IAPP que esclarece muito bem os tópicos comparando cada situação entre as duas.

Tabela 6: Comparando LGPD x RGPD

Tópico	RGPD	LGPD
Exceções à lei	Dados processados por uma pessoa singular no curso de uma atividade puramente pessoal ou doméstica; e dados processados pelas autoridades competentes para fins de prevenção, investigação, detecção ou repressão de infrações penais ou execução de sanções penais, incluindo salvaguardas e prevenção de ameaças à segurança pública.	Tratamento de dados por uma pessoa singular exclusivamente para fins privados e não econômicos; tratamento de dados, se realizado exclusivamente para fins jornalísticos e artísticos; para fins acadêmicos; ou para fins de: a) segurança pública; b) defesa nacional; c) segurança do estado; ou d) atividades de investigação e repressão de infrações penais.

Tópico	RGPD	LGPD
Âmbito territorial	Qualquer empresa que tenha uma filial na UE ou ofereça serviços ao mercado da UE e colete e trate dados pessoais de titulares de dados localizados na UE, independentemente da nacionalidade, estará sujeita à nova lei.	Qualquer empresa que tenha uma filial no Brasil ou ofereça serviços ao mercado brasileiro e colete e trate dados pessoais de titulares de dados localizados no país, independentemente da nacionalidade, estará sujeita à nova lei. Os fluxos de dados que são meramente transmitidos ao Brasil, mas não processados posteriormente, não se enquadram no escopo da lei.
Dados pessoais	Qualquer informação relativa a uma pessoa singular identificada ou identificável (titular dos dados); uma pessoa singular identificável é aquela que pode ser identificada, direta ou indiretamente, em particular por referência a um identificador, como nome, número de identificação, dados de localização, identificador online ou a um ou mais fatores específicos de natureza física, fisiológica, identidade genética, mental, econômica, cultural ou social dessa pessoa natural.	Qualquer informação relativa a uma pessoa singular identificada ou identificável. Não há exemplos na definição trazida pela lei.

Tópico	RGPD	LGPD
Dados anônimos	Fora do escopo da lei, foram levadas em consideração as medidas razoáveis para se identificar novamente.	Fora do escopo da lei, foram levadas em consideração as medidas razoáveis para se identificar novamente. Podem ser considerados dados pessoais se usados para fins de criação de perfil.
Dados pseudonimizados	No âmbito da lei, uma vez que deve ser considerada informação sobre uma pessoa singular identificável.	Não definido por lei, exceto para pesquisas realizadas por órgãos de saúde pública.
Dados de integridade (dados confidenciais)	Atividades legítimas (sem fins lucrativos) e interesse público são a base legal.	A execução de um contrato é considerada uma base legal para o processamento.
Dados manifestamente tornados públicos pelo titular dos dados	Atividades legítimas (sem fins lucrativos) e interesse público são a base legal.	A execução de um contrato é considerada uma base legal para o processamento.
Processamento legal	Seis bases legais: (i) consentimento; (ii) obrigação legal; (iii) proteção da vida; (iv) interesse público; (v) desempenho contratual; (vi) e interesse legítimo.	Dez bases legais, que são: (i) consentimento; (ii) obrigação legal; (iii) implementação de políticas públicas pela administração pública; (iv) pesquisa por entidades públicas de estudo; (v) desempenho contratual; (vi) exercício de direitos em processos judiciais; (vii) proteção da vida; (viii) proteção da saúde; (ix) interesse legítimo; e (x) proteção ao crédito.

Tópico	RGPD	LGPD
Interesse legítimo	Mais restritivo, necessidade de um teste de equilíbrio, fornecido pelos considerandos.	Possivelmente mais flexível, pois pode ser usado para "promoção" das atividades do controlador. Teste de equilíbrio fornecido pela lei e precisa ser documentado.
Consentimento	Deve ser uma indicação informada, inequívoca e livre do acordo dos titulares de dados para o processamento de dados como regra geral. Deve ser explícito no processamento de dados confidenciais e na transferência internacional de dados.	Deve ser uma indicação informada, inequívoca e livre do acordo dos titulares de dados para o processamento de dados como regra geral. Deve ser específico para o processamento de dados confidenciais e para transferência internacional de dados.
Solicitações de acesso do titular dos dados	Até trinta dias, a gratuidade é opcional.	Direito de acesso, até quinze dias. Outros direitos, tempo razoável, gorjeta é obrigatória (gratuita).
Revisão de decisões automatizadas	Necessário quando impactado, tem um efeito legal material sobre o titular dos dados. Limitado aos dados fornecidos por consentimento.	Presume-se um impacto no titular dos dados quando a tomada de decisão automatizada se baseia em criação de perfil; portanto, há o direito de revisar. Não se limita aos dados fornecidos por consentimento.

Tópico	RGPD	LGPD
Responsável pela proteção de dados	Não é obrigatório para todos os controladores. As condições são estabelecidas pelo regulamento, como volume e tipo de dados processados, do uso de novas tecnologias e riscos para os titulares dos dados. O tamanho do controlador de dados não é uma condição. Não é obrigatório ser uma pessoa singular ou funcionário do controlador, pode ser uma entidade legal. Pode ser terceirizado, não sendo obrigatório estar localizado na União Europeia.	Obrigatório para todos os controladores, independentemente do tamanho, tipo e volume dos dados processados e riscos para o titular dos dados (a provisão pode ser ajustada pelo DPA). Obrigatório para ser uma pessoa natural. Não é obrigatório ser funcionário do controlador, ele pode ser terceirizado. Não é obrigatório estar localizado no Brasil.
Representante de controladores não estabelecidos na região	O responsável pelo tratamento ou o processador deve designar por escrito um representante na União.	Não há necessidade de o controlador ou o processador designar um representante no Brasil.
Registro da atividade de processamento	Não é obrigatório para empresas com menos de 250 funcionários.	Obrigatório para todas as empresas (a provisão pode ser ajustada pelo DPA).
Registro da atividade de processamento	Não é obrigatório para empresas com menos de 250 funcionários.	Obrigatório para todas as empresas (a provisão pode ser ajustada pelo DPA).

Tópico	RGPD	LGPD
Registro de banco de dados no DPA	Não é necessário.	Não é necessário.
Notificação obrigatória de violação de dados	Os controladores precisam notificar os DPAs dentro de 72 horas.	Os controladores precisam notificar os DPAs e os titulares dos dados dentro de um prazo razoável (a provisão pode ser ajustada pelo DPA).
Códigos de conduta	Há um capítulo específico que: a) faz referência às necessidades específicas das micro, pequenas e médias empresas como diretrizes para a elaboração dos códigos de conduta; b) lista onze exemplos do que deve ser tratado por eles.	Há um capítulo específico que: a) faz referência à categoria de dados, ao objetivo e escopo do processamento de dados e, principalmente, quais são os riscos em jogo contra os titulares dos dados e os benefícios para eles como diretrizes para a elaboração dos códigos de conduta; b) lista oito exemplos do que deve ser abordados por eles.
Avaliação de impacto na proteção de dados	Há um capítulo específico e a obrigação de executar uma DPIA no caso de o processamento de dados resultar em alto risco na ausência de medidas tomadas pelo controlador para mitigar o risco.	Não existe um capítulo ou dever específico para executar uma DPIA. No entanto, um DPIA pode ser obrigatório em situações já caracterizadas como arriscadas ou, a pedido da autoridade, onde o processamento de dados se baseia em interesses legítimos.

Tópico	RGPD	LGPD
Finais	Até 4% da receita global do grupo econômico, até 20 milhões de euros.	Dois por cento da receita do Brasil, até R$50 milhões por infração. Possível penalidade diária para garantir o cumprimento.
Autoridade de proteção de dados	Definido e estabelecido em nível nacional.	Indefinido e ainda a ser estabelecido pelo novo presidente, em nível nacional.
Fluxo de dados internacionais	Necessidade de decisão de adequação para transferir livremente dados para outros países. Em caso de falta de adequação, os instrumentos legais são fornecidos pelo regulamento. Realizado legalmente com base em interesses legítimos, se incomuns.	Necessidade de decisão de adequação para transferir livremente dados para outros países. Em caso de falta de adequação, instrumentos legais fornecidos pelo regulamento. Não pode se basear em interesse legítimo, consentimento expresso, talvez uma base legal.
Período de adaptação	Vinte e quatro meses.	Dezoito meses, fevereiro de 2020. O DPA terá a palavra sobre como legitimar bancos de dados antigos.

Fonte: IAPP, 2019.

Talvez uma das coisas que mais chame a atenção, fazendo comparações e tentando interpretar a essência de cada um, diz respeito às bases legais para o processamento de dados. Há alguns assuntos bases mais marcantes e presentes em cada um deles. Conforme a RGPD, a organização teria seis bases jurídicas, que seriam:

» Consentimento explícito

» Execução do contrato

» Tarefa pública

» Interesse vital

» Obrigação legal

» Interesse legítimo.

Agora sobre a LGPD, o número de bases legais foi expandido para dez. Isso inclui:

» Consentimento

» Obrigação legal

» Implementação de políticas públicas pela administração pública (tarefa pública)

» Pesquisa por entidades públicas de estudo

» Desempenho contratual

» Exercício de direitos em processos judiciais

» Proteção da vida (interesses vitais)

» Proteção da saúde

» Interesse legítimo

» Proteção ao crédito.

Embora você observe várias semelhanças entre as duas, também verá que bases como proteção de crédito são exclusivas do Brasil. Isso é particularmente pertinente, pois o país se prepara para reformar suas leis existentes em torno da proteção de crédito.

Exemplos de processamento que provavelmente resultam em alto risco. A lista a seguir detalha as operações de processamento para as quais se exige que você conclua um DPIA, pois é provável que eles resultem em alto risco. É baseada em diretrizes adotadas pelo Conselho Europeu de Proteção de Dados (EDPB) sobre DPIAs:

ACESSE: encurtador.com.br/wJN01

Apesar de Tudo, Governança: Verificando a Conformidade com a LGPD

É isso mesmo. Apesar de haver ameaças internas e externas, apesar de estar sujeito às defasagens operacionais, técnicas e científicas por parte do fabricante/fornecedor, apesar de estar literalmente vulnerável, deve-se sempre pensar em como prover uma boa governança, ou a tal gestão da privacidade, para que assim consiga-se direcionar os esforços, pensamentos e toda uma sinergia coerente à lei geral de proteção dos dados, para que se esteja seguro de que foram tomadas as medidas necessárias para cumpri-la, independentemente dos recursos, do ambiente e das "Coisas" que estarão envolvidas junto a esse usuário-cidadão. Dessa forma, a pergunta que não quer calar é a seguinte: "Você sabe como planejar a conformidade para atender aos requisitos por projeto, por processos e por padrões exigidos da LGPD?" Com certeza você não está sozinho nessa empreitada.

Figura 12: Framework de processos LGPD

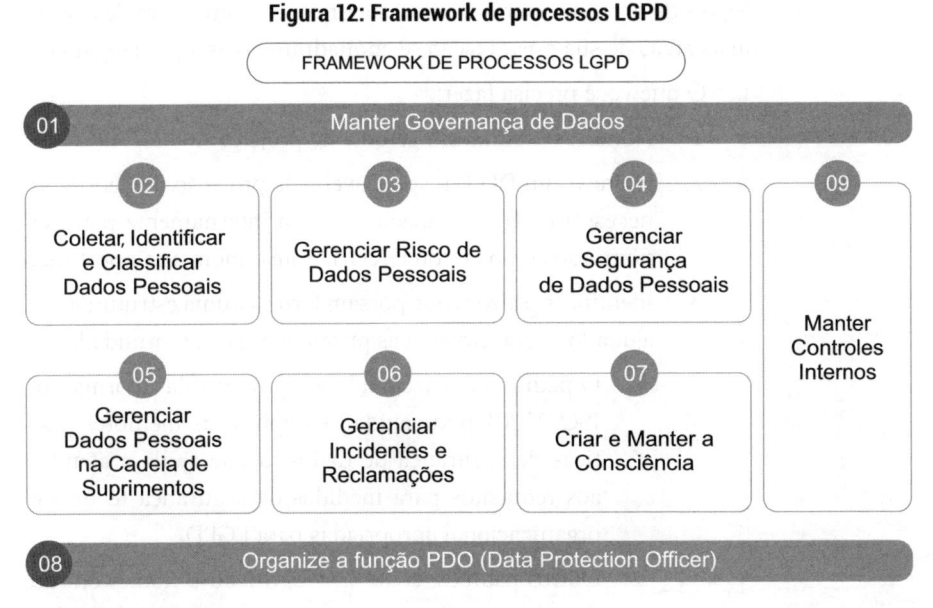

Fonte: Exin, 2019.

Pelo menos você obterá uma ideia geral para iniciar seus esforços de estar literalmente compliance para com aquilo que a LGPD possivelmente exigirá. Então a seguir é apresentada uma espécie de roteiro de planejamento e preparação que o ajudará nesse direcionamento.

1. Obter suporte no nível da diretoria e estabelecer responsabilidades.

   a. A conformidade com a LGPD requer suporte no nível geral. Portanto, é essencial que o conselho compreenda as implicações — positivas e negativas —, para que possam alocar os recursos necessários para alcançar e manter a conformidade.

      i. O que você precisa fazer:

         1. Orientar o conselho sobre os riscos de proteção de dados e os benefícios da conformidade com a LGPD.

         2. Obter suporte de gerenciamento para seu projeto de conformidade com a LGPD.

         3. Atribuir a um diretor a responsabilidade pela conformidade com o LGPD.

2. Escopo e planejamento de seu projeto de conformidade para com a LGPD.

   a. Depois de obter o suporte de nível superior, você precisará descobrir quais áreas de sua organização se enquadram no escopo da LGPD.

      i. O que você precisa fazer:

         1. Nomear e treinar um gerente de projeto.

         2. Nomear um DPO (responsável pela proteção de dados), se necessário. Treine/capacite alguém internamente para ser nomeado como tal, ou terceirize até o momento oportuno.

         3. Identificar padrões que possam fornecer uma estrutura para ajudá-lo a estabelecer suas prioridades de conformidade:

            a. O padrão internacional de segurança da informação, ISO 27001 pode ajudá-lo a aplicar as melhores práticas de segurança de dados, o que ajuda a atender aos requisitos para medidas de segurança técnica e organizacional apropriadas para LGPD.

            b. Outros padrões, como ISO 27701 ou o framework do Cobit da ISACA , desenvolvidos para permitir a conformidade com as principais leis de privacidade, fornecem as especificações para a implementação de um sistema de gerenciamento de privacidade que pode ajudar.

            c. Avaliar se a proteção de dados por design e por padrão foi incorporada em processos e sistemas. Considere as ISOs.

3. Realize uma auditoria de inventário e fluxo de dados.

   a. Para cumprir os requisitos de processamento de dados da LGPD, você deve entender completamente quais dados você processa e como os processa. Você deve, portanto:

      i. Avaliar as categorias de dados que você tem de onde vêm e as bases legais para o processamento.

      ii. Criar um mapa que demostre como os dados fluem "para onde" e "através de" partindo de sua organização.

      iii. Usar o mapa de dados para identificar os riscos em suas atividades de processamento de dados e determinar se é necessária uma avaliação de impacto na proteção de dados.

      iv. Criar registros de atividades de processamento de dados pessoais, extraídos da auditoria do fluxo de dados e da análise de lacunas que vierem a surgir, mediante as análises.

4. Realize uma avaliação abrangente dos riscos.

   a. As avaliações de risco desempenham um papel crucial em qualquer plano de conformidade com a LGPD, o qual poderá incentivar uma abordagem baseada em risco ao processamento de dados. Isso permite que as organizações desenvolvam medidas apropriadas para gerenciar seus riscos. A LGPD, no entanto, não esclarece como você deve avaliar e quantificar esses riscos.

      i. O que você precisa fazer:

         1. Estabelecer o plano de avaliação de riscos.

         2. Identificar seus riscos.

         3. Analisar e avaliar seus riscos.

         4. Determinar maneiras de controlar seus riscos.

5. Realize uma análise detalhada de "pendências".

   a. A realização de uma análise de Gaps/lacunas na LGPD ajudará você a avaliar seus fluxos de trabalho, processos e procedimentos atuais para identificar as "pendências" que você precisa preencher.

      i. O que você precisa fazer:

         1. Auditar sua posição atual de conformidade com os requisitos da LGPD.

         2. Determinar quais falhas de conformidade requerem correção.

6. Desenvolver políticas, procedimentos e processos operacionais.

    a. Depois de estabelecer suas lacunas de conformidade, você deve alinhar suas políticas, seus processos e procedimentos com os requisitos regulamentares da LGPD e desenvolver novas tratativas para garantir o cumprimento de todas suas obrigações legais.

        i. O que você precisa fazer:

            1. Verificar se suas políticas de proteção de dados e avisos de privacidade estão bem alinhados com a LGPD.

            2. Se você confia no consentimento como sua base legal para o processamento, verifique se ele de fato atende aos requisitos da LGPD.

            3. Revisar os contratos de funcionários, clientes e fornecedores e atualizá-los, se necessário, para cobrir o processamento de dados pessoais.

            4. Planejar como reconhecer e manipular demais requisições (como solicitações de acesso ao titular dos dados) e fornecer respostas dentro de um mês.

            5. Ter um processo em vigor para determinar se um Data Protection Impact Assessment (DPIA) será necessário.

            6. Revisar se seus mecanismos de transferência de dados para fora do Brasil são compatíveis, especialmente após o Marco Civil Brasileiro.

7. Proteger dados pessoais por meio de medidas processuais e técnicas.

    a. A LGPD exige que as organizações implementem medidas técnicas e organizacionais apropriadas para garantir que os dados pessoais sejam processados adequadamente, na ótica do controlador e operador.

        i. O que você precisa fazer:

            1. Ter uma política de segurança da informação em vigor.

            2. Implementar controles técnicos básicos, como os especificados por estruturas estabelecidas, como na ISO 27002.

            3. Utilizar criptografia e/ou pseudonimização, quando apropriado.

            4. Verificar se existem políticas e procedimentos para detectar, relatar e investigar violações de dados pessoais.

8. Garantir que as equipes sejam treinadas e competentes.

   a. A conscientização e a educação da equipe são um componente essencial da estrutura de conformidade da LGPD em qualquer organização. Todos os envolvidos no processamento de dados devem ser treinados adequadamente para seguir os processos e procedimentos aprovados, Como se fosse um verdadeiro Computer Security Incident Response Team (CSIRT).

      i. O que você precisa fazer:

         1. Garantir a eficácia da comunicação interna com as partes interessadas e a equipe.

         2. Treinar seus funcionários para entender a importância da proteção de dados, os princípios básicos da LGPD e os procedimentos que você implementou para garantir a conformidade.

9. Monitorar e auditar a conformidade.

   a. A conformidade com a LGPD é um projeto em andamento constante — uma verdadeira jornada, e não um destino. Você deve realizar auditorias internas periódicas e atualizar regularmente seus processos de proteção de dados. Isso inclui verificar seus registros das atividades de processamento e consentimento, testar os controles de segurança das informações e realizar checagens periódicas de impacto à proteção dos dados.

      i. O que você precisa fazer:

         1. Programe auditorias regulares das atividades de processamento de dados e controles de segurança.

         2. Mantenha os registros do processamento de dados pessoais atualizados.

         3. Realize as checagens de impacto aos dados quando necessário.

         4. Avalie práticas de proteção de dados e gerencie alguns dos elementos mais críticos da conformidade para com a LGPD.

Estabelecer uma espécie de "framework" da área de proteção de dados conforme o que se espera da LGPD, sem pelo menos algumas adaptações, ajustes e, claro, implementação de ações estruturadas e planejadas, será ilusão. Nesse sentido, é importante pelo menos providenciar algumas medidas/ações, gerando assim, por exemplo:

» Diagnósticos simples, porém claros e precisos, com detalhamento dos dados coletados e tratados.

» Levantamentos e mapeamentos com avaliação dos riscos diretos e indiretos perante as coletas e tratamento de dados.

» Verificação de algumas vulnerabilidades (gaps) nos processos e rotinas existentes.

» Adaptação de algumas políticas e documentações equivalentes e relacionadas.

» Esboço e desenho da implementação de ações para mitigação de risco e soluções dos gaps detectados.

» Avaliações e checagens de confiabilidade e eficácia do programa de proteção dos dados.

» Acompanhamento e monitoração para o aperfeiçoamento constante das melhores prática e rotinas do programa de dados privados.

Aderência entre LGPD e ISOs

As normas ISO 27001/27002 são um esquema de certificação para gerenciamento de segurança cibernética nas organizações nas vertentes da gestão e operação respectivamente. É um guia de práticas abrangentes recomendadas para a segurança das informações, principalmente incluindo processos, tecnologia, pessoas e fornecedores. Ao implementá-la, as organizações terão um Sistema de Gerenciamento de Segurança da Informação (SGSI) que deve garantir a conformidade com a LGPD.

Não caberá nesta obra esgotar o assunto sobre essa possível aderência da LGPD às ISOs 27001 e 27002, até porque não é o intuito aqui. Porém, vale a ressalva de que considerá-la é fundamental para uma boa governança, um bom entendimento do mapeamento dos riscos inerentes às diversas situações até aqui citadas envolvendo diferentes agentes e aspectos ao cenário de proteção de dados, bem como, claro, estar em conformidade com a lei.

Assim, buscar essa boa governança, mitigando riscos e estando cada vez mais em compliance com a LGPD, é essencial, devendo-se considerar os requisitos de resposta às supostas violações dos dados, que comprometeriam a proteção à privacidade, como é possível observar na tabela a seguir, de mapeamento dos princípios de privacidade do COBIT 5 e da ISACA para os requisitos de conformidade:

Tabela 7: Princípios de privacidade

Requisitos para resposta à violação	Princípios de privacidade da ISACA	Princípios do COBIT 5	Atividades da organização
1. Quando é provável que a violação de dados pessoais resulte em um alto risco para os direitos e liberdades das pessoas singulares (titulares dos dados), o responsável pelo tratamento dos dados deve comunicar a violação dos dados pessoais aos titulares dos dados sem demora injustificada.	**Primário**: 12: Gerenciamento de violações. **Relacionado**: 3: Informações pessoais e informações sensíveis. **Ciclo de vida**: 5: Abertura, transparência e aviso. 6: Participação individual. 7: Responsabilidade. 9: Monitoramento, medição e geração de relatórios.	**1. Atender às necessidades das partes interessadas:** Apoiar as necessidades de privacidade, manter/construir a confiança do titular dos dados e fornecer benefícios. **2. Cobrir a empresa de ponta a ponta:** Saber onde os dados pessoais existem, para que violações e detalhes relacionados possam ser identificados. **4. Permitir uma abordagem holística:** Garantir facilitadores dentro da organização (por exemplo, TI, Jurídico, Conformidade), processos, informações e políticas/processos são coordenados adequadamente, juntamente com habilidades para comunicações apropriadas que garantam que a cultura reaja adequadamente a uma violação. **5. Separando governança da gerência:** Apoiando e defendendo o negócio de forma adequada e transparente quando ocorrem violações da privacidade, enquanto também se comunica com os titulares de dados impactados para mitigar os danos à privacidade.	A. Ao tomar conhecimento da violação, ative a equipe de resposta à violação, responsável por determinar os níveis de risco de danos à privacidade e por fornecer aviso aos titulares dos dados envolvidos. B. Documente os itens de dados pessoais violados pelos quais o controlador de dados foi responsável. C. Siga as políticas e procedimentos documentados de identificação e resposta a violações para determinar se há alto risco de danos aos titulares dos dados associados. D. Se houver um alto risco de dano à privacidade, crie o aviso, incluindo os itens de dados pessoais violados, e comunique aos titulares de dados envolvidos, conforme mostrado na linha 2 desta tabela. E. A equipe de violação determinará quais ações corretivas (medidas) devem ser tomadas para: • Mitigar o risco de danos aos titulares dos dados associados. • Impedir tipos semelhantes subsequentes de violações.

Requisitos para resposta à violação	Princípios de privacidade da ISACA	Princípios do COBIT 5	Atividades da organização
2. A comunicação sobre a violação para os titulares de dados impactados deve descrever em linguagem clara a natureza da violação de dados pessoais e conter pelo menos o nome e os detalhes de contato do responsável pela proteção de dados ou outro ponto de contato onde mais informações possam ser obtidas, uma descrição das consequências prováveis da violação de dados pessoais, uma descrição das medidas adotadas ou propostas a serem adotadas pelo responsável pelo tratamento para solucionar a violação de dados pessoais e quaisquer efeitos adversos das ações de mitigação adotadas.	**Primário:** 9. Monitoramento, medição e relatórios. **Relacionado:** 5: Abertura, transparência e aviso. 10: Prevenção de danos. 12: Gerenciamento de violações.	**1. Atender às necessidades das partes interessadas:** Apoiar as necessidades de privacidade, manter/construir a confiança do titular dos dados e fornecer benefícios. **2. Abrangir a empresa de ponta a ponta:** Saber onde existem dados pessoais para que violações e detalhes relacionados possam ser identificados. **4. Habilitando uma abordagem holística:** Identificando risco de privacidade associado e fornecimento de controles de privacidade necessários para mitigação e prevenção de outras violações semelhantes. **5. Separando governança e gerenciamento:** Suporte e defesa dos negócios quando ocorrem violações de privacidade. Promover comportamentos responsáveis para proteger a privacidade de todos os indivíduos associados.	**A.** Se houver alto risco de danos para os titulares dos dados envolvidos, obtenha a descrição das ações que a equipe de resposta à violação tomou até o momento e escreva uma descrição dessas ações, incluindo os prováveis danos e consequências e os controles mitigadores adotados e planejados. **B.** Determine a quantidade de esforço para fornecer o aviso de violação. Siga os procedimentos para escrever e distribuir avisos de violação, com base na quantidade de esforço para fornecer aviso, que inclua todos os elementos de informações necessários, e escreva-os de maneira clara e fácil de entender.

Requisitos para resposta à violação	Princípios de privacidade da ISACA	Princípios do COBIT 5	Atividades da organização
3. A comunicação com o titular dos dados a que se refere a linha 1 não é exigida se alguma das condições das linhas (a), (b) ou (c) for atendida:	**Primário:** 12: Gerenciamento de violações. **Relacionado:** 5: Abertura, transparência e aviso.	**1. Atender às necessidades das partes interessadas:** Suporte às necessidades de privacidade, manutenção/ construção da confiança do titular dos dados e fornecimento de benefícios. **5. Separação entre governança e gerenciamento:** Suporte e defesa dos negócios quando ocorrem violações de privacidade; promover comportamentos responsáveis para proteger a privacidade de todos os indivíduos associados.	**A.** Se o risco não for alto, não é necessário enviar comunicações aos titulares de dados afetados. **B.** A equipe de resposta à violação e a gerência aplicável determinam, com base no tipo de violação e em qualquer publicidade até o momento, se as comunicações de notificação serão ou não enviadas aos interessados afetados.
a) o responsável pelo tratamento implementou medidas de proteção técnica e organizacional adequadas e essas medidas foram aplicadas aos dados pessoais afetados pela violação de dados pessoais, em particular as medidas que tornam os dados pessoais ininteligíveis a qualquer pessoa que não esteja autorizada a acessá-los, como criptografia;	**Primário:** 12: Gerenciamento de violações. **Relacionado:** 8: Salvaguardas de segurança. 10: Prevenção de danos. 13: Segurança e privacidade por design.	**1. Atender às necessidades das partes interessadas:** Apoiar as necessidades de privacidade, manter/ desenvolver a confiança do titular dos dados e fornecer benefícios. **2. Abranger a empresa de ponta a ponta:** Saber onde existem dados pessoais para que violações e detalhes relacionados possam ser identificados. **5. Separar governança da gestão:** Governança; organismos garantem que a privacidade por design seja priorizada. Os meios adequados estão sendo mandatados e sua adequação é avaliada regularmente.	Isso é tratado nas atividades da linha 1.

Requisitos para resposta à violação	Princípios de privacidade da ISACA	Princípios do COBIT 5	Atividades da organização
b) O responsável pelo tratamento adotou medidas subsequentes que garantem que não é mais provável que o alto risco para os direitos e liberdades dos titulares dos dados referidos no nº 1 seja materializado.	**Primário:** 12: Gerenciamento de violações. **Relacionado:** 8: Salvaguardas de segurança. 10: Prevenção de danos.	**1. Atender às necessidades das partes interessadas:** Suporte às necessidades de privacidade, manutenção/ construção da confiança do titular dos dados e fornecimento de benefícios. **2. Cobertura da empresa de ponta a ponta:** Saber onde existem dados pessoais para que violações e detalhes relacionados possam ser identificados. **5. Separação entre governança e gerenciamento:** Gerenciamento garante que as alterações ocorram (planeje, crie, execute e monitore) para garantir que violações de privacidade semelhantes não ocorram novamente. As funções de governança monitoram qualquer dano potencial à privacidade para violar as vítimas.	Isso é tratado nas atividades da linha 1.
c) Envolveria um esforço desproporcional. Nesse caso, deve haver uma comunicação pública ou uma medida similar pela qual os titulares dos dados sejam informados de maneira igualmente eficaz.	**Primário:** 12: Gerenciamento de violações. **Relacionado:** 5: Abertura, transparência e aviso.	**1. Atender às necessidades das partes interessadas:** Suporte às necessidades de privacidade, manutenção/ construção da confiança do titular dos dados e fornecimento de benefícios. **5. Separação entre governança e gerenciamento:** As ações de gerenciamento apoiam mudanças nos negócios para garantir transparência às vítimas e ao público. As funções de governança promovem e garantem um comportamento responsável para proteger a privacidade de todos os indivíduos associados.	Isso é tratado nas atividades da linha 1.

Requisitos para resposta à violação	Princípios de privacidade da ISACA	Princípios do COBIT 5	Atividades da organização
3. Se o responsável pelo tratamento ainda não tiver comunicado a violação de dados pessoais aos titulares de dados associados, a autoridade supervisora, considerando a probabilidade de violação de dados pessoais resultando em alto risco, poderá exigir isso ou poderá decidir que as condições referidas no n. 3 sejam cumpridas.	**Primário:** 12: Gerenciamento de violações. **Relacionado:** 5: Abertura, transparência e aviso. 10: Prevenção de danos.	**1. Atender às necessidades das partes interessadas:** Suporte às necessidades de privacidade, manutenção/ construção da confiança do titular dos dados e fornecimento de benefícios. **5. Separação entre governança e gerenciamento:** O gerenciamento adequado se comunica com as autoridades de supervisão conforme apropriado quando ocorrem violações da privacidade. As funções de governança promovem um comportamento responsável daqueles dentro da organização para proteger a privacidade de todos os indivíduos associados.	**A.** A equipe de resposta à violação seguirá os procedimentos de violação para notificar a autoridade supervisora. Essa notificação incluirá as mesmas informações que foram incluídas nas notificações de violação do titular dos dados, se elas foram enviadas. Se as notificações de violação não tiverem sido enviadas, as informações enviadas à autoridade de supervisão conterão as mesmas informações que teriam sido incluídas no evento de notificação. **B.** Se as notificações não foram fornecidas aos titulares de dados impactados e a autoridade supervisora determinar que eles devem ser notificados, a equipe de resposta à violação seguirá os procedimentos documentados para enviar tais notificações.

Fonte: ISACA, 2019.

Portanto, vale aqui uma simples lembrança do que retratam as ISOs, só para refrescar a memória de sua importância e aderência, demonstrando simplesmente seus mapas mentais, o que nos dará uma visão geral e abrangente do que retratam:

Figura 13: ISO 27001

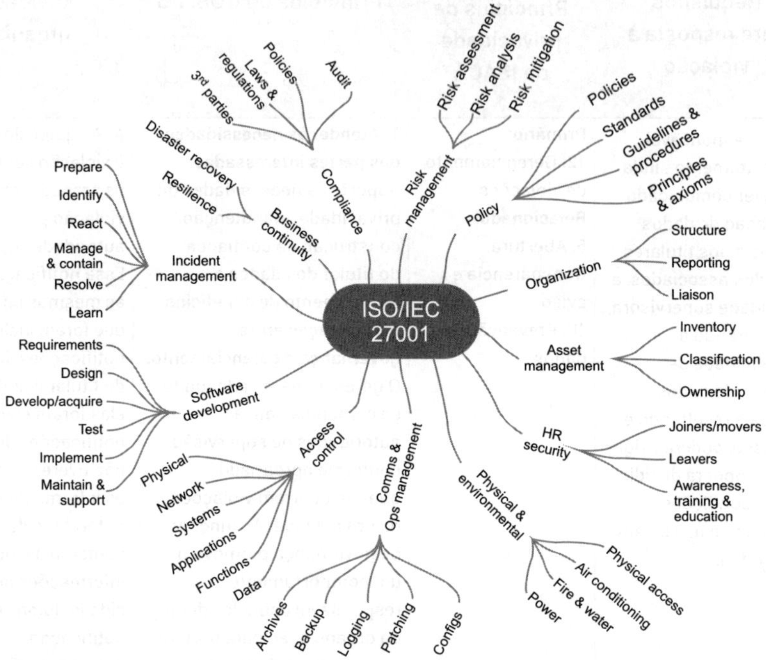

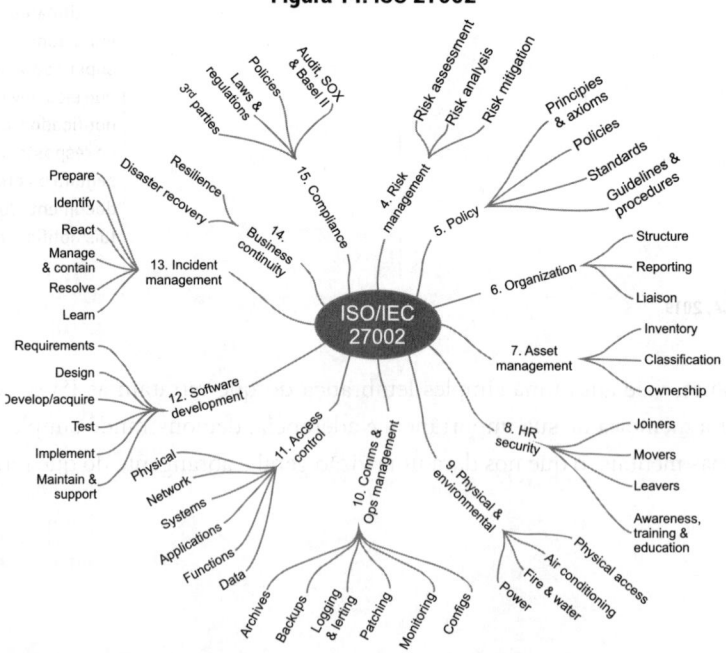

Figura 14: ISO 27002

Então vem a pergunta: será que elas não agregariam em nada para ajudar a LGPD a ter uma visão de gestão e operacional sobre segurança e, consequentemente, privacidade dos dados? A resposta é: sim ajudam, porém, de fato, não resolvem como um todo.

Como pode se ver, a LGPD se concentra na privacidade de dados e na proteção de informações pessoais; exige que as organizações se esforcem mais para obter consentimento explícito para a coleta de dados e garantir que todos os dados sejam processados legalmente. No entanto, faltam detalhes técnicos sobre como manter um nível apropriado de segurança de dados ou mitigar ameaças internas e externas. Nesse sentido, a ISO 27001/27002 é útil: fornece práticas sobre como desenvolver políticas claras e abrangentes para minimizar os riscos de segurança que podem levar a incidentes de segurança.

Embora a conformidade com a ISO 27001/27002 não garanta a conformidade com o LGPD, é uma etapa valiosa. As organizações devem considerar buscar a certificação ISO 27001 para garantir que suas medidas de segurança sejam fortes o suficiente para proteger dados confidenciais

Especificamente LGPD

Caso sua empresa seja uma multinacional da Europa ou que esteja vinculada de certa forma às regras da União Europeia, possivelmente você terá de se preocupar também com o Regulamento Geral de Proteção de Dados (RGPD). Nesse questionário elaborado pela Symantec, caso suas respostas sejam sim para pelo menos três destas questões, certamente sua organização está sujeita ao RGPD. Veja a seguir:

1. **A sua organização processa dados pessoais?**

    Exemplo:

    Você coleta nomes, números de telefone, endereços de e-mail, seja diretamente dos usuários ou de fontes de terceiros como bancos de dados de marketing, LinkedIn etc.?

    Em seus relatórios de TI, você coleta dados como endereços IP de dispositivos individuais, endereços MAC, números IMEI ou outros identificadores exclusivos como esses? Você rastreia a geolocalização de seus funcionários europeus? Você usa cookies nos dispositivos dos visitantes de seu site para rastreá-los ou salvar as preferências deles? Depois, você personaliza a experiência dos usuários ou exibe anúncios online direcionados?

2. **A sua organização está estabelecida na União Europeia?**

Exemplo:

Você tem uma subsidiária (entidade legal) em um ou mais países-membros da União Europeia? A sede de sua organização está localizada na União Europeia?

3. **A sua organização está estabelecida em outra região em que a lei dos Estados-membros da União Europeia se aplica?**

Exemplo:

A sua organização é responsável por uma missão diplomática de Estados-membros da União Europeia (embaixada ou consulado) em um país que não faz parte da UE? Ou ainda, a sua organização tem operações, como uma loja de conveniências, recepção ou serviço de segurança, no mesmo local físico que essa missão diplomática?

4. **A sua organização disponibiliza ofertas comerciais para pessoas localizadas na União Europeia?**

Exemplo:

Você vende e envia mercadorias/presta serviços para pessoas localizadas em países europeus? Você desenvolve comunicações de marketing/publicidade específicas para o público europeu? Alguns exemplos são traduzir materiais de divulgação para idiomas europeus locais, redirecionar usuários para domínios localizados do seu site ou oferecer mercadorias específicas para a Europa.

5. **A sua organização monitora o comportamento das pessoas localizadas na União Europeia?**

Exemplo:

Você executa análises da Web, monitoramento comportamental ou outras formas de rastreamento de indivíduos na Europa para fins comerciais?

Em particular, você usa anunciantes terceirizados (por exemplo, agentes e/ou profissionais de marketing) para aproveitar o rastreamento deles (por exemplo, mecanismos de pesquisa, plataformas de redes sociais etc.)?

 Conheça uma das principais listas de autoridades supervisoras na Europa de acordo com o Conselho Europeu de Proteção de Dados.

ACESSE: https://edpb.europa.eu/about-edpb/board/members_en

Dicas Finais

Independentemente de ser LGPD ou RGPD, algumas orientações ou dicas rápidas que devem ser memorizadas para ficar no radar devem ser consideradas, pois podem ajudar a trilhar seus caminhos nessa grande e desafiadora empreitada em busca de conformidade com toda regulamentação. Veja quais são:

» Realize uma avaliação completa para entender todas as áreas de risco. Mapeie.

» Comunique-se com os afetados o quanto antes e frequentemente.

» Conquiste as áreas afetadas e priorize de acordo com suas particularidades e peculiaridades; ou seja, todas as partes da sua organização não são iguais em relação à lei (por exemplo: marketing, vendas, recrutamento, RH etc.).

» Monitore políticas e processos através de relatórios precisos e confiáveis.

» Estabeleça um "conselho de trabalho" ou comitê para representar a lei em toda a empresa; crie uma abordagem unida com mensagens consistentes. Sinergia.

» Impulsione mais propriedade e participação na perspectiva do RH/DP em termos de risco versus ROI (custo de não fazer algo versus custo de mitigar esse risco).

» Explore a pseudonimização dos dados candidatos, para reduzir o risco de processamento de dados, mantendo a utilidade dos dados.

» Contrate um auditor interno ou um consultor externo para dar peso às conclusões (um relatório objetivo).

» Identifique um "fluxo de processo" para todas as jornadas de dados em seus negócios (por exemplo, receber o currículo de um candidato até o processo de oferta e integração) para garantir que as expectativas do indivíduo estejam alinhadas com as intenções/uso interno dos dados.

» Garanta que terceiros, com os quais você compartilha dados, sejam compatíveis com a lei (por exemplo, agências de recrutamento, ONGs, agências de verificação de referência etc.)

» Crie um manual e uma lista de verificação da lei para uso interno, junto a uma declaração de missão externa apresentada externamente.

Assessment

Muitas empresas, entidades e demais agências consultoras e prestadoras de serviço vêm se preparando e se capacitando para oferecer suporte e assessoria aos diversos clientes de inúmeros segmentos de mercado que certamente precisarão de ajuda para estarem literalmente em compliance com s exigências da RGPD e/ou LGPD.

Como sabemos, a RGPD existe mais tempo do que a LGPD, que ainda entrará em vigor oficialmente mais adiante, aplicando suas regulamentações. Dessa forma, é natural que existam ferramentas e demais mecanismos de avaliação para orientar e ajudar a ficar em conformidade com o que a RGPD exige.

Dessa forma, demonstraremos a seguir alguns exemplos que já existem para a RGPD e podem até servir como embasamento também para a LGPD, de modo a nortear os direcionamentos de uma boa prática de governança da gestão de privacidade, conforme a lei exige em seus termos. Vamos então às cinco sugestões:

1. <u>SNOW</u>

A Avaliação de Risco da Snow para RGPD fornece visibilidade completa de todos os dispositivos, usuários e aplicativos no local, na nuvem e no celular, aprimorada com a avaliação de risco específica da RGPD para criar um plano e uma resposta eficazes. A descoberta automatizada fornece uma checagem detalhada de quais usuários têm acesso a quais aplicativos e serviços em nuvem e como eles são usados.

→ Acesse:**https://www.snowsoftware.com/int/products/snow-gdpr-risk-assessment**

2. <u>SWASCAN</u>

A Avaliação RGPD da Swascan é uma avaliação de conformidade em termos da nova lei europeia sobre privacidade de dados. De fato, as empresas têm uma necessidade crescente: elas precisam estar em conformidade. Para esse fim, é necessária uma avaliação RGPD. Essa avaliação, no entanto, não apenas fornece indicadores que mostram seu nível de conformidade, mas também mostra uma visão detalhada da situação e indicações específicas sobre as áreas de foco nas quais as empresas precisam se concentrar para serem totalmente compatíveis.

→ Acesse: **https://www.swascan.com/gdpr-assessment/**

3. **VARONIS**

A Varonis ajuda organizações de todos os tamanhos com projetos RGPD. Nosso pacote de software automatiza o que de outra forma seria uma tarefa extremamente árdua e demorada.

→Acesse:**https://www.varonis.com/guides/gdpr-risk-assessment/**

4. **MICROSOFT**

A Microsoft criou uma avaliação gratuita de vinte perguntas para ajudá-lo a acelerar seu caminho em direção à conformidade com o RGPD. Faça sua avaliação gratuita do RGPD agora e receba seu Relatório de Prontidão RGPD personalizado.

→ Acesse:**https://www.microsoft.com/cyberassessment/en/gdpr/uso365/**

5. **ISACA**

A ferramenta complementar da ISACA-CMMI, RGPD Assessment, fornece aos usuários um roteiro para a implementação do RGPD com base nas respostas a uma série de perguntas/declarações. A avaliação personalizada resultante oferece informações sobre onde sua organização deve concentrar seus esforços de proteção de dados. Com o tempo, à medida que a implementação do RGPD de sua empresa avança, os usuários podem refazer a avaliação para avaliar o progresso da conformidade.

→Acesse: **encurtador.com.br/myzFK**

De qualquer forma, independente da consultoria ou empresa especializada que for designar/contratar para estabelecer uma avaliação da situação atual de sua empresa quanto à lei de proteção de dados, é conveniente prover um planejamento. Na verdade, um projeto de conformidade a toda a regulamentação exigida pela LGPD, de modo que estabeleça etapas bem fragmentadas, cada qual com seus respectivos objetivos de entrega. Em uma adoção de projetos ágeis, você pode e deve dividir para conquistar, ou seja, separar as etapas de evolução em pequenas entregas que já possam demonstrar algum tipo de resultado, de maneira que não existe "receita de bolo" para isso. Cada empresa tem seus tipos de processos, recursos e capacidades diferentes, tecnologias e demais orçamentos, e cada uma sabe até onde e a qual velocidade pode ir. Todavia, não convém esperar muito, pois o tempo não perdoa (bem como as penalizações com multas daquilo que não ficou em compliance).

Assim, as etapas podem ser divididas assim, por exemplo:

1. **Conscientização/educação**
   a. Momento de divulgar o que é a LGPD, sua importância, a importância de todos estarem envolvidos nessa causa. Comprometimento e muita comunicação para propagar e disseminar essa cultura, que deverá estar implementada na organização.

2. **Levantamento de requisitos e necessidades/mapeamento**
   a. Levantar o cenário atual (AS-IS) e até onde quer chegar e como (TO-BE). O que se tem em termos de recursos, processos, infraestrutura e toda organização jurídico-legal, operacional de recursos humanos etc.

3. **O que "não compliance"?**
   a. Definir, de fato, aquilo que está em total ou parcial desconformidade. Fazer um levantamento de prioridades e classificação de urgência e importância. Quais são os "buracos"? Gerar um dossiê real da situação.

4. **Estruture-se, planeje, organize-se**
   a. Busque elaborar todo um planejamento daquilo que se tem como solução proposta, tanto em nível micro quanto macro. Estabeleça, de fato, um plano de ação geral ou segmentado, conforme a situação.

5. **Colocar em prática/implementar**
   a. Faça acontecer em todas as escalas necessárias, ou seja, operacional, técnica, jurídica, processual, mesmo que haja muita burocracia, pois agora é hora de sair do mundo das ideias, do papel, e elaborar, executar. Faça os documentos, coloque-os em prática como procedimentos factíveis, elabore as diretrizes, estabeleça as normativas e sustente a formalização de uma política.

6. **Acompanhe/monitore**
   a. Não é "delargar". Isso qualquer um faz. É delegar. Delegue com responsabilidade. Acima de tudo, saiba o que foi definido, desde o início das etapas aqui sequenciadas, entenda o que de fato está sendo realizado, acompanhe de perto, mantenha as coisas devidamente atualizadas, conforme as expectativas, monitore cada pacote de entrega, faça os devidos ajustes, se necessário. E, claro, mantenha a transparência do processo e a devida comunicação com todos os envolvidos.

APRIMORANDO SEUS CONHECIMENTOS

Questão 1 -   Conforme vimos neste capítulo, sobre políticas de privacidade, acesse este link, que traz um gerador de políticas e extraia uma política para que possa ler e avaliar seu teor e estruturação: https://digital.com/blog/best-privacy-policy-generators/

Questão 2 -   O Livro Branco da Defesa Nacional do Brasil (LBDN), é uma publicação oficial do governo brasileiro criada pela Lei Complementar nº 136, de 25 de agosto de 2010, e lançado em 2012. Trata de assuntos referentes à defesa nacional e de competências do Ministério da Defesa, sobre os objetivos, avanços e desafios da sociedade brasileira em sua correlação no mundo em matéria de defesa nacional. Baixe-o gratuitamente e veja a relação de seu conteúdo relativo ao que se tem de inovação tecnológica: https://www.defesa.gov.br/arquivos/estado_e_defesa/livro_branco/livrobranco.pdf

Questão 3 -   Conforme lemos neste capítulo, quais seriam as questões muito delicadas e que merecem bastante atenção, que as vezes ficam parcialmente esquecidas por acharmos que no ambiente industrial questões como segurança da informação, privacidade dos dados, vulnerabilidades e ameaças aos segredos comerciais e industriais não ocorrem?

Questão 4 -   Por que, em sua visão, seria necessário que, hoje, o fabricante de Smart TV se concentre menos em inovação e mais na simplificação da experiência do usuário e, claro, da segurança de suas informações e sua privacidade perante a proteção de seus dados? O que pensa a respeito?

Questão 5 -   Acesse o site a seguir, que traz justamente em português de Portugal o REGULAMENTO da UNIÃO EUROPEIA (2016/679), consultando seus tópicos e podendo fazer, assim, algumas comparações com nossa LGPD: https://bityli.com/Zcvjz/ LGPD BRASIL = http://www.planalto.gov.br/ccivil_03/_Ato2015-2018/2018/Lei/L13709.htm

Questão 6 -   Sobre a ANPD: Explique o que é e qual a sua importância.

Questão 7 -   Existe um aplicativo no Google Play chamado "abc da LGPD". Acesse e instale-o. Com ele você poderá encontrar inúmeras informações que poderão agregar aos seus conhecimentos sobre LGPD: https://play.google.com/store/apps/details?id=appinventor.ai_pintaudi.ABCdaLGPD_final

A Internet das Coisas

O futuro chegou, e a segurança da informação está cada vez mais em evidência em um mundo que começou a notar os impactos que sua falta pode trazer. Leis de privacidade entraram em vigor com foco na proteção das pessoas e de seus dados, e no Brasil, a Lei Geral de Proteção de Dados (LGPD), que em breve entrará em vigor, tem sido discutida por muitos profissionais do país, e em alguns casos, medidas para aderência já estão sendo tomadas. Com o avanço da tecnologia e o surgimento de temas atrelados à Internet das Coisas – IoT (*Internet of Things*), surgem preocupações relacionadas a como os dados pessoais serão tratados em um cenário cada vez mais tecnológico e integrado.

Schulte, vice-presidente e analista do Gartner, destaca que "os usos da Internet das Coisas, que antes eram impraticáveis, estão se tornando cada vez mais viáveis. A IoT é relevante em praticamente todos os setores. Embora não haja aplicação voltada unicamente à Internet das Coisas, muitos utilizarão a IoT em algum aspecto, pequeno ou grande, de seu funcionamento. Como resultado, analistas de negócios e desenvolvedores de processos de informação centrada precisam ter o conhecimento e as ferramentas para implementar aspectos da IoT em seus sistemas".

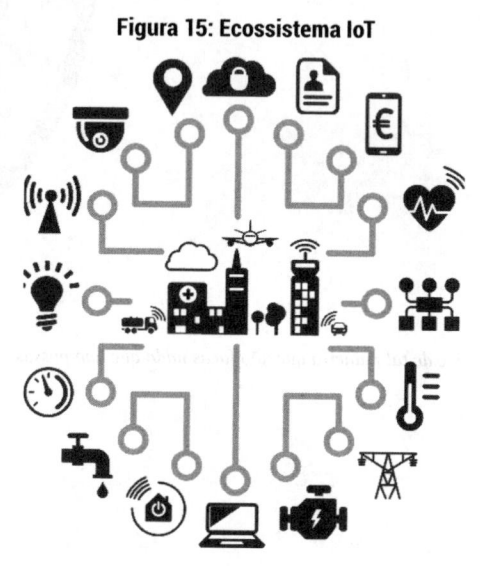

Figura 15: Ecossistema IoT

Fonte: Elaborada pelos autores.

A Agência Europeia para a Segurança das Redes e da Informação (ENISA), define IoT como "um ecossistema ciberfísico de sensores e atuadores interconectados, que permitem tomada de decisão inteligente". Através do IoT, a maioria dos equipamentos eletrônicos serão interligados pela rede, disponibilizando infinitos serviços e comodidade para as pessoas, e com a chegada do 5G, que será um grande impulsionador dessa tecnologia, esses equipamentos, uma vez interconectados, poderão realizar funções e atividades combinadas a fim de facilitar a vida de seus usuários, baseando-se em seus gostos, desejos, atividades recomendadas e outras informações que os apoiarão em tomadas de decisões inteligentes, conhecimentos que serão adquiridos através de inteligência artificial e aprendizado de máquina — *machine learning*.

Em um mundo cada vez mais conectado, surgem riscos relacionados às ameaças virtuais, vulnerabilidades e a ataques cibernéticos que a IoT pode trazer consigo. Além dos riscos relacionados, também será necessário o envolvimento dos fabricantes de tecnologia com o objetivo de aprimoramento dos níveis de segurança de seus produtos a fim de evitar possíveis violações, ataques e consequências aos seus consumidores. Prejuízos financeiros e de imagem à organização também serão suscetíveis de acontecer, devido à possibilidade de aplicação de sanções administrativas, estipuladas em leis de privacidade que já existem, justamente para a proteção das pessoas e de seus dados.

Neste capítulo encontra-se a espinha dorsal do livro, fazendo uma simbiose entre os capítulos, e estaremos com um foco maior no contexto técnico, o qual envolverá a chamada Internet das Coisas (IoT), em que teremos como um dos grandes exemplos práticos a menção sobre a Smart TV, que é uma dessas "coisas" que estão à nossa volta, e partiremos usando-a como principal modelo de elucidação daquilo que envolverá segurança, privacidade e legalidade. Vamos, ainda, considerar também a passagem pela indústria da Tecnologia Operacional (OT), como importante tópico que muito agregará à visão de entendimento dos desafios que a LGPD terá durante sua evolução como lei geral de proteção de dados.

Em um segundo momento, traremos inúmeros tópicos de grande relevância para a melhor compreensão jurídica dos desafios que a LGPD terá perante as questões que envolvam a IoT, abordando, sobretudo, a importância das políticas de privacidade, suas consequências, bem como toda uma aderência frente às chamadas ISOs. Promoveremos também o entendimento do marco civil e da privacidade dos dados, explicando ainda situações quanto à contradição dos direitos de uso entre fabricante e usuário.

Recomendações

Relógios inteligentes (*smart watches*), sistemas de alarme, computadores, notebooks, assistentes virtuais e, inclusive, geladeiras poderão se conectar entre si com a chegada da IoT. Tratando-se de dispositivos eletrônicos, é necessário que todos os cuidados sejam tomados para a garantia da privacidade e da diminuição do risco de , e com base nos cenários de riscos sobre a IoT e seguindo as boas práticas de cibersegurança, listamos a seguir uma série de recomendações que o ajudarão a tomar as medidas necessárias para a proteção de suas informações e de seus equipamentos.

Pagliusi (2018) destaca cinco principais recomendações de cibersegurança para os que desejam adotar IoT no cenário corporativo, mitigando os principais riscos:

1. Considerar os requisitos de segurança na seleção de fornecedores de IoT.

2. Homologar soluções de IoT em ambiente controlado de testes, segregado do ambiente de produção.

3. Desabilitar serviços inseguros dos dispositivos IoT e alterar as senhas padrão dos fabricantes.

4. Incluir os equipamentos no processo de gestão de vulnerabilidades da empresa. Atualizá-los constantemente, sempre que possível.

5. Segregar as redes do ambiente IoT, preferencialmente em uma rede de gerência que faça uso de dupla autenticação e criptografia forte.

» Modens e roteadores

Dispositivos de rede como modens e roteadores são itens que já fazem parte de casas e escritórios que, de alguma forma, conectam-se à internet. Esses dispositivos, uma vez mal configurados, podem permitir o acesso remoto de terceiros, causando prejuízos aos seus usuários, coleta de informações e compartilhamentos de dados.

» Criptografia WPA2

Defina senhas de encriptação complexas para a diminuição dos riscos de ataques de força bruta e obtenção de credenciais para acesso aos dispositivos de rede.

» Atualizações de segurança

Mantenha os dispositivos e seus *firmwares* atualizados. Em alguns modelos há habilitada, como padrão, a função *download* de atualizações de segurança. Caso essa função não esteja disponível em seu modelo, acesse o site do fornecedor para novas atualizações sobre a segurança de seus dispositivos.

» Câmeras de vigilância

Câmeras com conexão à internet podem ser configuradas incorretamente, representando um grande risco para a proteção de casas e organizações. Com acesso indevido às câmeras de vigilância de uma casa, um usuário mal-intencionado pode monitorar a rotina de seus moradores, seus cômodos, todas as atividades exercidas, bem como saber os momentos em que ela estiver vazia para um determinado ataque e/ou roubo. Além dos riscos já citados, e em um cenário corporativo, o acesso indevido às câmeras pode acarretar em espionagem de informação e de pessoas, com possibilidade de alto risco aos seus funcionários e, principalmente, membros dos setores estratégicos e administrativos.

» Mantenha a câmera atualizada

As câmeras com recurso para conexão com a internet devem, sempre que possível, estar configuradas para receber atualizações de segurança automáticas. Os fornecedores têm times de segurança e inteligência contra ameaças que disparam atualizações aos equipamentos sempre que tomam o conhecimento de novas vulnerabilidades cibernéticas, a fim de corrigir possíveis brechas e vulnerabilidades.

» Utilize senhas fortes

As câmeras de segurança conectadas vêm com uma senha de acesso padrão, liberada pelo fabricante para a primeira instalação. Se um invasor tentar acessar sua câmera, provavelmente tentará testar a senha padrão. É fundamental mudar a senha da câmera para uma mais personalizada e segura, com letras, números e caracteres especiais.

» Autenticação de dois fatores

A autenticação de dois fatores já vem como recurso de fábrica em algumas câmeras. Ela combina uma senha e um código alfanumérico enviado diretamente para o celular do usuário. Ativando essa função, você diminuirá o risco de invasões.

» Televisores

Hackers podem invadir a sua televisão e, consequentemente, a sua rede. Assim como em todos os equipamentos eletrônicos, é importantíssimo definir senhas de uso personalizadas e com diferentes , seguindo as recomendações de segurança. Pode parecer não tão importante a proteção de televisores, mas, uma vez conectados a redes desconhecidas, eles podem se tornar a porta principal para ataques maiores que violarão sua privacidade.

» Evite conectar a TV em redes desconhecidas

Os televisores também armazenam dados pessoais, e em alguns casos, têm câmeras que podem monitorar seus usuários. Jamais os conecte em redes desconhecidas e sem proteção de segurança.

» Altere as senhas de uso

Os televisores têm senhas padrão para acesso às configurações que podem violar a privacidade de seus usuários. É fundamental mudar a senha inicial dos televisores para uma mais personalizada e segura, com letras, números e caracteres especiais.

» Dispositivos removíveis

Em determinados casos, a ameaça pode vir de dispositivos externos à sua TV. Redobre a atenção ao conectar pendrives e HDs externos a ela, pois muitas vezes eles podem conter arquivos infestados com vírus ou malwares

Mas Afinal, o que É a IoT?

A Internet das Coisas (IoT) pode ser considerada "um ecossistema ciber-físico de sensores e recursos interconectados, que permitem a tomada de decisões inteligentes". A partir dessa definição, temos o fato de que as informações estão no coração da IoT, alimentando um ciclo contínuo de detecção, tomada de decisões e ações. A IoT está fortemente ligada aos sistemas ciberfísicos e, a esse respeito, é um facilitador de infraestruturas inteligentes, como a Indústria 4.0, rede inteligente, transporte inteligente, etc., permitindo serviços de maior qualidade e facilitando o fornecimento de funcionalidades avançadas.

De certa forma, a IoT é um paradigma de conceito que surgiu nos últimos anos. É a evolução natural da computação e traz seus próprios desafios. As ameaças e os riscos relacionados aos dispositivos, sistemas e serviços de IoT são múltiplos e evoluem rapidamente. Com um grande impacto na segurança e proteção dos cidadãos, o cenário de ameaças na IoT é extremamente amplo. Portanto, é importante entender o que precisa ser protegido e desenvolver medidas de segurança específicas para proteger a IoT contra ameaças cibernéticas, conforme veremos em tópicos posteriores desse livro.

Um grande desafio na definição de medidas de segurança para a IoT é a complexidade implícita trazida pela diversidade de suas áreas de aplicação. É essencial encontrar um equilíbrio entre as particularidades de cada domínio e, portanto, é importante considerar as diferenças na distribuição de riscos para ambientes distintos, pois são diversas as integrações e interações que estão atribuídas a esse meio ciberfísico.

Desafios da IoT junto à LGPD

Uma grande novidade é o IPV6, que possibilitará uma maior simplicidade do projeto de rede ao oferecer a conectividade end to end, sem a necessidade de converter o endereço privado para público, e vice-versa (Network Address Translation — NAT), o que gera benefícios para as aplicações, como videoconferência, voz sobre IP e peer-to-peer. Além do mais, com a quantidade gigantesca de endereços IP possíveis, assegura-se o crescimento da internet, possibilitando a inclusão, sem preocupação, de dispositivos móveis e "coisas" dentro do conceito de IoT. O número de pessoas conectadas à web em 2017, por exemplo, era de 3,58 bilhões, contra 2,42 bilhões há 5 anos e 1,36 bilhão há 10 anos, o que representa um aumento significativo na conectividade global. Agora, com a chegada definitiva da IoT, um novo paradigma de Machine to Machine (M2M) vem se massificando. Espera-se, assim, que esses dispositivos excedam a população mundial.

A IoT, dessa forma, promete sistemas complexos que detectam o ambiente externo e tomam decisões sem a necessidade de intervenção humana. Isso significa que muito mais informações sobre a vida humana serão coletadas e processadas por esses sistemas, como alguns ambientes controlados sendo capazes de detectar e gerenciar dados pessoais e muito sensíveis. Isso torna a proteção de dados um recurso obrigatório nos sistemas de IoT, colocando o quesito privacidade dos dados e sua consequente proteção cada vez mais em pauta.

Quando uma violação de dados acontece, pode ter um impacto significativo na vida das pessoas, dependendo da sensibilidade dos dados. A entidade que sofreu a violação também enfrenta custos financeiros imediatos. Para se recuperar do incidente, é necessária uma investigação envolvendo potencialmente muitas pessoas e recursos. A perda de confiança de seus usuários e partes interessadas também danifica a imagem da marca como um todo. Um estudo feito pelo Ponemon Institute em junho de 2017 estimou o custo médio global de uma violação de dados em US$3,6 milhões, ou US$141 por registro de dados. Então, já se imagina o que significam os impactos da IoT perante a Lei Geral de Proteção de Dados (LGPD).

Dessa forma, a LGPD deverá estar bem madura quanto ao que realmente deseja objetivar perante todos esses conceitos fundamentais que as empresas deverão entender e aos quais deverão se adaptar, como: dados pessoais, dados pessoais sensíveis, dados anônimos e pseudônimos, titular dos dados, controlador de dados, o processador e o processamento de dados, o consentimento, bem como a violação de dados. É importante destacar que a conformidade com a LGPD não é apenas uma sequência genérica de etapas que toda empresa precisa seguir. As empresas são obrigadas a realizar Avaliações de Impacto na Proteção de Dados (DPIA) e nomear um Diretor de Proteção de Dados (DPO). No entanto, métodos e ferramentas de conformidade são específicos para cada empresa, devido à natureza dos dados que contêm e são gerados.

A IoT é amplamente baseada na combinação de sensores do mundo real com o poder da internet. Os sensores coletam informações do ambiente externo, e os dados são combinados com informações hospedadas na nuvem e analisados como um todo para produzir ações contextuais ou dar conselhos contextuais. Como resultado, quanto mais dados disponíveis, mais o sistema é capaz de produzir o melhor resultado. Ao contrário dos sistemas baseados em humanos, a IoT é capaz de trabalhar 24 horas por dia, 365 dias por ano, e armazenando tudo o que é coletado, para facilitar o acesso e para que nada seja esquecido. Enfim, a dinâmica que a IoT traz com toda essa proteção de dados que a LGPD defende não é algo trivial. Merece estudo, entendimento dos diversos tipos de cenários, tecnologias e setores e muita atenção devido às suas transformações digitais e em larga escala que agora envolvem nada mais nada menos que também a arquitetura em Cloud Computing e a Big Data.

Atualmente, existem sensores para capturar quase todas as informações do meio ambiente. Alguns exemplos de sensores são imagem, vídeo, som, proximidade de local, temperatura, umidade, aceleração, pressão, gás e batimentos cardíacos. Em um mundo onde os dados se tornaram um ativo lucrativo, o universo da Internet das Coisas está cada vez mais cheio de sensores que se apresentam como uma legítima ameaça. A coleta descontrolada de informações em ambientes sensíveis, como nas Smart Homes, que requerem forte proteção de dados e controles de privacidade, é um exemplo típico. Não adianta se cercar do que há de melhor em tecnologia avançada, comodidades totais para o bem-estar, exuberantes processos de automação, integração e interatividade, se o inimigo está literalmente dentro de casa.

A conformidade com a LGPD em ambientes de IoT traz muitos desafios, sem dúvida, e o primeiro é o "**consentimento**". Pode-se controlar quais dados são coletados ou sobre quem são coletados? Um hóspede pode proibir a coleta de seus dados enquanto estiver em casa? Atualmente, os sistemas de IoT lutam para fornecer esse tipo de controle, e as comunicações M2M (*Machine-to-Machine*) se baseiam no fato de que a contribuição humana não é necessária para o sistema funcionar.

Uma vez conectados, os serviços geralmente têm uma política de privacidade, na qual afirmam que tipos de dados coletam e para que fins. Geralmente é obrigatório aceitar esse documento antes de se usar o serviço, e isso é considerado consentimento, mas esse é um documento estático, que não se encaixa na dinâmica da natureza da IoT, como já citado inclusive sobre a própria política de privacidade das Smart TVs. Geralmente escrita de uma maneira que é difícil para a pessoa comum entender, é também uma decisão única que retira o poder do usuário de modificar/personalizar o que será coletado. Outra questão é que, em ambientes de IoT, uma pessoa nem sempre é um usuário ativo de qualquer serviço que esteja coletando seus dados, para quem a pessoa não forneceu nenhum tipo de, e pode estar completamente inconsciente de que seus dados estão sendo coletados. Muitas vezes, a única solução é desligar o(s) sensor(es) que efetivamente interrompe(m) completamente o sistema.

A LGPD declara o seguinte conceito sobre consentimento:

[...]

XII - consentimento: manifestação livre, informada e inequívoca pela qual o titular concorda com o tratamento de seus dados pessoais para uma finalidade determinada;

O segundo desafio é a "minimização de dados" e o princípio da "limitação de finalidade". Em um ambiente Smart Home, os sensores implantados podem coletar informações altamente pessoais. Limitar a coleta de dados ao necessário em relação aos propósitos do processamento desses dados talvez seja inviável nesse ambiente. Por exemplo, o áudio e o vídeo são capturados na forma bruta. (Lembra-se do tópico sobre a essência dos dados que foi falado anteriormente?). Portanto, a única maneira de limitar a coleta de dados é censurá-lo logo após ser capturado, o que nos leva ao próximo desafio, que é a transparência e o direito de "ser esquecido".

O usuário ter aceitado uma política de privacidade e saber exatamente o que está sendo coletado é algo importante, por isso a sugestão anterior sobre a solução do checklist para "flaguear" o que de fato pode ser coletado conforme sua escolha e permissão. O serviço atual permite que o usuário veja como esses dados estão sendo manipulados? Não é o que geralmente acontece. Por exemplo, como muitas vezes foram coletadas informações específicas em um dia, para onde estavam sendo enviadas e que caminho levou para chegar lá? Foram compartilhadas com terceiros? Em caso afirmativo, quais? Essa situação certamente será muito relevante para a LGPD, uma vez que os dados sobre os cidadãos brasileiros devem ser armazenados aqui no Brasil e obedecer às orientações da ANPD. A solicitação de acesso do titular de dados é uma possibilidade que permitiria que indivíduos solicitem acesso aos dados que uma empresa tem sobre eles. O **direito a ser esquecido**, que seria o terceiro desafio, é um direito que deve ser considerado, no qual uma empresa deve apagar todos os dados que tem sobre um indivíduo, quando solicitado. Ou seja, o direito de acesso, bem como o direito de revogação, devem ser considerados, como consta atualmente na própria LGPD, mas que pode vir a sofrer evoluções em sua tratativa, como consta na Seção IV — Do Término do Tratamento de Dados:

Art. 15. O término do tratamento de dados pessoais ocorrerá nas seguintes hipóteses:

I - verificação de que a finalidade foi alcançada ou de que os dados deixaram de ser necessários ou pertinentes ao alcance da finalidade específica almejada;

II - fim do período de tratamento;

III - comunicação do titular, inclusive no exercício de seu direito de revogação do consentimento conforme disposto no § 5º do art. 8º desta Lei, resguardado o interesse público; ou

IV - determinação da autoridade nacional, quando houver violação ao disposto nesta Lei.

Na IoT, tanto o processamento transparente quanto o direito de ser esquecido se tornam mais complexos. Deve-se lidar com isso partindo do fato de que é possível que os dados literalmente pularão de um dispositivo para outro muito mais vezes do que o habitual antes de chegarem ao seu destino, onde serão armazenados permanentemente. Portanto, para as empresas, será mais difícil rastrear onde cada bloco de dados está, não apenas para visualização e transparência, mas também para fins de apagamento.

O quarto desafio é o **relatório de violação**. As violações de dados em 2018 foram muitas, conforme retratado na reportagem da revista *Época Negócios*, na qual o site Business Insider listou os maiores episódios de violações revelados naquele ano, classificados de acordo com o número de usuários afetados. Vejamos então os 21 maiores casos de violação de dados:

1. **British Airways | Companhia aérea | 380 mil usuários**
   - O que foi afetado: pagamentos com cartão
   - Quando: de 21/08/2018 a 5/09/2018
   - Como: a companhia aérea teve seu site de reservas e aplicativo invadido por hackers.

2. **Orbitz | Buscador de passagens aéreas | 880 mil usuários**
   - O que foi afetado: dados bancários e pessoais, como endereços de faturamento, números de telefone e e-mails.
   - Quando: de 1º/01/2016 a 22/12/2017

- Como: criminosos acessaram reservas de viagens no sistema do site.

3. **Sing Health | Rede de assistência médica | 1,5 milhão de usuários**

   - O que foi afetado: o banco de dados de saúde do governo de Cingapura teve nomes e endereços acessados, além do histórico de medicamentos de alguns pacientes, entre eles o primeiro-ministro do país.
   - Quando: 1º/05/2015 a 4/07/2018
   - Como: em comunicado, a empresa informou que hackers realizaram um ataque "deliberado, direcionado e bem planejado".

4. **T-Mobile | Telefonia móvel | cerca de 2 milhões de usuários**

   - O que foi afetado: senhas criptografadas e dados pessoais, incluindo informações bancárias, faturamento e endereços de e-mail.
   - Quando: 20/08/2018
   - Como: servidores da empresa foram acessados por um "grupo internacional" de hackers através de uma Interface de Programação de Aplicações (API).

5. **myPersonality | Aplicativo de rede social | 4 milhões de usuários**

   - O que foi afetado: dados pessoais de usuários do Facebook que utilizaram o myPersonality, aplicativo que fazia testes de personalidade dos usuários da rede social para coletar dados.
   - Quando: ativo desde 2012, o aplicativo foi banido em abril de 2018 pelo Facebook.
   - Como: o aplicativo manipulou incorretamente os dados de usuários e os fornecia para pesquisadores e outros acadêmicos que os solicitassem para fins de estudos.

6. **Saks e Lord & Taylor | Lojas de departamentos | 5 milhões de usuários**

   - O que foi afetado: números de cartões de pagamento
   - Quando: não revelado
   - Como: a empresa de segurança Gemini Advisory LLC, de Nova York, anunciou que um grupo chamado Joker Stash colocou à venda mais de 5 milhões de cartões de crédito e débitos roubados de clientes da Saks e Lord & Taylor.

7. **shein.com | Moda feminina | 6,42 milhões de usuários**

   - O que foi afetado: informações como endereços de e-mail e senhas criptografadas de contas de clientes na loja virtual

- Quando: 06/2018
- Como: hackers atacaram a rede de computadores da empresa.

8. **Cathay Pacific Airways | Companhia aérea | 9,4 milhões de usuários**

- O que foi afetado: 860 mil números de passaportes; 245 mil números de identidade de Hong Kong; 403 números de cartão de crédito expirados; e 27 números de cartão de crédito sem o valor de verificação do cartão (CVV)
- Quando: 03/2018
- Como: dados de passageiros acessados sem a autorização.

9. **Careem | Aplicativo de transporte | 14 milhões de usuários**

- O que foi afetado: dados pessoais, como nomes, endereços de e-mail, números de telefone e informações de viagem
- Quando: 14/01/2018
- Como: de acordo com a agência Reuters, criminosos invadiram um sistema de computador que armazenava dados de clientes e contas de motoristas.

10. **Timehop | Aplicativo de fotos | 21 milhões de usuários**

- O que foi afetado: números de telefone, nomes e endereços de e-mail.
- Quando: de 12/2017 a 07/2018
- Como: uma das credenciais de acesso à rede de armazenamento em nuvem da empresa foi comprometida.

11. **Ticketfly | Venda de ingressos | 27 milhões de usuários**

- O que foi afetado: nomes, endereços, endereços de e-mail e números de telefone
- Quando: 05/2019
- Como: um hacker obteve acesso a um banco de dados intitulado "backstage", que contém informações de clientes para todos os locais, promotores e festivais que utilizam os serviços da empresa.

12. **Facebook | Rede social | 29 milhões de usuários**

- O que foi afetado: dados como locais, detalhes de contato, status de relacionamento, pesquisas recentes e dispositivos utilizados para fazer login
- Quando: de 07/2017 a 09/2018
- Como: hackers utilizaram tokens, chaves digitais que dão total acesso às contas dos usuários.

13. **Chegg | Aluguel de livros | 40 milhões de usuários**

- O que foi afetado: dados pessoais, como endereços de e-mail, nomes e senhas de contas de usuários.

- Quando: de 29/07/2018 a 19/09/2018

- Como: de acordo com a empresa, pessoas não autorizadas obtiveram acesso a um banco de dados de usuários da chegg.com e outras marcas da empresa, como EasyBib.

14. **Google+ | Rede social | 52,5 milhões de usuários**

- O que foi afetado: dados privados nos perfis do Google+, como nome, cargo, endereço de e-mail, data de nascimento, idade e status de relacionamento.

- Quando: de 03/2018 e 11/2018

- Como: o *Wall Street Journal* revelou uma falha no software no Google+ que expôs os dados de perfil pessoal de 500 mil usuários. Em dezembro, o Google anunciou ter sofrido uma segunda violação de dados, afetando 52,5 milhões de usuários, e decidiu encerrar o Google+ definitivamente em abril de 2019.

15. **Cambridge Analytica | Consultoria | 87 milhões usuários**

- O que foi afetado: informações sobre preferências e interesses dos usuários do Facebook

- Quando: 2015

- Como: desenvolvido por um professor da Universidade de Cambridge, o aplicativo "thisisyourdigitallife" repassou indevidamente informações de usuários para a Cambrigde Analytica, empresa de análise de dados que ajudou a campanha de Donald Trump nas eleições presidenciais dos EUA criando anúncios direcionados. Embora apenas 270 mil usuários do Facebook tenham instalado o aplicativo, as políticas de compartilhamento de dados da rede social possibilitaram a exposição de informações de milhões de outros usuários da rede.

16. **MyHeritage | Aluguel de livros | 92 milhões de usuários**

- O que foi afetado: endereços de e-mail e senhas criptografadas de usuários que se inscreveram no serviço

- Quando: 26/10/2018

- Como: de acordo com o Business Insider, a descoberta foi feita por um pesquisador de segurança, revelando que inúmeros e-mails e senhas estavam em um servidor privado fora da empresa.

17. **Quora | Fórum de discussão | 100 milhões de usuários**

- O que foi afetado: nomes, endereços de e-mail, senhas criptografadas, dados de contas e perguntas e respostas dos usuários publicadas no Quora.
- Quando: 11/2018
- Como: um "terceiro mal-intencionado" acessou um dos sistemas do Quora.

18. **MyFitnessPal | Aplicativo para atividades físicas | 150 milhões de usuários**

- O que foi afetado: informações de contas dos usuários
- Quando: 02/2018
- Como: dados de contas de usuários do MyFitnessPal, aplicativo fitness, foram acessados por terceiros não autorizados.

19. **Exactis | Gestão de dados | 340 milhões de usuários**

- O que foi afetado: informações compiladas de milhões de pessoas e empresas, incluindo números de telefone, endereços, interesses, características pessoais etc.
- Quando: 06/2018
- Como: embora não se saiba se o caso envolveu a atuação de um hacker, um especialista em segurança identificou um banco de dados em um servidor acessível ao público.

20. **Marriott Starwood | Hotéis | 500 milhões de usuários**

- O que foi afetado: informações de hóspedes, como números de telefone, passaporte, dados sobre reservas, cartões de pagamento e endereços de e-mail.
- Quando aconteceu: de 2014 e 09/2018
- Como: hackers acessaram o banco de dados de reservas dos hotéis, roubando informações dos hóspedes.

21. **Aadhar | Registro de cidadãos | 1,1 bilhão de usuários**

- O foi afetado: dados privados de cidadãos indianos, como nomes, números de identificação e contas bancárias.
- Quando: descoberto em 03/2018
- Como: informações do banco de dados de identificação do governo da Índia, que armazena informações de identidade e biométricas dos cidadãos, foram vazados através de um sistema administrado por uma empresa estatal de serviços. A API da empresa, usada para acessar o banco de dados, estava desprotegida, dando acesso a informações da Aadhar.

Embora não haja falta de ferramentas para proteger os dados, as violações tendem a ocorrer devido a práticas inadequadas de segurança ou erros acidentais. A LGPD até o momento ainda não definiu oficialmente uma determinação em horas para as empresas reportarem os dados violados às autoridades de proteção de dados (ANPD) depois de tomar conhecimento delas. O que se tem em termos mais clarificados sobre violação consta na Seção III — Da Responsabilidade e do Ressarcimento de Danos em parágrafo único:

[...]

Responde pelos danos decorrentes da violação da segurança dos dados o controlador ou o operador que, ao deixar de adotar as medidas de segurança previstas no art. 46 desta Lei, der causa ao dano.

Art. 45. As hipóteses de violação do direito do titular no âmbito das relações de consumo permanecem sujeitas às regras de responsabilidade previstas na legislação pertinente.

É provável que isso seja extremamente desafiador para todos, uma vez que é difícil avaliar a extensão e as consequências de uma violação de dados. Em ambientes de IoT, localizar e avaliar uma violação de dados entre centenas ou milhares de dispositivos implantados definitivamente provará não ser uma tarefa fácil.

Como foi falado em tópicos anteriores sobre privacidade por padrão e por design, inclusive do importante papel da LGPD de levar em consideração todo o processo de fabricação, construção e padronização dos produtos e serviços que conduzirão diferentes tipos de dados e informações, então é justamente esse o quinto desafio, ou seja, a "privacidade por design" (ou por padrão) na segurança de dados. Nesse sentido, a LGPD deverá exigir explicitamente que os controladores de dados implementem medidas eficazes e comprováveis para garantir a privacidade e a confidencialidade do usuário. Considerando então o contexto da IoT, isso representa um ponto ainda mais difícil de se levar em conta, devido à natureza desses dispositivos, que tendem a ter hardware limitado e configurações simples do sistema, dificultando a implantação de mecanismos de segurança avançados e eficazes. Sendo assim, há uma ponte puxando também a questão da Tecnologia Operacional (TO), que será exclusivamente abordado em um tópico mais adiante, que contextualiza o ambiente industrial, que tem também riscos de segurança e que exigirá um longo caminho a ser percorrido para que se protejam os sistemas que agora são cada vez mais IoT.

Contradição dos Direitos de Uso entre Fabricante e Usuário

Como é interessante e ao mesmo tempo instigante pensar que a frase *"O seu direito começa onde o meu termina"* pode ter uma relação entre o fabricante e o cidadão-usuário! Alguns fabricantes ao menos se dão ao trabalho de elaborar e publicar sua política de privacidade, demonstrando e explicando claramente ao usuário aquilo que será utilizado/absorvido como informação referente a toda interação dele com sua Smart TV. Por exemplo: deveriam manter o mesmo grau de coerência quando o usuário, do lado dele, gostaria, por exemplo, de instalar algum aplicativo que fugiria de certa forma do "arcabouço" operacional do sistema desenvolvido para sua TV. E que não consegue, pois essa "incompatibilidade" forçada se deve à impossibilidade de poder modificar o código-fonte do sistema operacional dessa Smart TV para usufruir de outros recursos.

Essas restrições impedem que os usuários dessas Smart TVs possam acessar outros recursos midiáticos (novas gadgets) que tenham sido legalmente adquiridas de outras fontes conectando suas TVs a outros dispositivos e executando aplicativos de sua escolha.

Além de tudo, essas restrições limitam a funcionalidade dos sistemas operacionais e aplicações FLOSS (*Free/Libre/Open Source Software*) produzidos pelos membros da comunidade opensource e outros desenvolvedores, que os fabricantes não têm direito de restringir. Essas limitações minam as liberdades que os desenvolvedores de software FLOSS pretendem transmitir aos usuários de seu software.

Restrições a firmwares da Smart TV também representam um risco de segurança para os proprietários-usuários da TV. Por exemplo: pesquisadores e especialistas de segurança demonstraram recentemente uma série de vulnerabilidades de um fabricante de Smart TV que poderia dar condições aos hackers para acessar ou danificar remotamente o dispositivo de um usuário. Alguns exemplos serão mostrados adiante. Em alguns casos, esses problemas poderiam ter sido corrigidos ou mitigados pelo usuário por meio da instalação de um firewall ou outras contramedidas.

Existe uma organização sem fins lucrativos, nos Estados Unidos, chamada Electronic Frontier Foundation (EFF), cujo objetivo declarado é proteger os direitos de liberdade de expressão no contexto da era digital no mundo. De três em três anos, os grupos interessados podem propor isenções temporárias conforme a Seção 1201, em um processo de regulamentação de tempo e mão de obra intensiva executado pelo Escritório de Direitos Autorais. No caso, a EFF está propondo seis classes de isenções. O Software Freedom Conservancy, em conjunto com o escritório de advocacia Tor Ekeland PC, propôs uma isenção para permitir que os usuários instalem software alternativo em suas próprias Smart TVs, sem autorização do fabricante. Enfim, essa organização pode ser uma referência interessante para consulta e para obter orientações sobre a problemática da falta privacidade no meio digital, algo que poderá ser estudado e avaliado junto à LGPD.

As Outras Coisas...

Mas que coisa é essa? Coisas? Sim. São muitas coisas...

E em volta de tanta coisa assim? Certamente. Mas que coisa, hein?

Além de tanta coisa, agora inventaram essa tal de Internet das Coisas IoT. Na Revolução Industrial, houve um conjunto de mudanças que aconteceram na Europa nos séculos XVIII e XIX. A principal particularidade dessa revolução foi a substituição do trabalho artesanal pelo industrial por meio de maquinários (coisas) avançados para aquela época.

Na Guerra Fria, o que aconteceu foi uma corrida armamentista para a construção de um grande arsenal de armas nucleares, o objetivo central durante a primeira metade dessa guerra, que se estabilizou da década de 1960 até 1970 e foi reativada nos anos 1980 com o projeto do presidente dos Estados Unidos Ronald Reagan chamado de "Guerra nas Estrelas". As "coisas", nesse período, eram, de fato, as armas e a formação de um arsenal tecnológico-espacial com um conjunto de sistemas de radares de longo alcance, combinados com sistemas de mísseis antibalísticos e uma complexa rede de satélites artificiais.

O tempo passou, e muitas coisas literalmente mudaram. Tais coisas deixaram de ser um contato somente operacional, feudal, astronômico e passaram a fazer parte de um cotidiano e da rotina natural de nossa vida. A evolução aconteceu, o progresso chegou, mas, em muitos casos, a mentalidade humana não acompanhou tamanho crescimento e transformação.

A interação é uma característica de nossos tempos. Segundo Mark Weiser, vivemos na chamada computação **ubíqua**, que é a terceira onda da computação, que está apenas começando. Primeiro eram os mainframes compartilhados por várias pessoas. Agora estamos na era da computação pessoal, com pessoas e máquinas estranhando umas às outras. A seguir vem a computação ubíqua, a era da tecnologia "calma", quando a tecnologia recua para o pano de fundo de nossa vida, de modo que *"As tecnologias mais importantes são aquelas que desaparecem. Elas se integram ao nosso cotidiano até serem indistinguíveis dele"*. Por isso, essa tecnologia é cada vez mais transparente e quase imperceptível. As coisas acontecem perante as próprias "coisas", e simplesmente usufrui-se delas, são utilizadas naturalmente, sem que saibamos e entendamos esse pano de fundo e este "por detrás das cortinas" que essas inúmeras coisas em nosso redor realizam sobretudo com nossas informações profissionais e pessoais.

A IoT está presente em diversos segmentos no cotidiano, com nos wearables, que seriam as "tecnologias para vestir" (relógios inteligentes, óculos, sensores etc.), na automação residencial, nos carros, na educação, na saúde e em diversos outros meios. Percebe-se que, de fato, a IoT é inexorável. É uma realidade irreversível, uma "comodity", um fato e fator comum em nossa vida.

Acima de tudo, a IoT, além de estar no meio do entretenimento, é um negócio. De acordo com a IDC, mais de 50% da atividade da IoT está centrada na fabricação e no transporte, para cidades inteligentes e aplicações de consumo. Dentro de cinco anos, todas as indústrias terão implementado iniciativas de IoT. A Verizon prevê que até 2025, todas as organizações que utilizam tecnologias de IoT em seus produtos serão até 10% mais rentáveis.

Os riscos de segurança na rede, de hardware e software que se enfrenta hoje ficarão ainda mais complexos e terão um impacto ainda maior à medida que as coisas se tornarem interligadas. Estimativas do IDC apontam que até 2019, 90% de todas as redes de TI tinham uma segurança baseada em violação da IoT.

Em uma pesquisa da ISACA com consumidores, constatou-se que 64% dos entrevistados estavam confiantes de que poderiam controlar a segurança em seus próprios dispositivos da IoT. Fazendo a mesma pesquisa, agora com os profissionais/especialistas de segurança, os resultados foram invertidos: 65% disseram que não, que eles não se sentem confiantes sobre isso. Cinco em cada dez brasileiros confiam mais em instituições financeiras para compartilhar os dados. A pesquisa aponta que as instituições financeiras passam mais confiança, quando comparadas com provedores de meios de pagamento e provedores de tecnologia. Entre os brasileiros, 46% preferem compartilhar dados com os bancos. Em segundo estão os provedores de meios de pagamento, com 25%. E em terceiro, os provedores de tecnologia, com 10%. Os eletrônicos estão lá embaixo, com 2%.

Tabela 8: Segmentos confiáveis para compartilhar dados pessoais

SEGMENTOS MAIS CONFIÁVEIS PARA COMPARTILHAR DADOS PESSOAIS (NEGÓCIOS LISTADOS PELA PESQUISA POR REGIÕES/PAÍSES)							
SEGMENTO	BRASIL	GLOBAL	ESTADOS UNIDOS	REINO UNIDO	COLÔMBIA	EMEA*	APAC*
Bancos e Seguradoras	46%	37%	42%	41%	54%	37%	33%
Provedores de meios de pagamento	25%	18%	21%	22%	18%	17%	17%
Provedores de Tecnologia	10%	6%	5%	5%	6%	3%	7%
Órgãos governamentais	9%	27%	15%	20%	11%	34%	28%
Mídias Sociais (Sites e Apps)	5%	4%	4%	3%	1%	2%	5%
Marketplaces de eletrônicos e telefonia mobile	2%	4%	5%	5%	3%	4%	4%
Lojas de Varejo online (sites e aplicativos)	2%	2%	2%	4%	2%	2%	2%
Empresas de telecomunicação	2%	3%	5%	1%	4%	2%	3%

Fonte: Serasa Experian
*APAC: Austrália, China, Hong Kong, Índia, Indonésia, Japçao, Malásia, Nova Zelândia, Singapura, Tailândia e Vietnã.
*EMEA: África do Sul, Alemanha, Áustria, Espanha, França e Holanda/Países Baixos.

Fica evidente que, infelizmente, não existe um esforço dos fabricantes em esclarecer quais tipos de informações os dispositivos conectados podem coletar. Por isso, é importante termos o hábito de valorizar, exigir, consultar e entender as políticas de privacidade de cada fabricante.

Geralmente, a origem das ameaças que exploram as fragilidades e vulnerabilidades dos dispositivos e recursos na IoT vem do cibercrime, do ciberterrorismo, da própria guerra cibernética e de eventos de hacktivismo.

Projetos para a proteção da informação que circula em todo esse meio da IoT, bem como nas vertentes de software e hardware de tais mecanismos, existem e tendem a ajudar a minimizar os perigos de interceptação indevida, corrompimento dos dados trafegados e disponibilidade, como estes dois: **CrypTech.is** e **DNSSEC**.

Apesar de toda complexidade em função da integração das coisas, ainda é possível ter esperança (mesmo havendo uma dependência humana). É possível melhorar o cenário atual e futuro com o aumento da conectividade, através de investimentos em segurança da informação e na "educação digital" das pessoas. Isso será fundamental para manter a segurança dos dados e, consequentemente, ajudar direta ou indiretamente as leis vigentes que falam de privacidade nesse desafio tão complexo que é prover a proteção dos dados pessoais. Não se pode ser somente reativo no cenário que é apresentado, mas, sim, preventivo, mantendo o padrão de conscientização, realizando, por exemplo, um processo de mapeamento das ameaças, mitigação dos riscos e execução das atividades corretivas em sistemas.

Enfim, mesmo sabendo de tudo isso, deve-se ter um comportamento diferente, mais atento sobre todas essas coisas que cada vez mais nos cercam. É preciso vivenciar uma atitude que faça a diferença, e não somente criticar os legisladores. Entendo ser a LGPD uma evolução de toda a sociedade, que deve ter a liberdade de ser ouvida e, assim, ser participativa.

Agregados que Fazem Parte da IoT

Os aparelhos ou "agregados" dessa nova dinâmica chamada Internet das Coisas, em que tudo está conectado utilizando a rede Wi-Fi ou outras conectividades, são, por exemplo, as geladeiras, as máquinas de lavar e até as cervejeiras. Isso nos passa a real impressão de que tudo, de fato, está literalmente online. Interligados com o seu celular por exemplo, os novos dispositivos domésticos podem ser controlados remotamente e prometem maior conforto (e alguns fabricantes afirmam até segurança). Veja a seguir seis modelos que entraram nessa onda e estão transformando as casas em "smart".

» **Exemplo 1: A geladeira**

As geladeiras inteligentes apresentam uma vasta lista de recursos, apoiadas pelos famosos apps para fazerem, por exemplo, listas de compras, pesquisar receitas, disparar alarmes e controlar a própria temperatura. Existem modelos com câmera interna, permitindo inclusive que o usuário consulte o que está dentro pelo celular, como é o caso da Family Hub Fridge, da Samsung, que roda o Tizen. E aqui vai uma ressalva quanto ao uso do Tizen, que é um sistema operacional que funciona com dispositivos conectados da Samsung como televisores e smartwatches. Ele foi atormentado por uma série de vulnerabilidades de segurança perigosas, de acordo com um relatório da Motherboard.

Substituição Android da Samsung é o sonho de um hacker.

ACESSE: encurtador.com.br/gBFHU

Quando se utiliza o Tizen como sistema (ou middleware) da aplicação ao hardware para interagir com o usuário, valendo-se de seu uso para tantos outros tipos de eletrodomésticos, é extremamente importante ficar atento ao chamado "dia zero", que é quando é lançada uma atualização para correção de certa vulnerabilidade, mas que é justamente explorado no mesmo dia antes de a vacina ser oficialmente divulgada para uso.

À medida que mais dispositivos estão sendo conectados à internet, a descoberta de "dias zero" em produtos eletrônicos de consumo não é surpresa e está transcendendo para as empresas, nas quais TVs inteligentes, câmeras de conferência e até mesmo utensílios de cozinha estão se tornando mais comuns, uma vez que os dados carregados dentro desses equipamentos passariam por algum tipo de atualização ou modificação. Será então que valeria a pena a LGPD tratar também sobre questões da exploração do "dia zero"?

É fundamental garantir que a segurança seja incorporada nesses dispositivos desde o início. No entanto, o desafio para os fabricantes de dispositivos é equilibrar velocidade, custo e qualidade. Tanto os consumidores quanto os compradores corporativos querem a melhor qualidade e querem isso agora. Para atender a essas demandas, os fabricantes devem agilizar o processo de desenvolvimento, e muitas vezes, isso inclui a reutilização de tecnologias ou a falta de segurança no produto. Consequentemente, os defeitos são transmitidos de uma geração para a seguinte.

As organizações precisam estar atentas e assumir o controle de sua segurança, em vez de esperar que o próximo patch seja removido. Dada a longa vida útil desses e de outros dispositivos de IoT, as pessoas podem esquecer o problema por meses a fio e conectá-los novamente à rede, deixando-os vulneráveis novamente, por isso é importante pensar em longo prazo. Isso significa conhecer o que está em sua rede e saber que existem vulnerabilidades. É necessário procurar ativamente por malware e sinais de comprometimento e também priorizar ações para reduzir imediatamente sua exposição e o risco cibernético.

Saiba Mais!

Acompanhe as evoluções de vulnerabilidades existentes, suas consequências e possíveis vacinas.

ACESSE: https://www.cvedetails.com

» Exemplo 2: A máquina de lavar

Sendo controladas por celular, as máquinas de lavar inteligentes permitem ao usuário começar uma lavagem enquanto ele ainda está no trabalho, chegando em casa e encontrando as roupas já limpas. Muitas têm recursos para otimizar a limpeza em função das cores, formas e tipos de tecidos. Outra função interessante é a possibilidade de programar o aparelho para funcionar no melhor horário do dia, considerando o gasto energético e economizando tempo e dinheiro. Diferentemente das geladeiras, as lavadoras smart já são uma realidade. A Samsung acaba de trazer para o país a QDrive, que usa Inteligência Artificial (IA) e tem aplicativo para Android e iPhone (iOS).

Levando-se em conta que existe o adaptador Smart Home, que se conecta à porta do adaptador Smart Home da sua lavadora e que, por intermédio do APP Samsung Smart Home da Play Store ou da App Store, concede controle via celular, então todo cuidado também é importante para, pelo menos, manter seu Wi-Fi de access point seguro e o aplicativo devidamente atualizado. E claro, leia a política de licença do usuário final, ou a política de privacidade, se houver.

» Exemplo 3: O fogão

Pergunta básica: "Será que desliguei o fogão?" Essa é uma preocupação que você provavelmente não terá com um fogão smart. Isso porque o controle por smartphone deve permitir ao usuário verificar o status do eletrodoméstico e desligá-lo remotamente, evitando problemas desse gênero. Os recursos específicos dependerão de cada modelo, mas os fornos inteligentes costumam oferecer ciclos predefinidos de cozimento e preaquecimento, aplicativos de receitas e até sistemas autolimpantes. Além disso, eles podem ter integração com outros eletrodomésticos smart e com dispositivos como Alexa, Google Assistente e Bixby. No Brasil, o Brastemp Ative Smart Cook é uma opção com Wi-Fi e controle via celular. Dessa forma, há a necessidade do mesmo cuidado de estar online nos preparativos de configuração de sua rede Wi-Fi para prover conexão com seu fogão, sobretudo pelas questões de grande possibilidade de integrações com outros dispositivos, pois, caso estejam vulneráveis, podem ser a porta de entrada para algum tipo de invasão em sua rede, podendo causar certos transtornos caso venham a ter acesso online ao seu fogão. É como diz o ditado, "com fogo não se brinca".

Vale sempre relembrar que equipamentos, ou "coisas", como uma máquina de lavar, uma geladeira e agora também um fogão, pertencentes à dinâmica da IoT, sempre online, dependerão de estar "pendurados" em um roteador de sua rede Wi-Fi, que deverá estar bem configurada para suportar os devidos protocolos de comunicação, na qual estarão seus respectivos IPs cadastrados, e serão como computadores em sua rede, ou seja, plenamente identificáveis, sobretudo se você não "blindar" seu roteador com senhas seguras, acessos restritos por IP, MAC Address, mitigando um pouco dos riscos inerentes a esse tipo de ambiente.

Veja que em muitos dos manuais dessas "coisas" agora online constam o consentimento mediante um termo, ou condição de uso. São inúmeros os tipos de contratos que dão nomes diferentes para situações que, ao final, são a mesma: política de privacidade. Mas parece que os fabricantes têm um certo receio de chamá-la assim. É algo que certamente a LGPD deverá tentar ajudar a padronizar. Fique atento.

E a Smart TV Nesse Meio?

A definição de *televisão* — do grego *tele* (distante) e do latim *visione* (visão) — é um sistema eletrônico de recepção de imagens e som de forma instantânea. Funciona a partir da análise e conversão da luz e do som em ondas eletromagnéticas e de sua reconversão em um aparelho — o televisor —, que recebe também o mesmo nome do sistema ou pode ainda ser chamado de aparelho de televisão. O televisor ou aparelho de televisão capta as ondas eletromagnéticas e, por meio de seus componentes internos, as converte novamente em imagem e som.

Parece estranho, mas já parou para pensar que não se consegue facilmente lembrar o nome do inventor do aparelho de televisão tão facilmente como nos lembramos do nome do inventor do telefone (Graham Bell) ou da lâmpada (Thomas Edison)? Existe uma suposta razão, até simples: aquilo que atualmente se conhece como "aparelho televisivo" é o resultado ou combinação de muitas invenções de diferentes inventores de períodos e locais diferentes.

Contudo, existe um inventor que merece os méritos de ser um dos pioneiros, se não o grande "pai" da televisão, que é o escocês John Logie Baird.

Figura 16: John Logie Baird

John Logie Baird, FRSE (Helensburgh, 14 de agosto de 1888 — Bexhill, 14 de junho de 1946) foi um engenheiro escocês e o primeiro a construir um sistema de televisão viável, transmitindo, pela primeira vez, em fevereiro de 1924, imagens estáticas através de um sistema mecânico de televisão analógica, sendo, então, o primeiro a alcançar este feito.

Fonte: Wikipedia: https://pt.wikipedia.org/wiki/John_Logie_Baird.

Com a chegada da TV digital, indaga-se qual seria a diferença entre esse novo modelo de TV e as tradicionais e antigas TVs de tubo, habitualmente utilizadas nas casas de nossos pais e avós. É percebida cada vez mais a singularidade da TV digital com os computadores, ou seja, a imagem e o som são digitalizados. Com isso, há claramente benefícios, como imagens com alta definição, som de melhor qualidade e aplicações cada vez mais interativas, que proporcionam, consequentemente, uma experiência mais rica e abrangente ao telespectador.

Nesse prisma, a relação do homem com a tecnologia, segundo Vieira Pinto, deve ser vista de duas maneiras: com o maravilhamento e com a dominação tecnológica. O homem primitivo se maravilhava com os fenômenos da natureza. O homem metropolitano moderno se maravilha, sobretudo, com objetos tecnológicos, em virtude de uma "ideologia" que o faz acreditar que vive em um mundo magnânimo e progressista. Veja na figura a seguir como a visão de Vieira Pinto pode ser transposta ao cenário de hoje.

Figura 17: Os três pilares

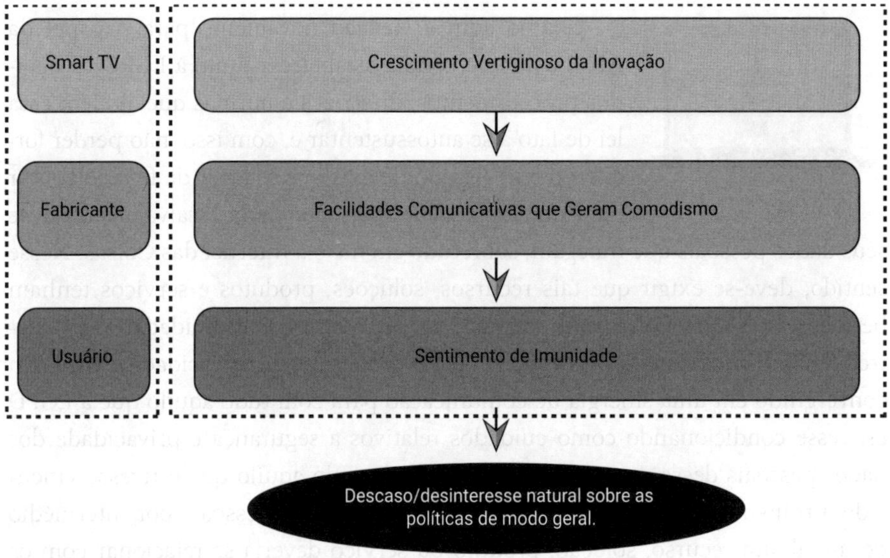

Smart TV	Crescimento Vertiginoso da Inovação
Fabricante	Facilidades Comunicativas que Geram Comodismo
Usuário	Sentimento de Imunidade

Descaso/desinteresse natural sobre as políticas de modo geral.

Fonte: Pesquisa e elaboração dos próprios autores.

Interprete essa figura dividindo-a em dois espectros de entendimento: de um lado, os agentes participantes do processo (O Produto, O Fabricante e O Usuário), e do outro, as causas e os efeitos que a tecnologia em si traz. Nesse contexto, existe uma característica de nossa sociedade atual, que é o vertiginoso crescimento da inovação e transformação tecnológica. Prova disso é o contexto de hoje sobre a Internet das Coisas, que traz consigo a evolução do aparelho televisivo.

O que temos hoje de melhor, ou pelo menos um dos mais utilizados no mundo, é: a **Smart TV**. Em seguida, conjuntaríamos as facilidades comunicativas que geram o comodismo, facilidades que o próprio **Fabricante** desenvolve, cada qual com suas características de comunicação, integração e interação em benefício de seu cidadão-usuário. Vale aqui destacar que, entre esses dois agentes citados, prevalece a transparência da informação e todo o processo comunicacional sem a percepção desse usuário. Isso vai de encontro àquilo que Vieira Pinto traz como dominação tecnológica. Por fim, e consequentemente, temos a existência do sentimento de imunidade, na forma comumente prevista também por Vieira Pinto no que condiz ao maravilhamento. Com tudo isso, chega-se ao descaso e desinteresse natural, e às vezes imperceptível, do usuário, cliente, cidadão, em relação às "políticas" existentes. Nesse caso específico, as chamadas **políticas de privacidade.**

 Chamo aqui a atenção novamente para o papel da ANPD, no que condiz estabelecer junto à LGPD os devidos procedimentos, diretrizes e normas que ajudem essa lei de fato a se autossustentar e, com isso, não perder forças e o real sentido de existir e se fazer de fato colaborar para uma sociedade mais protegida e salvaguardada de seus dados pessoais que trafegam, sobretudo em meio à Internet das Coisas. Nesse sentido, deve-se exigir que tais recursos, soluções, produtos e serviços tenham bem descritas suas políticas de privacidade para esse usuário-cidadão. Seria extremamente importante e conveniente que tais políticas de privacidade estivessem convergindo em uma sinergia de comunicação para com tudo aquilo que a LGPD estivesse condicionando como cuidados relativos à segurança e privacidade dos dados pessoais desse usuário-cidadão. Ou seja, tudo aquilo que estivesse vinculado à transposição, transformação e tráfego dos dados pessoais por intermédio de um algum recurso, solução, produto ou serviço deveria se relacionar com os tópicos aderentes da LGPD. Existe uma passagem referente na Seção I — Da Autoridade Nacional de Proteção de Dados (ANPD), que talvez possamos considerar nesse sentido:

[...]

Art. 55-J. Compete à ANPD:

[...]

III - elaborar diretrizes para a Política Nacional de Proteção de Dados Pessoais e da Privacidade; - (Incluído pela Lei nº 13.853, de 2019)

Caso de fato a ANPD venha a elaborar tais diretrizes para a formação da chamada Política Nacional de Proteção de Dados Pessoais e que essa mesma política esteja consonante e aderente ao que se espera que as políticas de privacidade desses recursos, soluções, produtos e serviços venham a descrever, na qual, antes de tudo, tenha-se tido discussão e alinhamento daquilo que se espera dessa sinergia, pode-se, sim, dizer que isso fortificará a LGPD, consolidando-a cada vez mais como uma lei robusta, porém séria, concisa e coerente ao que o cidadão-usuário vivencia e com o que está sujeito a se deparar quando seus dados pessoais são envolvidos.

 Ginga® é o middleware do sistema de TV digital nipo-brasileiro (ISDB-T B) e da recomendação ITU-T para serviços de IPTV. O Ginga é composto por um conjunto de tecnologias padronizadas e inovações brasileiras que o tornam a especificação de middleware mais avançada. Conheça mais sobre seu ambiente e recursos:

Acesse: http://www.ginga.org.br/

O aparelho televisivo é, sem dúvida, um dos produtos que mais se consagrou em sua "mutação" perante a sociedade do século XX. O design da TV transfigurou-se muito desde as antigas engenhocas retrôs quadradonas, como o Emyvisor e o Marconi. No entanto, a informação que chega à tela da nossa TV passa por fios ou cabos e é inflexível. Consome-se o que as redes de televisão nos mandam consumir. O único mecanismo de feedback é o controle remoto. (A maior parte da "filtragem de informação" ainda é do tipo mudança de canal.)

A metamídia, que de fato consegue deslizar até a tela, é apenas um expediente. Essa colocação de Steven Johnson foi bastante pertinente, contudo, nos dias atuais um pouco dessa realidade de dependência total do controle remoto para a mudança de canal, com a filtragem da informação ainda contida nos canais preestabelecidos de uma dada programação, deixando-nos encarcerados nesse expediente de certa forma moldado, mudou. Existiu certa evolução nesse contexto mais dinâmico com a chegada das Smart TVs, mas ainda em um processo atrasado quando diz respeito ao acompanhamento dessa evolução por parte das **políticas de privacidade** em relação às escolhas obrigatórias do cotidiano.

Figura 18: TV antiga

Com a possibilidade atualmente, por exemplo, de se utilizar um conversor Set-top Box, consegue-se ter acesso à transmissão digital mesmo em um televisor mais antigo. Sem contar que, com essa nova dinâmica de TV Digital, pode-se ainda usufruir do uso de aparelhos celulares que dispõem desse tipo de integração com essas novas TVs, permitindo, assim, o acesso ao conteúdo televisivo no próprio dispositivo, mantendo, dessa forma, os mesmos benefícios do sinal digital.

Nos anos 1970, muitas revoluções tecnológicas possibilitaram a propagação da TV a cabo e por satélite. O modelo se firmou na década seguinte, exigindo novas maneiras de regulação. O número de canais começou a aumentar significativamente, dissipando cada vez mais a audiência entre eles. Dessa forma, a programação começou a ser mais segmentada, focada em um tipo de público menor, contudo mais fidelizado.

Tabela 9: As três gerações de TV

Características	Primeira Geração (Fordista)	Segunda Geração	Terceira Geração
Serviços	Limitada quantidade de serviços unidirecionais de radiodifusão massiva.	Grande quantidade de serviços unidirecionais de radiodifusão segmentada.	Serviços e interatividade de radiodifusão e telecomunicações.
Modelo de Negócios	Publicidade massiva e/ou subsídio governamental.	Publicidade segmentada e assinaturas.	Publicidade segmentada, assinaturas e pagamento por uso de serviços.
Estratégia de Negócios	Direitos de propriedade sobre o espectro.	Integração vertical entre distribuidores e programadores.	Controle de acesso e normas proprietárias no decodificador.
Modelo de Regulação	Serviço público com proteção aos concessionários.	Serviço privado com certas obrigações públicas.	Ainda não definido.

Fonte: Montez e Becker, 2005.

Em meados da década de 1980, as ilhas de edição digitais ofereciam mais flexibilidade e muito mais recursos aos editores da época. Considera-se essa evolução tecnológica como o nascimento da TV digital. Na perspectiva da recepção, a TV passa a contar com o controle remoto. Iniciam-se, assim, os avanços necessários que demostravam ser possível também a transmissão digital, que foi exaustivamente testada na década de 1990, porém na internet, com cabos. Praticamente ao mesmo tempo, iniciaram-se os testes para a modulação do sinal audiovisual no quesito de transmissão terrestre e por satélite. Tivemos, assim, essa segmentação das diferentes gerações.

Toda essa evolução, em termos físicos, tecnológicos, de equipamentos e infraestrutura, deve ser acompanhada no decorrer dos anos na mesma proporção das iniciativas de planejamento estratégico que as corporações privadas exercem em seus negócios, porém, e sobretudo, com o acompanhamento do governo dos investimentos em capacitações técnicas, de proficiências operacionais e de gestão do conhecimento dos cidadãos brasileiros, pois de nada adiantará termos progressos tecnológicos sem o mesmo nivelamento de aperfeiçoamento nos quesitos de mão de obra qualificada e conhecimento para tomadas de decisão, seja nas escolhas de consumo, seja nas decisões de negócio. Nesse sentido, o Ministério de Ciência e Tecnologia do governo brasileiro, em seu chamado *Livro Branco*, traz o seguinte trecho:

> *No mundo contemporâneo é limitado o espaço para improvisações. É possível ser ambicioso e é necessário estar preparado para aproveitar as oportunidades e usufruir os benefícios que a Ciência e Tecnologia podem propiciar. Para tanto, embora o País conte com experiências bem-sucedidas e um firme ponto de partida, é necessário fortalecer a capacidade de planejamento, prospecção e delineamento de visões estratégicas. Isso se faz mediante prospecção e planejamento consistentes; acompanhamento e avaliação; articulação de esforços públicos e privados; foco e diretrizes; incentivos e meios adequados; pessoas preparadas e empreendedoras; infraestrutura e instituições qualificadas. A construção dessas competências requer tempo e esforços permanentes da sociedade. A criação do Centro de Gestão e Estudos Estratégicos (CGEE), em setembro de 2001, constitui-se um passo nesta direção.*
>
> *IV. Expandir e modernizar o sistema de formação de pessoal para Ciência, Tecnologia e Inovação:*
>
> *--> Colaborar com a implantação de novas diretrizes curriculares, indicando revisões periódicas com vistas a formar cientistas, engenheiros e demais profissionais com perfis adequados às novas exigências do Sistema Nacional de Ciência, Tecnologia e Inovação.*

 Lembra-se de quando falamos disso no início, no tópico sobre a essência dos dados? Pois é. Certamente a LGPD deverá estar muito bem atualizada e, trocadilhos à parte, literalmente sintonizada às questões relativas às novas gerações, não somente de Smart-TV's, mas de novos produtos, tecnologias e negócios, que vão vertiginosamente evoluindo, com a existência de novos sinais, novas frequências, novos protocolos de comunicação, de modo que os dados, em sua forma mais primitiva, estarão sujeitos a altera-

ções e formas de armazenamento, condução, organização e distribuição. É por isso que o desafio da LGPD não é somente de cunho legal, mas, sobretudo, também técnico-científico.

Os Primórdios

Na TV analógica, consideram-se três grandes formatos de distribuição de imagem e som: hertziana terrestre, via cabo ou satélite. O formato MAC foi o menos implementado e tem então os seguintes formatos:

> » **Phase Alternation Line (PAL)**: com as seguintes variantes B, D, G ou K (mais usado normalmente), I (Reino Unido, Irlanda, Macau, Hong Kong, Angola, Lesoto, Namíbia e África do Sul), M (Brasil e Laos), N ou NC (Argentina, Paraguai e Uruguai).

> » *National Television System(s) Committee* **(NTSC)**: empregado nos EUA, Canadá, Japão, Coreia e México e demais países da América Latina.

> » *Séquentiel Couleur à Mémoire* **(SECAM)**: usado primeiramente na França e depois implantado nas antigas colônias francesas e belgas, bem como nos países do Leste Europeu, a antiga União Soviética e países do Oriente Médio. Contudo, com a baixa do comunismo, e cadenciando uma época em que aparelhos de TV multipadrões se tornaram comuns, vários países do Leste Europeu decidiram mudar para PAL.

> » *Multiplexed Analogue Component* **(MAC)**: programado sobretudo para realizar transmissões via satélite, utilizado especialmente nos países nórdicos.

Desde meados dos anos 1950, o sinal da TV aberta, que possibilitou o acesso gratuito dos telespectadores à programação das emissoras, é transmitido no padrão analógico. Com o decorrer da evolução tecnológica, houve a digitalização do sinal, que significa que mais informações, com qualidade mais aprimorada de imagem, pudessem ser enviadas aos cidadãos, incluindo dados. Isso é um benefício, do ponto de vista daquilo que se recebe, porém mais desafiador quando se fala no controle seguro desses dados, que não param de chegar. O Sistema Brasileiro de Televisão Digital Terrestre (SBTVD-T) realiza a transição desse sinal analógico para o sinal digital, possibilitando, assim, a recepção de imagens em alta definição, com som de ótima qualidade, maior interatividade e serviços até agora não disponíveis.

A figura a seguir ilustra cada etapa e apresenta de modo sucinto um pouco dessa evolução desde o século passado até a chegada da revolucionária Smart TV.

Figura 19: Evolução cronológica da TV

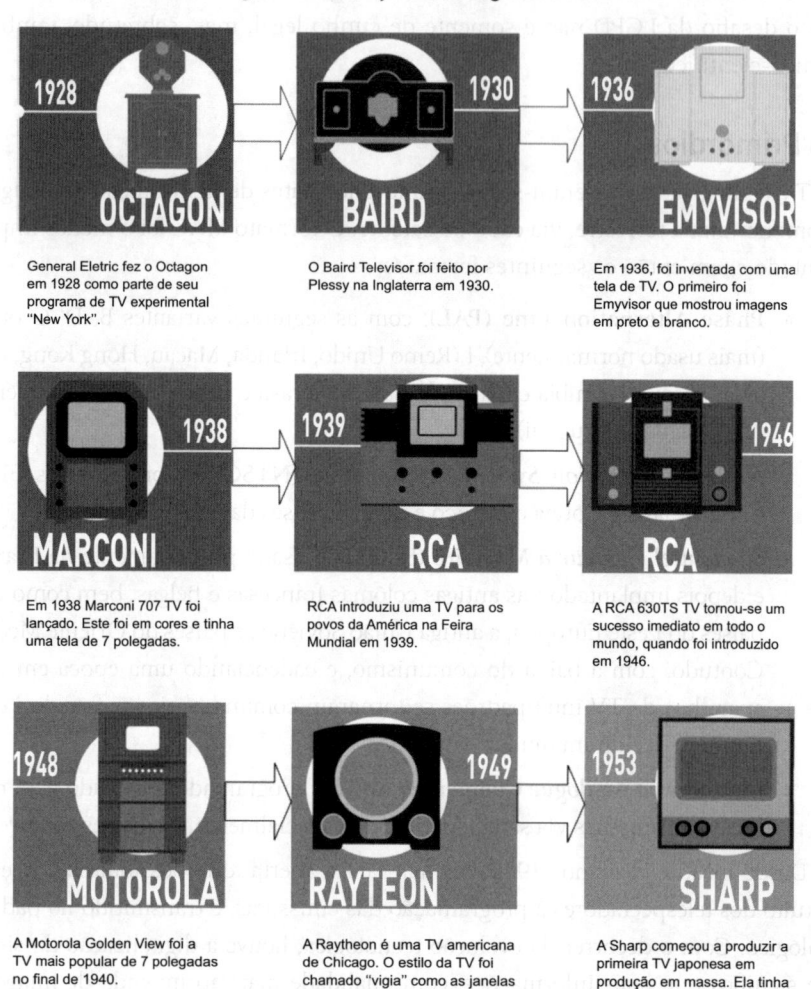

General Eletric fez o Octagon em 1928 como parte de seu programa de TV experimental "New York".

O Baird Televisor foi feito por Plessy na Inglaterra em 1930.

Em 1936, foi inventada com uma tela de TV. O primeiro foi Emyvisor que mostrou imagens em preto e branco.

Em 1938 Marconi 707 TV foi lançado. Este foi em cores e tinha uma tela de 7 polegadas.

RCA introduziu uma TV para os povos da América na Feira Mundial em 1939.

A RCA 630TS TV tornou-se um sucesso imediato em todo o mundo, quando foi introduzido em 1946.

A Motorola Golden View foi a TV mais popular de 7 polegadas no final de 1940.

A Raytheon é uma TV americana de Chicago. O estilo da TV foi chamado "vigia" como as janelas em um navio.

A Sharp começou a produzir a primeira TV japonesa em produção em massa. Ela tinha uma tela de 14 polegadas.

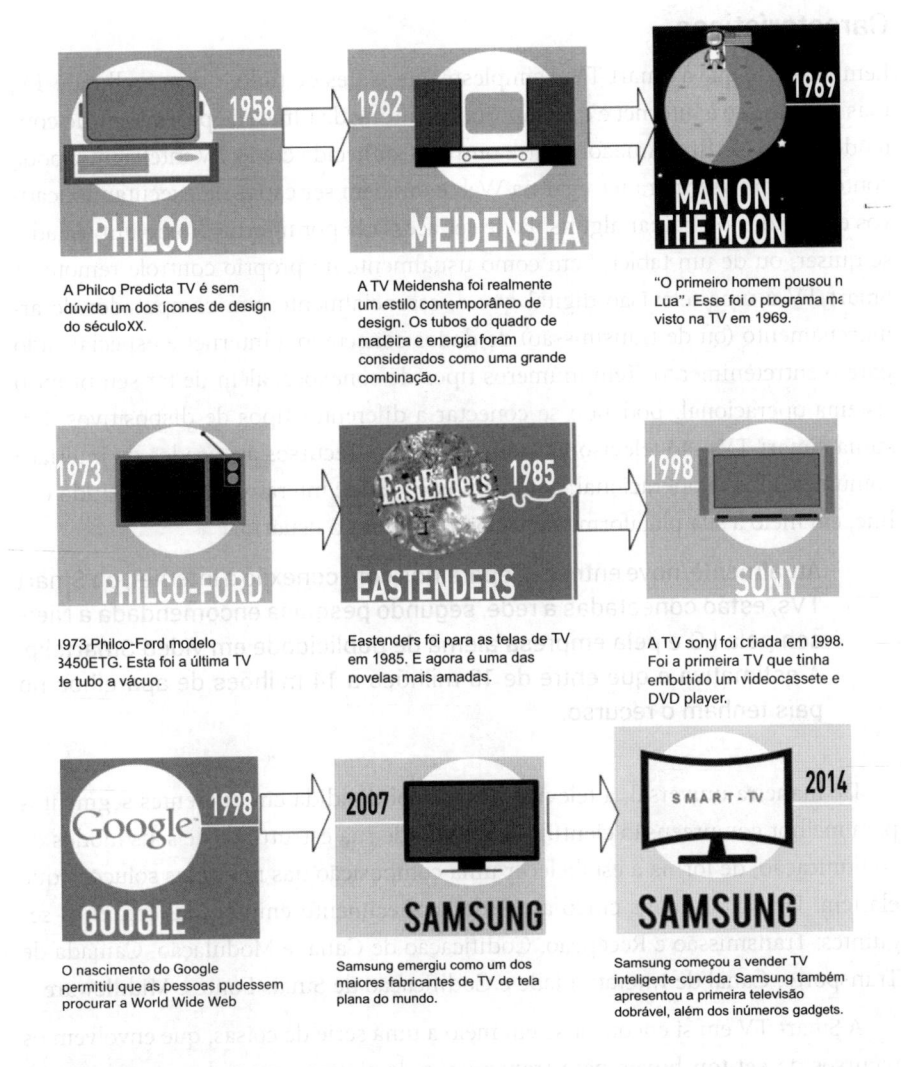

A Philco Predicta TV é sem dúvida um dos ícones de design do séculoXX.

A TV Meidensha foi realmente um estilo contemporâneo de design. Os tubos do quadro de madeira e energia foram considerados como uma grande combinação.

"O primeiro homem pousou n Lua". Esse foi o programa ma visto na TV em 1969.

1973 Philco-Ford modelo 3450ETG. Esta foi a última TV de tubo a vácuo.

Eastenders foi para as telas de TV em 1985. E agora é uma das novelas mais amadas.

A TV sony foi criada em 1998. Foi a primeira TV que tinha embutido um videocassete e DVD player.

O nascimento do Google permitiu que as pessoas pudessem procurar a World Wide Web

Samsung emergiu como um dos maiores fabricantes de TV de tela plana do mundo.

Samsung começou a vender TV inteligente curvada. Samsung também apresentou a primeira televisão dobrável, além dos inúmeros gadgets.

Fonte: Wemissourtv.com (2015).

Caso queira conhecer mais sobre a origem da televisão, sua evolução, seu histórico, sua arquitetura, sua ascensão tecnológica, bem como exercícios de fixação a respeito,

ACESSE: encurtador.com.br/bnlK4

Características

Lembre-se de que a Smart TV é simplesmente, antes de tudo, um aparelho de TV, mas com acesso à internet e que suporta streaming de filmes de provedores de conteúdo, como Netflix, Amazon, entre outros. Conhecida como TV inteligente, pode conter um browser para navegar na Web e também ser capaz de executar aplicativos embutidos ou baixar alguns. Pode ser acessada por intermédio de um teclado, se quiser, ou de um tablet, bem como usualmente no próprio controle remoto. A Smart TV é uma televisão digital que é, essencialmente, um computador de armazenamento (ou de transmissão) de dados conectado à internet e especializado para o entretenimento. Tem inúmeros tipos de conexões, além de ter seu próprio sistema operacional, podendo se conectar a diferentes tipos de dispositivos. Em suma, Smart TVs são televisores inteligentes com recursos avançados de interface comunicacional e operacional, bem como de grande interatividade, sobretudo online, em meio à sua plataforma de usabilidade para o usuário.

> Atualmente, nove entre dez aparelhos com conexão à internet, ou Smart TVs, estão conectadas à rede, segundo pesquisa encomendada à Nielsen pela LG e pela empresa alemã de publicidade em vídeo Smartclip. A estimativa é que entre de 13 milhões a 14 milhões de aparelhos no país tenham o recurso.

De maneira universal, a televisão digital foi dividida em diferentes segmentos para melhor compreensão científica e técnica de sua estrutura e de seus modos de comunicação, de forma a estabelecer uma composição das múltiplas soluções que ela tem. Dessa forma, as cinco áreas de conhecimento empregadas foram as seguintes: Transmissão e Recepção, Codificação de Canal e Modulação, Camada de Transporte, Canal de Interatividade e Codificação de Sinais Fonte e Middleware.

A Smart TV em si encontra-se em meio a uma série de coisas, que envolvem os recursos de **set-top boxes** para transmissão de alguns canais de entretenimento (quando já não embutido na própria Smart TV), **plataformas/middlewares** (como o Ginga aqui do Brasil), **SDKs** para compatibilização do sistema operacional e hardware do fabricante para com as aplicações, os **Apps**, que são as aplicações e widgets contidas na Smart TVs para interação com o usuário, bem como os **Serviços** oferecidos, como para compras e acessos a novas contas conveniadas, e claro, a própria **internet** para acesso online e comunicação. Veja a figura a seguir.

Figura 20: O que pode estar ao redor de uma Smart TV

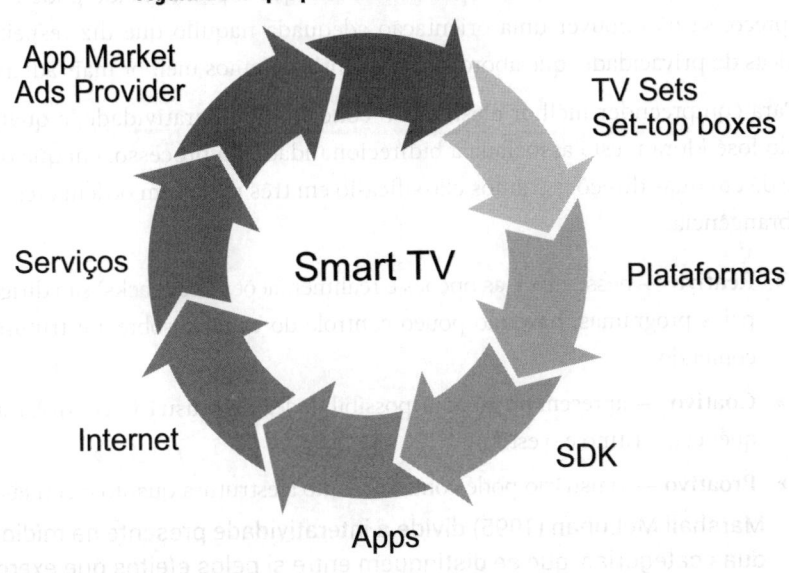

Fonte: Pesquisa e elaboração dos próprios autores.

Veremos nos próximos tópicos que tais áreas de conhecimento, são importantes tanto no âmbito da telecomunicação para o contexto das Smart TVs que temos atualmente, quanto no seu funcionamento operacional, e que as preocupações com cada uma dessas cinco áreas no quesito de **segurança das informações** deverão também ser consideradas, por envolverem tanto o provedor de serviços de canais abertos ou fechados quanto o fabricante da TV, bem como o próprio cidadão-usuário, justamente nesse contexto da **privacidade** e **proteção dos dados pessoais**.

A Interatividade

A interatividade, sem dúvida, é um dos chamarizes mais envolventes da TV Digital, conseguindo-se, por exemplo, executar aplicativos no aparelho televisor. Por intermédio de tais aplicações, os telespectadores têm acesso a uma série de serviços e entretenimentos, como comerciais, operações bancárias, enquetes, entre outros. Os smartfones e celulares mais modernos aproximaram-se do computador e da internet, de modo que a interatividade faz o mesmo agora para a televisão.

Na TV Digital brasileira, essa tecnologia é conhecida como Ginga. E claro que, quanto maiores as possibilidades interativas, maiores serão as responsabilidades e cuidados para com aquilo que se trafega, manipula, envia e descarta em termos de informação digital (som, imagem etc.), de modo que a proatividade pode cobrar seu preço, se não houver uma orientação adequada naquilo que diz respeito às políticas de privacidade, que abordaremos e entenderemos melhor mais adiante.

Para compreender melhor e estudar o conceito de interatividade, a qual, segundo José Moran, está associada à bidirecionalidade do processo, em que o fluxo se dá em duas direções, vamos classificá-lo em três níveis em ordem crescente de abrangência:

» **Reativo** — nesse nível, as opções e realimentações (feedbacks) são dirigidas pelos programas, havendo pouco controle do usuário sobre a estrutura do conteúdo.

» **Coativo** — apresentam-se aqui possibilidades de o usuário controlar a sequência, o ritmo e o estilo.

» **Proativo** — o usuário pode controlar tanto a estrutura quanto o conteúdo.

Marshall McLuhan (1995) divide a interatividade presente na mídia em duas categorias, que se distinguem entre si pelos efeitos que exercem sobre os usuários: o meio quente e o meio frio. A mídia quente fornece informação saturada, tolerando pouca ou nenhuma interação, a exemplo do rádio, cinema, fotografia e o alfabeto fonético. Já os meios frios geram conteúdos que podem ser completados. Eles incluem os usuários no processo de comunicação, tornando-os agentes participativos, promovendo o intercâmbio de informações. Pode-se mencionar como modelos o telefone, a televisão, os escritos hieroglíficos ou ideogrâmicos. Contextualizando a descrição de McLuhan, os meios frios estariam também relacionados às novas mídias, como a internet, consagrada pela bidirecionalidade.

Se usarmos o contexto com enfoque na televisão, classificando, por exemplo, a interatividade nesse meio em sete níveis de interação, com base na evolução tecnológica dessa mídia, conforme Lemos, temos o seguinte:

Tabela 10: Níveis de interatividade da televisão

Nível	Descrição
0	É o estágio em que a televisão expõe imagens em preto e branco e dispõe de um ou dois canais. A ação do espectador resume-se a ligar e desligar o aparelho, regular volume, brilho ou contraste e trocar de um canal para outro.
1	A televisão ganha cores, maior número de emissoras e controle remoto, o *zapping* vem anteceder a navegação contemporânea na *web*. Ele facilita o controle que o telespectador tem sobre o aparelho, mas, ao mesmo tempo, o prende ainda mais à televisão.
2	Alguns equipamentos periféricos vêm acoplar-se à televisão, como o videocassete, as câmeras portáteis e os jogos eletrônicos. O telespectador ganha novas tecnologias para apropriar-se do objeto televisão, podendo agora também ver vídeos e jogar, e das emissões, podendo gravar programas e vê-los ou revê-los quando quiser.
3	Já aparecem sinais de interatividade de características digitais. O telespectador pode então interferir no conteúdo a partir de telefones (como no programa "Você Decide", da Rede Globo de Televisão) por fax ou correio eletrônico.
4	É o estágio da chamada televisão interativa, em que se pode participar do conteúdo a partir da rede telemática em tempo real, escolhendo ângulos de câmera, diferentes encaminhamentos das informações etc. Apesar dessa definição de Lemos (1997), no nível 4, o telespectador ainda não tem controle total sobre a programação. Ele apenas reage a impulsos e caminhos predefinidos pelo transmissor. Isso ainda não é TV interativa, pois contradiz a característica do "não default", definida no estágio 4; a TV ainda é reativa, sendo necessários pelo menos mais três níveis de interatividade para torná-la proativa.
5	O telespectador pode ter uma presença mais efetiva no conteúdo, saindo da restrição de apenas escolher as opções definidas pelo transmissor. Passa a existir a opção de participar da programação enviando vídeo de baixa qualidade, que pode ser originado por intermédio de um webcam ou filmadora analógica. Para isso, torna-se necessário um canal de retorno ligando o telespectador à emissora, chamado de canal de interação.

Nível	Descrição
6	A largura de banda desse canal aumenta, oferecendo a possibilidade de envio de vídeo de alta qualidade, semelhante ao transmitido pela emissora. Dessa forma, a interatividade chega a um nível muito superior à simples reatividade, como caracterizado no nível quatro.
7	Nesse nível, a interatividade plena é atingida. O telespectador passa a se confundir com o transmissor, podendo gerar conteúdo. Esse nível é semelhante ao que acontece na internet hoje, no qual qualquer pessoa pode publicar um site, bastando ter as ferramentas adequadas. O telespectador pode produzir programas e enviá-los à emissora, rompendo o monopólio da produção e veiculação das tradicionais redes de televisão que conhecemos hoje.

Fonte: Lemos (1997).

> A Base Nacional Comum, prevista na Constituição para o ensino fundamental e ampliada no Plano Nacional de Educação, para o ensino médio, é a base para a **renovação** e o **aprimoramento** da educação básica como um todo.

Toda essa evolução da interatividade descrita em diferentes fases, ou níveis, demonstra paralelamente uma evolução também da tradicional TV, chegando a ser chamada agora de Smart TV, que é um recurso doméstico, empresarial, presente em diversos tipos de lugares e estabelecimentos. Nesse sentido, o avanço dos recursos tecnológicos no âmbito telecomunicacional, com maior envolvimento do cidadão, chamado nesse contexto de telespectador, vai de encontro ao documento oficial do Ministério da Educação do governo federal brasileiro "Base Nacional Comum Curricular (BNCC)", no tópico "Práticas Culturais das Tecnologias da Informação e Comunicação", trazendo o seguinte trecho:

> *Diz respeito à participação em situações de leitura/escuta, produção oral/ escrita de textos que possibilitem interagir em contextos de comunicação à distância e de compreender as características e os modos de produzir, divulgar e conservar informação, experimentando e criando linguagens e formas de interação em uma sociedade cada vez mais midiática.*

Vale aqui uma pequena reflexão a respeito dessas práticas culturais das tecnologias da informação e comunicação aos olhos da evolução digital e tecnológica.

O progresso dos recursos técnicos que esse equipamento sofreu no decorrer do tempo foi algo transformador para o processo de comunicação e experiência para com o usuário. O "espírito da coisa" continua o mesmo, ou seja, assistir aos canais de televisão por uma grade televisiva de nosso país. O "esforço" operacional, de manipulação, controle e até mesmo intelectual desse usuário era mínimo, irrisório, diante dessa TV, mesmo não sendo tudo tão intuitivo. O tempo passou, e essa TV se tornou uma Smart TV. E o usuário? Será que ele se tornou um "Smart Usuário"? Será que estaria ele preparado para essa nova dinâmica que a Smart TV nos traz hoje? Com preocupações preventivas? De configuração? De segurança das informações e, sobretudo, de privacidade e proteção de seus dados? Enfim, o desafio transcende as barreiras tecnológicas, de processo, inovação e leis, indo além. Ou seja, é uma questão, sem dúvida, de aculturamento desse cidadão-usuário.

Figura 21: Nova realidade

Fonte: <https://pixabay.com/pt/illustrations/remoto-controle-tela-tv-exploração-3653882/>.

Segundo a Nielsen, os proprietários de TVs conectadas no Brasil são, em sua maioria, homens, casados, com idade entre 20 e 40 anos, com filhos e renda anual superior a R$47 mil. O principal fator para a compra é a possibilidade de ter acesso a uma maior variedade de conteúdo, especialmente vídeos. Dos usuários, 84% usam aplicativos para assistir a filmes e séries. Na sequência ficam os de rádio e música, com 54%. O horário em que mais se assiste a vídeos nesses serviços é entre as 20h e as 23h. Em média, os consumidores assistem 3,3 horas desse tipo de conteúdo. "A TV voltou a ser o centro de entretenimento da casa", disse Priscilla Giron, gerente de produtos da Samsung.

Essas chamadas "práticas culturais" no contexto daquilo com que o cidadão-usuário se depara diante de sua Smart TV parecem não estar, de fato, no mesmo padrão-patamar de evolução que o próprio equipamento sofreu, com seus novos e inúmeros recursos de interação e integração. E subestimar isso, sobretudo nesse panorama da chamada Internet das Coisas, que estamos vivenciando, já se tornou inexorável; é no mínimo um risco plausível a se correr perante a segurança das informações e claro, consequentemente, de sua privacidade em relação aos seus dados.

Considere que a evolução do "equipamento televisão" é uma coisa, e a evolução da transmissão, que deixou de ser analógica para ser digital, é outra. É notório que o fim dos "fantasmas" e ruídos foi um ganho considerável na qualidade das TVs, de modo que essa nova tecnologia aparece como o progresso, de fato, da TV analógica, possibilitando, assim, inúmeras novidades na maneira de se fazer e assistir televisão. Todavia, tendo como exemplo a Smart TV, mas que poderia ser qualquer outro recurso/produto, de nada adiantará haver a evolução tecnológica se também os procedimentos, as diretrizes, normas, políticas e leis, bem como a LGPD, estiverem inertes diante desse progresso.

Deve haver, sem sombra de dúvidas, uma gestão de controle sobre esses movimentos do mercado. Que haja realmente na prática uma **gestão da privacidade**, que esteja sempre atenta e atualizada. Uma verdadeira governança de tudo aquilo que envolva direta ou indiretamente a privacidade e proteção dos dados do usuário-cidadão, que agora tem em sua volta uma maior integração, interação e inteligência dos recursos e serviços que utiliza em seu ambiente doméstico, de estudo, de trabalho ou de lazer, entendendo suas reais consequências, sobretudo pela sensibilidade de os dados poderem estar e ficar expostos sem seu consentimento e aprovação.

Como se destaca justamente na Seção II — Das Boas Práticas e da Governança, que trata justamente das devidas atualizações:

[...]

§ 2º Na aplicação dos princípios indicados nos incisos VII e VIII do caput do art. 6º desta Lei, o controlador, observados a estrutura, a escala e o volume de suas ope-

rações, bem como a sensibilidade dos dados tratados e a probabilidade e a gravidade dos danos para os titulares dos dados, poderá:

I - implementar programa de governança em privacidade que, no mínimo:

h) seja atualizado constantemente com base em informações obtidas a partir de monitoramento contínuo e avaliações periódicas;

§ 3° As regras de boas práticas e de governança deverão ser publicadas e atualizadas periodicamente e poderão ser reconhecidas e divulgadas pela autoridade nacional.

A Cultura

Com a chegada da Smart TV, não há dúvidas de que ficou mais interessante utilizá-la. Porem esse "utilizar" ainda é fortemente percebido como utilização básica. É praticamente comprar muito para se consumir pouco. Ou seja, existem, de fato, inúmeros recursos nessa Smart TV de hoje, contudo, pela cultura, desinformação ou até mesmo "medo de mexer", acaba-se ficando somente com o elementar "assistir TV", literalmente, deixando-se, por exemplo, de utilizar e explorar recursos que uma Smart TV oferece, como jogar videogames, utilizar tocadores de Blu-ray Disc, streaming media set top boxes, TiVo, e alguns receptores de áudio/vídeo com recursos midiáticos interessantes e toda uma interação online de áudio e vídeo. Quando se fala em somente assistir TV, deve-se deixar um ponto claro aqui, para não haver confusão. O cidadão-usuário, consumidor da Smart TV, atualmente, além de assistir habitualmente a TV por uma grade televisiva do canal de tv a cabo, ou das próprias emissoras nativas do país, assiste também utilizando o recurso de poder estar online (na internet), buscando canais de programação alternativa, sendo que alguns já estão gravados ou, às vezes, passando até mesmo ao vivo pela internet. O mais recente relatório destacado pela NPD Connected Intelligence diz que quase seis em cada dez consumidores que possuem uma HDTV conectada estão acessando serviços Over-the-Top (OTT) de vídeo através do dispositivo.

> Quando se trata de aplicativos, de acordo com o relatório Connected Application Intelligence, 40% das TVs conectadas à internet, seja através da própria TV ou através de outro dispositivo, são usadas para assistir a filmes na Netflix. Quase um em cada cinco aparelhos conectados são usados para vídeos do YouTube (17%), e um em cada dez, para assistir a vídeos no Hulu (11%).

Nota-se que a evolução existe, e as coisas que antes não se poderia realizar em uma televisão tradicional e em demais "coisas" têm possibilidades de se multiplicam cada vez mais, pelo simples fato de o aparelho conseguir estar online. Todavia, é visto que "quanto mais poderes, maiores as responsabilidades" em seu uso e acesso, pelo meio que agora se insere, que é o de estar conectado à internet, onde os dados podem ficar mais expostos, por trafegarem em um meio nem sempre seguro com o qual quase sempre não se tomam os devidos cuidados de segurança básica por parte do próprio usuário. Esse talvez seja também um dos grandes desafios que a própria LGPD poderá encontrar: identificar, caracterizar, distinguir e separar de forma justa, clara e coerente aquilo que, de fato, é de responsabilidade do usuário. Até mesmo para não ficar sempre acusando e apontando o fornecedor de solução e/ou fabricante do produto, como se fosse sempre o culpado por negligenciar a proteção dos dados do usuário. É um aprendizado que a LGPD deverá ter, aproveitando, por exemplo, as experiências do setor bancário, que já passou por essa fase.

 Como consta na LGPD, em sua Sessão II — da Responsabilidade:

[...]

Seção II - Da Responsabilidade

Art. 31. Quando houver infração a esta Lei em decorrência do tratamento de dados pessoais por órgãos públicos, a autoridade nacional poderá enviar informe com medidas cabíveis para fazer cessar a violação.

Art. 32. A autoridade nacional poderá solicitar a agentes do Poder Público a publicação de relatórios de impacto à proteção de dados pessoais e sugerir a adoção de padrões e de boas práticas para os tratamentos de dados pessoais pelo Poder Público.

E complementando, quando se trata da responsabilização e do ressarcimento, ou seja, quem de fato deve assumir a situação e pagar as sanções legais de direito pelos danos causados? A LGPD trata disso em sua lei, na Seção III — Da Responsabilidade e do Ressarcimento de Danos:

[...]

Art. 42. O controlador ou o operador que, em razão do exercício de atividade de tratamento de dados pessoais, causar a outrem dano patrimonial, moral, individual ou coletivo, em violação à legislação de proteção de dados pessoais, é obrigado a repará-lo.

§ 1º A fim de assegurar a efetiva indenização ao titular dos dados:

[...]

§ 3º As ações de reparação por danos coletivos que tenham por objeto a responsabilização nos termos do caput deste artigo podem ser exercidas coletivamente em juízo, observado o disposto na legislação pertinente.

Art. 43. Os agentes de tratamento só não serão responsabilizados quando provarem:

I - que não realizaram o tratamento de dados pessoais que lhes é atribuído;

II - que, embora tenham realizado o tratamento de dados pessoais que lhes é atribuído, não houve violação à legislação de proteção de dados; ou

III - que o dano é decorrente de culpa exclusiva do titular dos dados ou de terceiro.

Art. 45. As hipóteses de violação do direito do titular no âmbito das relações de consumo permanecem sujeitas às regras de responsabilidade previstas na legislação pertinente.

O chamariz de poder usufruir as redes sociais, canais multimídia com programas gratuitos e todos esses outros recursos através da Smart TV é que faz o usuário estar imerso em um universo idêntico ao da utilização de um PC, notebook, celular, no qual deveria se precaver de algumas ameaças, que serão abordadas mais adiante, como se estivesse com esses aparelhos. Sobretudo, por conseguir utilizar o recurso de DLNA.

Figura 22: Crescimento do OTT

Uso de aplicativo na tela da TV
(entre proprietários de TVs conectadas)

Twitter
LinkedIn
Leitura de livros ou revistas
Direções para mapas
Postagens de vídeos
Chamadas de vídeo
Postagens de imagens
Compras
Jogos gratuitos
Facebook
Visualização de arquivos no PC
Web browsing
Músicas abertas na internet
Ver vídeos abertos na internet

0% 10% 20% 30% 40% 50% 60%

Base: própria TV conectada diretamente ou através de outro dispositivo.
Fonte: The NPD Group/Connected Intelligence, Application & Convergence

Fonte: NPD Group(2015).

Com uma visão ampliada e abrindo um pouco mais a mente perante o que vislumbramos em termos de evolução e benefícios que as Smart TVs poderiam trazer, saindo do mero quesito consumista de utilização pelo prazer das melhores inovações tecnológicas que se pode obter, poderemos enxergar que a Smart TV retrata um outro lado, que seria o da retração do consumo das assinaturas de TVs fechadas (como NET, SKY, entre outras). Devido ao "poder" dessa convergência de estar online, integrada à internet, em que, com suas *widgets*, estabelecem os recursos de assistir documentários, filmes, shows, programas esportivos, entre outros (exemplos: Crackle, Netflix, NetMovies e SundayTV), os desafios vão se tornando mais complexos, devido a todas essas integrações e interações, tanto em nível técnico quanto legal.

Vale aqui desmistificarmos um pouco desse processo consumista, classificató-
rio e de certa forma ciclicamente social. Renato Dagnino refere-se a três tipos de
conceitos, que são: Tecnologia Apropriada (TA), Tecnologia Convencional (TC) e
Tecnologia Social (TS). Coloca-se nesse prisma a entrada da Smart TV como uma
TA e a televisão tradicional como uma TC, de maneira que, depois de muito tempo
passado, começou-se a entender e caracterizar a TA como "*um conjunto de técnicas
de produção que utiliza de maneira ótima os recursos disponíveis de certa sociedade,
maximizando, assim, seu bem-estar*" (Dagnino, 1976, p. 86).

> **Por entenderem a ciência como uma incessante e interminável busca
> da verdade livre de valores e a tecnologia como tendo uma evolução
> linear e inexorável em busca da eficiência, os críticos da TA não po-
> diam perceber seu significado. Em vez de entendê-la como o embrião
> de uma superação do pessimismo da Escola de Frankfurt e da miopia
> do marxismo oficial, eles a visualizavam como uma ridícula volta ao
> passado. (Novaes e Dagnino, 2004).**

Consideram-se aqui duas visões, as quais, de certa forma, essa miopia mar-
xista traz consigo: uma vertente de defesa mais democrática e igualitária, enquanto diminui um pouco a distância do poder de consumo, querendo quebrar
esse ciclo social (que entenderemos melhor na figura a seguir), que leva somente
um dos atores desse cenário a ganhar, que é o Fabricante. Mas que, de certa
forma, blinda e atrofia a expansão do poder de inovação, limitando-se ao uso
mais tradicional da tecnologia que um aparelho televisivo pode oferecer, como,
no caso, uma Smart TV. Nesse sentido, fortalece o conceito de TS, para uma
vertente mais TC e menos TA. Steven Johnson traz uma passagem de Marx em
seu livro *A cultura da Interface*, bastante pertinente: "Quanto mais rapidamente
engendrasse inovações, afirmou Marx, mais intolerável o capital pareceria aos
que vivessem sob esse relógio em aceleração. A revolução não seria televisiona-
da, mas proviria da mesma propensão nervosa e incansável à novidade que nos
trouxe a própria televisão." E os fabricantes de Smart TV sabem muito bem como
aumentar essa intolerância ao capital.

Figura 23: Entendendo a dinâmica fabricante-usuário

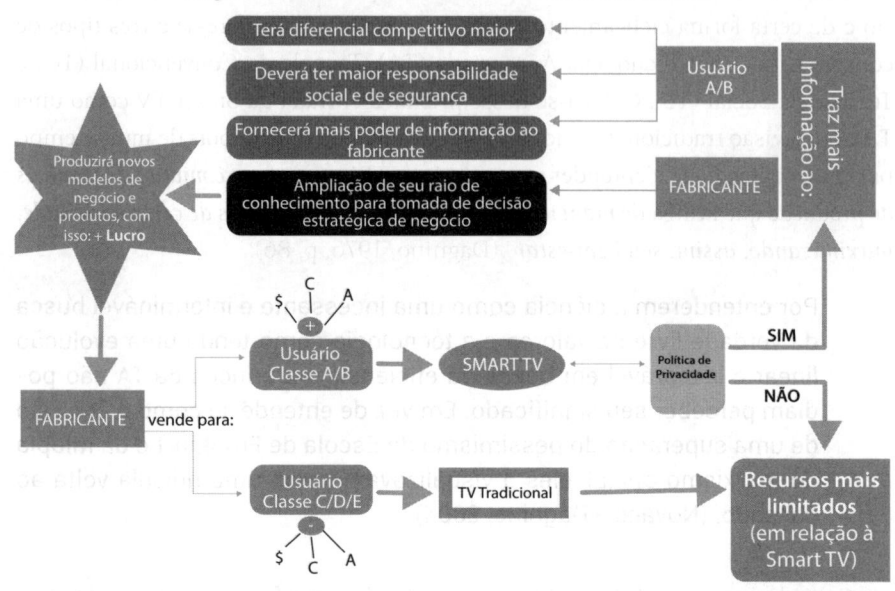

Fonte: Pesquisa e elaboração dos próprios autores.

De fato, a imensa maioria dos grupos de pesquisadores de TA está situada nos países do Primeiro Mundo, tendo sido muito escassa a incidência de seu trabalho nas populações do Terceiro Mundo. Considerando, assim, que o Fabricante vende para dois segmentos distintos — Classes A/B e Classes C/D/E —, teríamos, respectiva e analogamente, esses "primeiro" e "terceiro" mundos. Esse "primeiro mundo", teria mais poder de investimento (**$**), mais conhecimento (**C**) e maior acessibilidade (**A**). Esse usuário da classe A/B, detentor então das maiores possibilidades de ter uma Smart TV, se deparará, consequente, com a chamada política de privacidade, em que deverá então escolher entre "Sim, aceito" ou "Não aceito". Ao não aceitar a política de privacidade do fabricante de Smart TV, pressupõe-se o efeito limitador dos recursos que a Smart TV ofereceria, prevalecendo o que se tem em uma TV tradicional. Por outro lado, aceitando a política de privacidade, pressupõe-se uma gama maior de informações de que o usuário poderá usufruir, além, é claro, dos próprios recursos que diferenciam a Smart TV da TV tradicional. Nesse contexto, os usuários das classes A/B tendem a obter maior diferencial competitivo no que diz respeito, sobretudo, aos quesitos Conhecimento e Acessibilidade. Nessa esfera, entende-se que esse mesmo usuário deveria ter maior responsabilidade social e de segurança da informação do meio em que vive e compartilha. Compete, ainda, entender que haverá todo um desdobramento natural de todo esse processo, que será o fornecimento de maior poder de informação ao fabricante por parte desse usuário. Consequentemente, esse fabricante obterá uma ampliação de seu raio de conhecimento para tomadas de decisão estratégicas, com uma inteligência competitiva que poderá gerar novos modelos de negócio, soluções, serviços e produtos, tendo como resultado mais lucro. Portanto, é esse ciclo social que se deseja quebrar, conforme pensamento da Escola de Frankfurt, deixando maiores níveis de conhecimento e acessibilidade, que se tem provado na TS nas mãos de poucos.

Fica aqui, então, uma pequena reflexão: se as Smart TVs são construídas para uma classe com maior poder aquisitivo, pois são mais caras do que as tradicionais, posso afirmar que os perigos da "insegurança das informações" e o não entendimento e aderência às políticas de privacidade ficam somente a cargo dessa classe? E que a classe "mais desfavorecida", não portadora de mais recursos financeiros sem acesso à aquisição de uma Smart TV, não fica refém dessa falta de segurança das informações, não estando à mercê da falta de privacidade, pelo simples fato de não a utilizarem? Por outro lado, essa classe com poder aquisitivo mais alto, ou melhor, detentora do poder de ter uma ou mais Smart TVs (sem contar, é claro, as próprias empresas), deveriam ter um papel maior de responsabilidade social e de segurança da informação?

Deve-se, então, aqui, considerar a sinergia entre o que se tem como TA + TC, em uma TS mais democrática, sociável e igualitária, mas não menos dinâmica e, sobretudo, inovadora, como se tem nas Smart-TVs, mesmo passando pelo crivo de aceitação de uma **política de privacidade**, que deve ser justa e coerente aos anseios e às expectativas de qualquer tipo de usuário, respeitando-se, por parte do fabricante, suas informações e sua privacidade quando do uso de sua Smart TV ou de qualquer outro produto.

> Assim, entendida como um processo de inovação a ser levado a cabo, coletiva e participativamente, pelos atores interessados na construção daquele cenário desejável, a TS se aproxima de algo que se denominou, em outro contexto, "inovação social" (Dagnino e Gomes, 2000). O conceito de inovação social, entendido ali a partir do conceito de inovação — concebido como o conjunto de atividades que pode englobar desde a pesquisa e o desenvolvimento tecnológico até a introdução de novos métodos de gestão da força de trabalho, e que tem como objetivo a disponibilização por uma unidade produtiva de um novo bem ou serviço para a sociedade —, é hoje recorrente no meio acadêmico e

cada vez mais presente no ambiente de **Policy Making**. Esse conceito engloba, portanto, desde o desenvolvimento de uma máquina (hardware) até um sistema de processamento de informação (software) ou de uma tecnologia de gestão — organização ou governo — de instituições públicas e privadas (orgware).

 Entraríamos aqui em uma discussão bastante interessante, mas que merece um tempo e momento para se esgotar o assunto, que seria a seguinte proposição: até que ponto a LGPD teria ou poderia ser responsável por direcionar, esclarecer, definir ou resolver se seria obrigatório a todos os fabricantes gerar/emitir a política de privacidade junto ao seu produto e/ou solução?

E mais ainda: que mesmo com recusa do usuário-cidadão em assinar ou aceitar a política de privacidade, ainda assim ele tenha o direito de utilizar e usufruir dos recursos online de interação e integração do produto ou serviço. Ou seja, até que ponto pode ou deve ser levado em consideração esse "amarramento" entre políticas de privacidade versus conseguir utilizar todo potencial do recurso/produto/serviço? O que talvez se tente tratar, até o que se tem no presente momento descrito na lei e que, claro, possa evoluir e melhorar, no item III, do Art.6 do Capítulo I das disposições preliminares, no qual se tem o seguinte:

[...]

Art. 6º As atividades de tratamento de dados pessoais deverão observar a boa-fé e os seguintes princípios:

III - necessidade: limitação do tratamento ao mínimo necessário para a realização de suas finalidades, com abrangência dos dados pertinentes, proporcionais e não excessivos em relação às finalidades do tratamento de dados;

Dessa forma, o conceito de inovação social é usado por Dagnino e Gomes (2000) para destacar a referência ao **conhecimento** — que de certa forma é intangível ou incorporado às pessoas ou equipamentos, sendo tácito ou codificado — cujo foco principal é o aumento da efetividade dos processos, bem como serviços e produtos vinculados à satisfação das necessidades sociais. Não querendo excluir o anterior, associa-se a um distinto código de valores, com formas e estilo de desenvolvimento, "projeto nacional" e objetivos de cunho social, político, econômico e ambiental. Conforme o anterior, o conceito de inovação social engloba três tipos de inovação: hardware, software e orgware. A LGPD deverá refletir constantemente sobre esse conhecimento (que traz informação, consequentemente pelos dados). Como as necessidades sociais mudam e evoluem, a lei também, consequentemente, deveria acompanhar. Como já dito, é também um dos grandes desafios da LGPD, por tratar questões que estão em constante mutação, ou seja, dados + informação + conhecimento dentro de um meio nada previsível, que é a Tecnologia da Informação e Comunicação (TIC).

Tornou-se claro, atualmente, que os consumidores querem conteúdo de banda larga na sua TV e que ela virá através de uma variedade de dispositivos. Mas será que essa Smart TV, bem como outros produtos online, evoluirão para se tornarem uma espécie de Hub/Modem para aplicações, além de programação de TV e vídeo? O tempo nos dirá, e a LGPD deverá estar atenta a essas e outras inúmeras evoluções e transformações que surgirem.

Figura 24: Serviços em volta de uma Smart TV

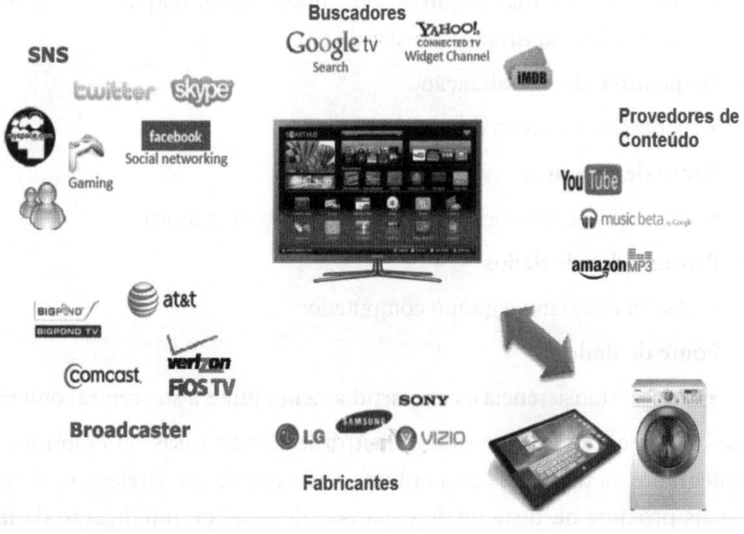

Fonte: Pesquisa e elaboração dos próprios autores.

É necessário que hoje o fabricante se concentre menos em inovação e mais na simplificação da experiência do usuário e, claro, da segurança de suas informações e sua privacidade perante a proteção de seus dados. Sobretudo agora, a tendência de maiores integrações com redes sociais, eletroeletrônicos e eletrodomésticos e toda uma centralização de vídeo multimídia, com inúmeros recursos de aplicativos para videogame que interagem com todas essas "coisas"; em volta ainda da possibilidade de busca de conteúdo, além, é claro, dos próprios dispositivos mobile e dos diversos tipos de sinais de comunicação e transmissão, aumentando, assim, o leque de novas brechas e vulnerabilidades, como se pode observar na figura anterior.

Pergunta-se: "Qual o objetivo da Smart TV, bem como de outras coisas nesse universo da IoT?" Ora, claro que, como qualquer uma dessas coisas que está no mercado, é, antes de tudo, oferecer entretenimento, lazer, diversão. Mas será que se sabe ao certo o que seus recursos podem oferecer, ao ponto de se colocar esse tipo de aparelho dentro de casa ou da empresa sem que se tomem algumas precauções?

Fazendo uma análise daquilo que basicamente compõe sua estrutura, usando a Smart TV como exemplo, que são o hardware e software sustentando sua plataforma de interação, podem-se aqui citar algumas funções importantes:

» **Armazenamento de informações**

• Podem-se guardar arquivos e/ou informações daquilo que está sendo transitado, cadastrado, transferido.

» **Dispositivo de visualização**

• Pode-se ter recurso de câmera/vídeo.

» **Ponto de interação**

• Recursos de memória e disco para pontos de gravação.

» **Processador de dados**

• Assim como um legítimo computador.

» **Fonte de dados**

• Busca, transferência e compartilhamento junto a sua central online.

Essa compreensão do que estará dentro de nossas casas ou empresas, como parte integrante da rede (pois está online), seja cabeada ou wireless, com comunicação mais próxima ou distante de expansão de sinal ou interligação da infraestrutura de fibra ou cabeamento estruturado, se faz muito importante, pois vários elementos estão presentes nessa arquitetura.

Figura 25: Ambiente de rede e comunicação com as coisas

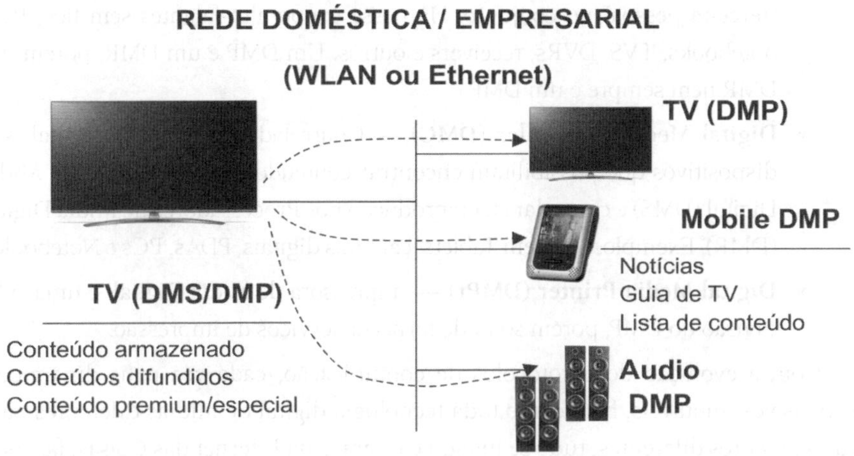

REDE DOMÉSTICA / EMPRESARIAL

(WLAN ou Ethernet)

TV (DMP)

Mobile DMP

Notícias
Guia de TV
Lista de conteúdo

TV (DMS/DMP)

Conteúdo armazenado
Conteúdos difundidos
Conteúdo premium/especial

Audio
DMP

Fonte : Fruct.org, 2016.

O que é o DLNA? Como já visto nos tópicos anteriores, DLNA é a sigla para *Digital Living Network Alliance*, que nada mais é que um padrão que foi desenvolvido por várias empresas de tecnologia para tornar a conectividade de aparelhos eletrônicos muito mais simples no estabelecimento de comunicação.

Devido à possibilidade de comunicação de vários dispositivos diante da Smart TV, como outras TVs, smartphones, aparelhos de áudio, videogames, tablets, dentre outras coisas, que são equipamentos domésticos, divididos em alguns grupos de aplicações para toda essa comunicação, é importante conhecer alguns termos:

» **Digital Media Server (DMS)** — Servidores de Mídia Digital: utilizados para armazenar informações, no caso do DLNA, e conteúdos como vídeos, músicas e fotos. Podem-se citar os PCs e notebooks, smartphones, tablets e também servidores NAS (Network Attached Storage).

» **Digital Media Player (DMP)** — Tocadores de Mídia Digital: são os equipamentos que reproduzem os conteúdos armazenados nos DMS. São os verdadeiros tocadores de conteúdo. Atualmente há TVs, equipamentos de som, videogames e vários outros.

» **Digital Media Renderer (DMR)** — Processadores de Mídia Digital: aqui pode haver uma confusão, pois os DMRs têm uma função parecida com a dos DMPs, porém eles não se conectam aos DMSs. Eles se conectam ao DMP e reproduzem o conteúdo que eles encontram, pode-se dizer que são uma "terceira pessoa" no conjunto. Há nesse grupo alto-falantes sem fios, PCs, notebooks, TVS, DVRs, receivers e outros. Um DMP é um DMR, porém um DMR nem sempre é um DMP.

» **Digital Media Controller (DMC)** — Controladores de Mídia Digital: são dispositivos que possibilitam encontrar conteúdos nos Servidores de Mídia Digital (DMS) e controlar sua reprodução nos Processadores de Mídia Digital (DMR). Exemplos incluem Tablets, câmeras digitais, PDAs, PCs e Notebooks.

» **Digital Media Printer (DMPr)** — Impressora de Mídia Digital: é uma sub-divisão do DMP, porém só pode fornecer serviços de impressão.

Com a evolução dos protocolos de comunicação, cada vez mais dinâmicos, expansivos, mutáveis, bem como toda tecnologia digital de mídias diferentes para equipamentos diferentes, tudo se integra e interage na Internet das Coisas, fazendo com que a Smart TV e outros recursos desse meio sejam facilmente acessados.

Sabe-se que na Smart TV os usuários podem navegar pela internet, fazer compras e compartilhar fotos, semelhante a um computador laptop ou desktop. Como em um computador, quaisquer vulnerabilidades de segurança nesses televisores poderiam também colocar em risco as informações armazenadas ou transmitidas através da televisão. Se tais televisores inteligentes ou outros dispositivos sensíveis armazenarem então informações financeiras de conta, senhas e outros tipos de dados, pessoas não autorizadas poderiam explorar vulnerabilidades para facilitar o roubo de identidade ou fraudes diversas. Assim, como usuários instalam e integram cada vez mais dispositivos inteligentes em suas casas e empresas, eles podem aumentar o número de vulnerabilidades que um intruso poderia usar para usufruir de informação pessoal de alguma forma. Ou seja, essa massificação do dispositivo inteligente leva, consequentemente, a uma pulverização virótica de vulnerabilidades que podem ser exploradas por uma gama cada vez maior de ameaças internas e externas.

Em segundo lugar, as vulnerabilidades de segurança em um determinado dispositivo podem facilitar ataques à rede do usuário ao qual está conectado, ou permitir ataques a outros sistemas. Por exemplo, um dispositivo de IoT comprometido poderia ser usado para lançar uma negação de serviço (ataque DoS — Denial of Service), que são tipos de ataques que são mais eficazes, à medida em que o atacante tenha mais dispositivos sob seu controle. Como os dispositivos de IoT proliferam vertiginosamente, vulnerabilidades podem permitir que esses atacantes montem um grande número de dispositivos para utilização em tais ataques. Perceba que a possibilidade de um dispositivo ligado poder ser usado para enviar e-mails maliciosos é muito grande.

Em terceiro lugar, pessoas não autorizadas podem explorar vulnerabilidades de segurança para criar riscos para a segurança física, em alguns casos. Já houve exemplos noticiados sobre os perigos eminentes de que tais acessos remotos, por tudo estar praticamente online, podem ser prejudiciais até para a saúde humana, causando inclusive riscos de morte.

> Na Conferência de Segurança de 2011, o técnico hacker especialista em segurança Jerome Radcliffe cortou sua própria bomba de insulina para demonstrar a vulnerabilidade do dispositivo. Remotamente, interrompeu os sinais sem fio enviados para sua bomba, trocou os dados sobre sua condição, para eles serem capturados com dados falsos, e os enviou de volta. Radcliffe, obviamente, não mexeu em seu dispositivo o suficiente para colocar sua saúde em risco, mas mudar a dose de insulina poderia facilmente colocá-lo em coma ou até mesmo matá-lo. (relativamenteinteressante.com, 2015)

Radcliffe não é a única pessoa que faz esse tipo de pesquisa. Barnaby Jack, um pesquisador da McAfee, encontrou uma maneira de procurar e comprometer quaisquer bombas dentro de um intervalo de 90 metros (300 pés), utilizando suas ligações sem fios. A mesma coisa é possível com os desfibriladores cardíacos. Quando são implantados, os dispositivos são testados usando-se um sinal de rádio que liga ou desliga o desfibrilador. Os pesquisadores descobriram que também era possível captar o sinal e retransmiti-lo para ligar ou desligar um desfibrilador remotamente. Uma reflexão a ser feita é saber até onde a LGPD poderá ir. Perceba que privacidade e segurança estão muito próximos, porém, são coisas diferentes. Não queremos aqui banalizar o sentido de proteção dos dados dizendo que "apenas" comprometer a privacidade do usuário, tornando-o, de certa forma, exposto, quanto a sua imagem ou reputação, é menos significativo do que a segurança ser comprometida a ponto de comprometer a vida do usuário por algum tipo de configuração estar vulnerável a algum tipo de ameaça, seja interna ou externa.

> Uma pesquisa de 2014 mostrou que 87% dos consumidores estão preocupados com o tipo de dados recolhidos por meio de dispositivos inteligentes, e 88% dos consumidores querem controlar os dados que são coletados por meio desses dispositivos. As pesquisas também mostram

que os consumidores estão mais propensos a confiar em empresas que fornecem a eles com a devida transparência e liberdade de escolha.

Gostaria que o leitor pensasse sobre tudo isso comigo. Uma das associações mais fortes que se podem colocar em torno da dinâmica da Internet das Coisas talvez sejam dois aspectos: a parte comercial, e a outra parte, sobre espionagem comercial e até engenharia social, porque existe todo um marketshare de venda de serviços, detecção do perfil do usuário-consumidor e consolidação da fidelização desse suposto cliente perante aquilo que ele assiste, utiliza, compra e de que participa.

Em nível de espionagem, para mudanças e planejamentos estratégicos de novos produtos e soluções, utilização da informação para cunho político ou de medidas sociais para novas políticas públicas, vantagens de poder para antecipar alguma tomada de decisão estratégica por ter algo diferenciado em termos de informações atualizadas de negócio, bem como vantagens na chamada guerra cibernética para captação de informação privilegiada, utilizando, por exemplo, os serviços de inteligência da IoT para identificação, vigilância, monitoramento, rastreamento de localização e direcionamento para o recrutamento, ou para obter acesso a redes ou às credenciais do usuário.

A questão certa é que a IoT é útil para bisbilhoteiros tanto "oficiais" quanto "não oficiais", por uma variedade de razões, sendo a principal delas a busca por dados. O recurso útil para toda essa suposta vigilância é proveniente do setor privado e suas empresas capitalistas, que já estão utilizando maciçamente a Internet das Coisas, rotineiramente hospedada em algum servidor em algum lugar. Pois todas essas "coisas" já estão, por padrão, interligadas na internet, que, por sua vez, transmite os diferentes tipos de dados para suas centrais de informação, nas quais estão contidos esses inúmeros servidores na dita selva da Cloud Computing e seus infinitos ambientes big data.

Assim, a indagação é inevitável: todos esses dados armazenados estão, de fato, seguros? É notável que ainda existem e existirão servidores muito mal configurados espalhados na rede web da internet mundo afora. Utilizando técnicas de "Google-hacking" ou engenharia social, percebe-se que informações disponíveis nos servidores web da empresa provavelmente estarão nas bases de dados do Google. E acredite, não é difícil conseguir acesso a arquivos de base de dados de sites através do Google. Seguem alguns exemplos básicos:

» **Busca por arquivos de base de dados em sites do governo**

- site:gov.br ext:SQL

» **Busca por um servidor específico**

- inurl:"powered by" site:sistema.com.br

» **A pesquisa busca arquivos de e-mail em formato .mdb**

- inurl:e-mailfiletype:mdb

» **Essa pesquisa busca telefones disponíveis em intranet encontradas pelo Google**

- inurl:intranet + intext:"telefone"

» **Realizando uma pesquisa dessa maneira, é possível identificar muitos dos subdomínios da Oracle**

- site:oracle.com -site:www.oracle.com

» **Detectando sistemas que usando a porta 8080**

- inurl:8080 -intext:8080

» **Encontrando Webcam ativa**

- "Active Webcam Page" inurl:8080

» **Encontrando Webcam da toshiba:**

- intitle:"toshiba network camera - User Login"

» **Encontrando Apache 1.3.20:**

- "Apache/1.3.20 server at" intitle:index.of

» **Asterisk VOIP Flash Interface**

- intitle:"Flash Operator Panel" -ext:php -wiki -cms -inurl:as

» **Possíveis falhas em aplicações web:**

- allinurl:".php?site="
- allinurl:".php?do="
- allinurl:".php?content="
- allinurl:".php?meio="
- allinurl:".php?produto="
- allinurl:".php?cat="

Para ficar por dentro do que é de fato Engenharia Social, suas técnicas, artifícios, métodos, ferramentas, ataques e demais formas de se defender, conheça o curso Fundamentos de Engenharia Social e Segurança da Informação.

ACESSE: https://www.udemy.com/course/fundamentos-engenharia-social/

Em relação aos dados estarem expostos ou disponíveis publicamente, o Art. 7, § 3 e § 4, trata dessa situação, como se pode observar a seguir:

Art. 7° O tratamento de dados pessoais somente poderá ser realizado nas seguintes hipóteses:

[...]

§ 3° O tratamento de dados pessoais cujo acesso é público deve considerar a finalidade, a boa-fé e o interesse público que justificaram sua disponibilização.

§ 4° É dispensada a exigência do consentimento previsto no caput deste artigo para os dados tornados manifestamente públicos pelo titular, resguardados os direitos do titular e os princípios previstos nesta Lei.

Usuário-Fabricante

Como inicialmente abordado no tópico sobre o tema e seus problemas, temos o apoio fundamentado nos questionamentos a seguir, para alicerçar essa temática como um todo, envolvendo privacidade + segurança + dados + informação + IoT.

» **Quem assiste quem?** Eu, como cliente, que adquiri uma televisão e sou o mero usuário que deseja assistir TV e usufruir de seus recursos e aceito as condições de uso? Ou a TV em si, que tem por trás um determinado tipo de fabricante que absorve informações alimentadas pelo cliente/usuário para fins de benefício de negócio? Será que existe algum fabricante que tenha se dado o trabalho de gerar junto ao manual do usuário um "anexo" contendo a política de privacidade? E a LGPD, pode ou deve exigir isso?

» **Na "Teoria" (política de privacidade), a "Prática" (vulnerabilidades da Smart TV) é outra?** Existiria ao menos uma certa coerência daquilo que o fabricante descreve em sua política de privacidade com o que sai para o mercado consumidor, suas configurações, arquitetura e recursos de fábrica?

» **Existe conscientização do usuário-cliente?** Até que ponto o perfil desse cidadão tem relação com a escolha do tipo de fabricante que se preocupa com a segurança das informações? A LGPD poderá punir também o usuário em si? Faz sentido? Se sim, quais as condições?

Temos nos tempos atuais uma "metamorfose" entre os dois meios de comunicação em massa mais poderosos do mundo, TV e internet, e essa transformação, quase unificada, não vem sendo percebida. A internet incorpora a TV e a Smart TV incorpora a internet. A Smart TV praticamente se transformou em um PC. Nesse sentido, as mesmas preocupações em termos de segurança das informações concernentes a um computador também se aplicam a uma televisão, sobretudo por esta estar cada vez mais online.

É por isso que essa junção envolvendo privacidade, segurança, dados, informação, internet e todas as "coisas", estando assim cada vez mais online, aumenta exponencialmente os riscos e a complexidade dos desafios quanto à proteção dos dados pessoais pela LGPD junto à IoT.

IoT e a Smart TV

Apesar de conhecer todas essas situações a que os usuários estão à mercê se não tomarem algumas precauções, não se pode render ao medo ao utilizar e usufruir dessas tecnologias inteligentes que essas "coisas" nos proporcionam. Mesmo após ter lido a política de privacidade.

Pois, relembrando capítulos anteriores deste livro, a quantidade de dados que essa "coisa" chamada Smart TV coleta é impressionante. Ela registra onde, quando, como e por quanto tempo você utiliza a TV. Ela define cookies de rastreamento e beacons projetados para detectar quando você tiver visto conteúdo especial ou uma mensagem de e-mail particular. Ela grava os aplicativos que você usa, os sites que visita e como você interage com o conteúdo. Ela ignora o "do-not-Track", solicitações como uma questão considerada da política. Algumas ainda têm uma câmera embutida, com reconhecimento facial. O objetivo é fornecer "controle por gestos" para a TV e permitir o acesso a uma conta personalizada usando o seu rosto. O lado positivo é que as imagens são guardadas na TV, em vez de enviadas para um servidor corporativo. O lado negativo é que a ligação com a internet faz toda TV estar vulnerável a hackers, que demonstram cada vez mais a capacidade de assumir o controle total da máquina (diga-se aqui, sua querida Smart TV).

Outra situação preocupante é o microfone. A TV tem um recurso de "reconhecimento de voz" que permite que os espectadores possam controlar a tela com comandos de voz. Mas o serviço vem com um aviso bastante sinistro: *"Por favor, esteja ciente de que, se suas palavras faladas incluírem informações pessoais ou confidenciais, essa informação estará entre os dados capturados e transmitidos a terceiros".* Entenderam? Não diga coisas pessoais ou sensíveis na frente da TV. Você pode não ver, mas essa "coisa" chamada Smart TV pode estar lhe escutando. Hum... isso parece soar como a tal de privacidade? É...

É por esse motivo, dentre outros já vistos até aqui, que é importante promover constitucionalmente medidas legais bem definidas, com políticas públicas organizadas, que tragam maiores certezas sobre direitos e deveres, penalidades e punições. Devem haver normas e diretrizes entre aquilo que esteja previsto em lei nacional e internacional que incluam o usuário-cliente e o fornecedor de produtos e serviços, prevendo situações como saber que o dado é importante para fornecer conteúdo personalizado e conveniência, mas que é também uma informação extremamente pessoal, constitucionalmente protegida, que não deve estar à venda para anunciantes, e deve-se exigir uma autorização para a aplicação da lei para se ter acesso a isso. Tudo isso é o que se espera também da LGPD.

Infelizmente, a lei atual (até que se vigore oficialmente a LGPD) proporciona pouca proteção de privacidade para os chamados "registros de terceiros", incluindo e-mail, registros telefônicos e os dados armazenados na "nuvem". Grande parte dos dados capturados e transmitidos pela Smart TV, dentre outros recursos da IoT, provavelmente se enquadra nessa categoria. Embora um tribunal federal de apelações defina essa regra como inconstitucional em relação ao e-mail, o princípio continua sendo alicerçado por uma vigilância eletrônica moderna.

Essas tantas "coisas inteligentes" com acesso à internet podem ser exploradas para revelar uma riqueza de dados pessoais. Itens de interesse serão localizados, identificados, monitorados e controlados remotamente através de tecnologias como identificação por radiofrequência, redes de sensores, pequenos servidores incorporados e sensores de energia (lembre-se da OT). Se não for cômico, pode ser trágico, mas como se diz, haverá um tempo em que constataremos estar sendo espionados até mesmo por meio de nossa geladeira. Na verdade, conforme a Internet das Coisas amadurece, eletrodomésticos e objetos físicos se tornarão cada vez mais conectados em rede.

Obviamente, há sempre a opção de "configuração burra". Os usuários podem ter a capacidade de desativar a coleta de dados, mas há um custo-consequência. A Smart TV, por exemplo, não funcionará corretamente ou não permitirá o uso de seus recursos de alta tecnologia inteligente. Isso deixa os consumidores com uma escolha inaceitável ou, de certa forma, desleal, entre manter-se com a tecnologia e manter sua privacidade pessoal.

Não se pode, é claro, nos privar, e não devemos aceitar que não poderemos usufruir dos recursos tecnológicos mais sofisticados que um dispositivo ofereça por não aceitarmos a política, ou evitar trocar de canal, preocupado, por exemplo se a TV está gravando nosso comportamento para o benefício dos anunciantes e demais órgãos. As empresas precisam se tornar mais conscientes perante a privacidade do consumidor ao decidir sobre o recolhimento dos dados pessoais, de modo que a aplicação da LGPD certamente é necessária para se obter um mandado antes de acessá-lo.

A ISACA destacou que 73% dos profissionais de TI acreditam que é muito provável que uma empresa sofrerá algum tipo de indisponibilidade por meio de um dispositivo de Internet das Coisas conectado. E 72% não estão convencidos de que os fabricantes de dispositivos da Internet das Coisas estão aplicando medidas de segurança suficientes em seus dispositivos.

Não há dúvidas de que a Internet das Coisas chegou para revolucionar e trazer um mundo cada vez mais integrado, dinâmico, ligado. Porém, os devidos cuidados de segurança perante todas essas suas expansões de conectividade devem ser levados em consideração, uma vez que tais dispositivos, equipamentos e recursos são de usabilidade comum, rotineira aos diversos usuários-consumidores.

Em geral, os usuários devem tomar o devido conhecimento antes de conectar as TVs à rede, incluindo Wi-Fi, e devem ficar de olho nos patches e aplicá-los o mais rápido possível. No entanto, para ser realmente seguro, as empresas precisam pensar em longo prazo, entender sua exposição e tomar medidas para reduzir o risco cibernético geral para a organização e seus consumidores. Essa atmosfera fará bem para o bom andamento da LGPD, que deverá estar antenada em todas essas transformações.

Considerando a Indústria — Tecnologia Operacional (OT)

Quando nos referimos à forma de fazer, desenhar, projetar, entrando na esfera de como será, de fato, o padrão daquilo que será construído como recurso, produto, serviço e solução, lá no tópico de Privacy by Design e Default, entramos em uma reflexão de que a LGPD deverá evoluir não somente no cotexto legal, jurídico da coisa, como também nos quesitos técnicos, científicos e operacionais.

Dessa forma, a temática sobre o envolvimento da indústria, sob aquilo que vem sendo manufaturado em sua forma ainda de preparação, elaboração, construção do equipamento em si, ganha ênfase, pois envolve o *modus operandi*, envolve, na verdade, a tecnologia operacional daquilo que está sendo constituído para ser lançado ao mercado, ou melhor dizendo, ter contato direto com o usuário-cidadão.

Então, imagine o seguinte: o processo de construção do produto em si (por exemplo, a Smart TV mesmo) sofra um erro técnico, ou algum colapso químico de algum componente, que sofreu algum tipo de alteração, mas que nada disso prejudicou seu funcionamento operacional, porém internamente apresenta alguma anomalia, ou defeito, ou bug, ou disfunção elétrica ou química de alguma componente que, com o passar do tempo, estando a TV ligada, gere fumaça ou gás tóxico que poderia comprometer a saúde do usuário-cidadão. Ou o caso de um celular que explodisse perto do ouvido de um usuário por causa de algum tipo de sobrecarga em sua bateria ou demais componentes. São situações que poderiam ser letais para o ser humano. Isso no contexto de utilização física e perda do artefato/recurso físico em si, tratando-se mais de hardware, estado concreto da coisa.

Existem outras situações, por exemplo, de software: na perda de dados, na qual a má elaboração, preparação e/ou configuração estabelece algumas vulnerabilidades e exposições críticas desse usuário-cidadão, também no contexto industrial da coisa. Teoricamente, o conceito de Tecnologia Operacional (OT) envolve o hardware e software, que ficam dedicados para detectar ou gerar alterações em processos físicos através de monitorização e/ou controle dos dispositivos físicos, tais como válvulas, bombas, esteiras, injetores etc.

Simplificando, OT é o uso de computadores para monitorar ou alterar o estado físico de um sistema, como o sistema de controle de uma estação de energia ou a rede de controle de um sistema ferroviário, como casos mais abrangentes. O termo se estabeleceu para demonstrar as diferenças tecnológicas e funcionais entre os sistemas tradicionais de TI e o ambiente de Sistemas de Controle Industrial, a chamada "TI nas áreas sem carpete". Um bom exemplo de Tecnologia Operacional de sistemas de controle e aquisição de dados é o SCADA (Supervisory Control and Data Acquisition).

Desde o início, a segurança da Tecnologia Operacional baseou-se quase inteiramente na natureza autônoma das instalações OT. Recentemente, os sistemas da OT tornaram-se ligados a sistemas de TI, com o objetivo corporativo de ampliar a capacidade de uma organização de monitorar e ajustar seus sistemas de OT, o que introduziu enormes desafios para protegê-los. Abordagens conhecidas da TI geralmente são substituídas ou reprojetadas para se alinharem ao ambiente OT. Normalmente, os sistemas de TI são projetados em torno de "Confidencialidade, Integridade, Disponibilidade" (ou seja manter as informações seguras e corretas antes de permitir que um usuário as acesse), enquanto os sistemas OT exigem "Disponibilidade, Integridade, Confidencialidade" para operar de forma eficaz. Percebe-se que há uma certa inversão de prioridades.

Outros desafios que afetam a segurança dos sistemas OT incluem:

» **Componentes do OT**: Geralmente são construídos sem que os requisitos básicos de segurança de TI sejam considerados, visando, em vez disso, atingir objetivos funcionais. Esses componentes podem ser inseguros por design e vulneráveis a ataques cibernéticos.

» **Dependência do fornecedor**: Devido à falta geral de conhecimento relacionado à automação industrial, a maioria das empresas depende muito de seus fornecedores de OT. Isso leva ao bloqueio do fornecedor, corroendo a capacidade de implementar correções de segurança.

» **Ativos críticos:** Por causa do papel da OT em monitorar e controlar processos industriais críticos, os sistemas OT são muitas vezes parte da Infraestrutura Crítica Nacional. Como tal, eles podem exigir recursos de segurança aprimorados como resultado.

Os sistemas SCADA que unem instalações descentralizadas, como energia, petróleo, gasodutos, distribuição de água e sistemas de coleta de águas residuais foram projetados para ser abertos, robustos e de fácil operação e reparo, mas não necessariamente seguros. As mudanças de tecnologias proprietárias para soluções mais padronizadas e abertas, juntamente com o aumento do número de conexões entre sistemas SCADA, redes de escritórios e internet, tornou-as mais vulneráveis a ataques de rede relativamente comuns em segurança de computadores, nos quais os dados são trafegados. Consequentemente, a segurança de alguns sistemas baseados em SCADA foi questionada, pois eles são vistos como potencialmente vulneráveis a ataques cibernéticos.

Em particular, os pesquisadores de segurança estão atentos quanto:

» À falta de preocupação com segurança e autenticação no projeto, implantação e operação de algumas redes SCADA existentes.

» À crença de que os sistemas SCADA têm o benefício da segurança através da obscuridade e do uso de protocolos especializados e interfaces proprietárias.

» À certeza de que as redes SCADA são seguras porque são fisicamente protegidas.

» Ao instinto de que as redes SCADA são seguras porque estão desconectadas da internet.

Os sistemas SCADA são usados para controlar e monitorar processos físicos, como a transmissão de eletricidade, transporte de gás e óleo em dutos, distribuição de água, semáforos e outros sistemas usados como base da sociedade moderna. A segurança desses sistemas SCADA é importante porque seu comprometimento ou sua destruição afetaria várias áreas da sociedade, muito distante do comprometimento original. Por exemplo, um blecaute causado por um sistema SCADA causaria perdas financeiras a todos os clientes que recebessem eletricidade dessa fonte.

Existem muitos vetores de ameaças para um sistema SCADA moderno. Uma delas é a ameaça de acesso não autorizado ao software de controle, seja o acesso humano ou as alterações induzidas intencional ou acidentalmente por infecções por vírus e outras ameaças de softwares que residem na máquina host de controle. Outra é a ameaça de acesso a pacotes aos segmentos de rede que hospedam dispositivos SCADA. Em muitos casos, o protocolo de controle não tem nenhuma forma de segurança criptográfica, permitindo que um invasor controle um dispositivo enviando comandos por uma rede. Em muitos casos, os usuários do SCADA assumiram que ter uma VPN ofereceria proteção suficiente, sem saber que a segurança pode ser banalizada com o acesso físico aos conectores e computadores de rede relacionados ao SCADA. Fornecedores de controle industrial sugerem a aproximação da segurança SCADA como **Segurança da Informação** com uma estratégia de defesa em profundidade que aproveita as práticas comuns de TI, onde podem, assim, envolver dados importantes que estariam em jogo em função do negócio.

Muitos fornecedores de produtos SCADA e de controle começaram a lidar com os riscos impostos pelo acesso não autorizado, desenvolvendo linhas de firewall industrial especializado e soluções de VPN para redes SCADA baseadas em TCP/IP, bem como equipamentos externos de monitoração e gravação. A Sociedade Internacional de Automação (ISA) começou a formalizar os requisitos de segurança em 2007 com um grupo de trabalho, o WG4.

O WG4 *"lida especificamente com requisitos técnicos, medições e outros recursos exclusivos necessários para avaliar e garantir a resiliência de segurança e o desempenho de dispositivos de sistemas de controle e automação industrial"*.

Então é questionado o seguinte: será que a LGPD estará envolvida com as devidas parcerias e contatos diretos para com certas entidades, como a Associação Brasileira de Engenharia Industrial (ABEMI), a Associação Brasileira da Indústria de Máquinas e Equipamentos (ABIMAQ), a Associação Brasileira da Indústria Elétrica e Eletrônica (ABINEE), entre inúmeras outras que estratégica e tecnicamente poderiam colaborar com os ajustes e evolução contínua da lei?

Basta relembrar que em junho de 2010, a empresa de segurança antivírus Virus Blok Ada relatou a primeira detecção de malware que ataca sistemas SCADA (sistemas WinCC/PCS 7 da Siemens) em execução nos sistemas operacionais Windows. O malware é chamado de **Stuxnet** e usa quatro ataques de **dia zero** para instalar um rootkit, que, por sua vez, faz o login no banco de dados e rouba arquivos de design e controle. O malware também é capaz de alterar o sistema de controle e ocultar essas alterações. O malware foi encontrado em quatorze sistemas, a maioria deles localizados no Irã. E em outubro de 2013, o National Geographic lançou um documentário intitulado "American Blackout", que tratava de um ataque cibernético em grande escala na rede elétrica dos Estados Unidos.

São questões muito delicadas, que merecem bastante atenção e que às vezes ficam esquecidas por conta do pensamento comum de que, no ambiente industrial, questões como segurança da informação, privacidade dos dados, vulnerabilidades e ameaças aos segredos comerciais e industriais não ocorrem ou sejam mais raras. E isso não é verdade, a realidade é outra.

Para que possa aprimorar mais seus conhecimentos, existem vários cursos a respeito do SCADA. A Udemy, por exemplo, tem um bom repertório para se escolher.

ACESSE: https://www.udemy.com/topic/scada/

 Entrar nesse mérito de entender o *modus operandi* de fabricação e produção é extremamente válido para a melhor compreensão sobre de onde os dados surgiram, como, por quê, por onde, no que se transformam, onde ficam e para onde vão ou deveriam ir, de modo que a LGPD possa, de fato, intervir, até certo ponto, na questão relativa aos segredos comerciais e industriais, levando-se em consideração que um segredo comercial é uma fórmula, prática, processo, design, instrumento, padrão ou uma compilação de informações usadas por um negócio para obter uma vantagem sobre a concorrência ou sobre os consumidores, e que tal situação é prescrita em algumas passagens da LGPD, como podemos observar:

CAPÍTULO I - DISPOSIÇÕES PRELIMINARES

Seção I -Dos Requisitos para o Tratamento de Dados Pessoais

[...]

Art. 6º As atividades de tratamento de dados pessoais deverão observar a boa-fé e os seguintes princípios:

[...]

VI - Transparência: garantia, aos titulares, de informações claras, precisas e facilmente acessíveis sobre a realização do tratamento e os respectivos agentes de tratamento, observados os segredos comercial e industrial;

Art. 9º O titular tem direito ao acesso facilitado às informações sobre o tratamento de seus dados, que deverão ser disponibilizadas de forma clara, adequada e ostensiva acerca de, entre outras características previstas em regulamentação para o atendimento do princípio do livre acesso:

[...]

II - forma e duração do tratamento, observados os segredos comercial e industrial;

Art. 10. O legítimo interesse do controlador somente poderá fundamentar tratamento de dados pessoais para finalidades legítimas, consideradas a partir de situações concretas, que incluem, mas não se limitam a:

[...]

§ 3º A autoridade nacional poderá solicitar ao controlador relatório de impacto à proteção de dados pessoais, quando o tratamento tiver como fundamento seu interesse legítimo, observados os segredos comercial e industrial.

Art. 18. O titular dos dados pessoais tem direito a obter do controlador, em relação aos dados do titular por ele tratados, a qualquer momento e mediante requisição:

[...]

V - portabilidade dos dados a outro fornecedor de serviço ou produto, mediante requisição expressa, de acordo com a regulamentação da autoridade nacional, observados os segredos comercial e industrial. - (Redação dada pela Lei nº 13.853, de 2019)

Art. 19. A confirmação de existência ou o acesso a dados pessoais serão providenciados, mediante requisição do titular:

[...]

II - por meio de declaração clara e completa, que indique a origem dos dados, a inexistência de registro, os critérios utilizados e a finalidade do tratamento, observados os segredos comercial e industrial, fornecida no prazo de até 15 (quinze) dias, contado da data do requerimento do titular.

[...]

§ 3º Quando o tratamento tiver origem no consentimento do titular ou em contrato, o titular poderá solicitar cópia eletrônica integral de seus dados pessoais, observados os segredos comercial e industrial, nos termos de regulamentação da autoridade nacional, em formato que permita a sua utilização subsequente, inclusive em outras operações de tratamento

Art. 20. O titular dos dados tem direito a solicitar a revisão de decisões tomadas unicamente com base em tratamento automatizado de dados pessoais que afetem seus interesses, incluídas as decisões destinadas a definir o seu perfil pessoal, profissional, de consumo e de crédito ou os aspectos de sua personalidade. - (Redação dada pela Lei nº 13.853, de 2019)

§ 1º O controlador deverá fornecer, sempre que solicitadas, informações claras e adequadas a respeito dos critérios e dos procedimentos utilizados para a decisão automatizada, observados os segredos comercial e industrial.

§ 2º Em caso de não oferecimento de informações de que trata o § 1º deste artigo baseado na observância de segredo comercial e industrial, a autoridade nacional poderá realizar auditoria para verificação de aspectos discriminatórios em tratamento automatizado de dados pessoais.

CAPÍTULO VI - DOS AGENTES DE TRATAMENTO DE DADOS PESSOAIS

Seção I - Do Controlador e do Operador
[...]

Art. 38. A autoridade nacional poderá determinar ao controlador que elabore relatório de impacto à proteção de dados pessoais, inclusive de dados sensíveis, referente a suas operações de tratamento de dados, nos termos de regulamento, observados os segredos comercial e industrial.

CAPÍTULO VII - DA SEGURANÇA E DAS BOAS PRÁTICAS

Seção I - Da Segurança e do Sigilo de Dados
[...]

Art. 48. O controlador deverá comunicar à autoridade nacional e ao titular a ocorrência de incidente de segurança que possa acarretar risco ou dano relevante aos titulares.

§ 1º A comunicação será feita em prazo razoável, conforme definido pela autoridade nacional, e deverá mencionar, no mínimo:
[...]

III - a indicação das medidas técnicas e de segurança utilizadas para a proteção dos dados, observados os segredos comercial e industrial;

CAPÍTULO IX - DA AUTORIDADE NACIONAL DE PROTEÇÃO DE DADOS (ANPD) E DO CONSELHO NACIONAL DE PROTEÇÃO DE DADOS PESSOAIS E DA PRIVACIDADE

Seção I - Da Autoridade Nacional de Proteção de Dados (ANPD)

Art. 55-J. Compete à ANPD:

[...]

II - zelar pela observância dos segredos comercial e industrial, observada a proteção de dados pessoais e do sigilo das informações quando protegido por lei ou quando a quebra do sigilo violar os fundamentos do art. 2º desta Lei. - (Incluído pela Lei nº 13.853, de 2019);

[...]

X - dispor sobre as formas de publicidade das operações de tratamento de dados pessoais, respeitados os segredos comercial e industrial.

Entraremos agora em uma vertente mais técnica, que abordará questões como o middleware e toda arquitetura daquilo que transcorre enquanto dados, segurança e comunicação. Envolvendo ainda padrões, melhores práticas, frequências de sinais e toda a sinergia de segurança perante o poder da portabilidade e convergência dos dados, considerando a dinâmica de aplicativos e sistema operacional e suas respectivas ameaças, como vírus e demais malwares, e seus vetores de ataque que podem explorar vulnerabilidades.

Entendendo o Contexto das Vulnerabilidades

É fato que a Smart TV é popular no mundo inteiro. Em 2012, mais de 80 milhões de TVs inteligentes foram vendidas, e a tendência é a de que todas as classes sociais tenham pelo menos uma em sua casa, sendo cada vez mais popular. Entretanto, existe uma certa dissonância entre essa inevitável popularidade e o nível de preocupação, conhecimento e atitude do usuário perante os problemas de privacidade por trás das Smart TVs. Há ausência de pesquisas de segurança nesse contexto e a não percepção de que a Smart TV é como uma versão caseira do smartphone (tão utilizado hoje no mundo). Sua utilização em diferentes campos do mercado, sem contar o entretenimento, educacional e de negócio em geral, além de toda a viabilidade e integração de aplicações potenciais para Smart TV no mercado de eletrônicos de consumo e soluções diversas de tecnologia, fazem com que ela esteja cada vez mais em evidência no mundo da segurança da informação e da privacidade.

Pensando em tudo isso, pode até ser que não sejam verdades absolutas, porém são realidades neste mundo globalizado e transformador. Nesse sentido, por que não dizermos, afirmarmos e até concordarmos que a junção dos meios de comunicação mais poderosos, atrativos e de grande envolvimento em nossas rotinas de vida, que são a internet e a televisão, não poderiam, de certa forma, unificar-se em uma simbiose adaptável a todo esse meio? Eis que surge então a Smart TV.

O fato é que as Smart TVs, que atualmente nem têm política de privacidade, além de não mencionarem se assegurarão suas informações, podem fazer o que bem quiserem com elas, caso o contrário nada esteja legalmente firmado/compactuado. Outro fator importante é o recurso de *Digital Living Network Alliance* (DLNA), que pode ser bom, prático e interessante, porém o cuidado em tê-lo como benefício nas transferências de fotos, imagens, sons, arquivos em geral de seu dispositivo móvel ou qualquer outro equipamento para sua Smart TV deve ser levado em consideração, uma vez que, transferidas e armazenadas na televisão, ao estar online (na internet), dependendo da política de privacidade, tais informações/arquivos podem ser compartilhados/enviados para o fabricante ou outras fontes. Não se sabe ainda ao certo, se nas políticas de privacidade de algumas fabricantes de Smart TV, por acaso, se diz que, por default, o recurso de disponibilização de poder receber ou transmitir conteúdo está liberado apenas para o fabricante se apropriar (quando online), ou se também para casos em que qualquer dispositivo móvel poderia usufruir sem, por exemplo, exigir um cadastro do *Media Access Control* (MAC) ou qualquer outro tipo de identificador intransferível de certo equipamento para se comunicar com a Smart TV. Aqui talvez seja um ponto bastante interessante a se debater; ou seja, até que ponto a LGPD conseguirá instruir, organizar, minimizar os riscos e, claro, proteger os dados pessoais do cidadão-usuário de uma Smart TV, por exemplo, que é o caso da "coisa" que é o foco aqui, para que não se conseguisse ou restringisse, por intermédio do uso de outro recurso (por exemplo um celular), acessar as informações da Smart TV, com o mesmo "poder" ou direito de acesso que o fabricante teria na manipulação desses dados. É por isso que a LGPD deverá entrar em uma esfera técnica, focada em cada caso-situação que surgir, perante aquilo que deverá vir por default do fabricante ou fornecedor da solução/produto enquanto melhores práticas de encapsulamento, barreira, recurso de proteção, para que meios externos não usufruam e explorem certas vulnerabilidades que poderiam ser evitadas vindas de fábrica. Onde aí, sim, caso o próprio cidadão-usuário queira habilitar determinado recurso que, por default, vem bloqueado ou por padrão dando o básico de segurança, seja alterado, sendo assim uma responsabilidade desse cidadão-usuário a partir desse momento.

Fazer então com que a LGPD leve em consideração a situação de análise quanto a proteção de dados e privacidade envolvendo a Smart TV como base desse estudo, avaliação e premissa faz todo sentido, pois sem dúvida a Smart TV é um dos recursos mais completos de interação, integração, tecnologia e transmissão de dados. O que faz potencializar ainda mais as análises para novas e futuras tomadas de decisão dos legisladores perante a evolução da LGPD quando se quer entender questões fundamentais, como ser o controlador, titular, operador, banco de dados e o próprio dado sensível.

Quando se fala em internet, automaticamente associa-se esta ao universo computacional. E aquela distância que existia entre TV e internet, que pareciam ser coisas tão distintas e nada compatíveis em uma interface de comunicação, agora diluiu-se em uma modernidade tão líquida, mas não superficial, que a chance futura dos chamados Personal Computers (PCs), ou Desktops serem extintos de vez, dando lugar à tecnologia cada vez mais inteligente dos novos aparelhos televisivos, agregados ao alto poder da Cloud Computing (computação em nuvem) é algo passível de acontecer sem darmos conta desse "fenômeno".

Nesse contexto estão os perigos eminentes de novas e até conhecidas vulnerabilidades e ameaças internas e externas, mas agora com foco não mais no PC em si, mas na Smart TV, a serem combatidos e atentados pelo cidadão-usuário, que agora somente mudou o nome do "inimigo" e, às vezes, o seu local de instalação e uso. Afinal, por serem um tipo de equipamento sofisticado e tecnologicamente evoluído, as Smart TVs estão espalhadas em diferentes tipos de lugares e até de grande relevância social, como aeroportos, hotéis, centros de convenção, recintos culturais, de ensino e, às vezes, religiosos e, claro, nas próprias empresas. Então é necessário buscar o entendimento da arquitetura desse poderoso meio de comunicação, os riscos existentes perante algumas vulnerabilidades dos fabricantes que a produzem e lançam ao mercado, bem como as relações da convergência dos aplicativos e sinais de comunicação vigentes para esse tipo de tecnologia, todos atrelados à privacidade.

Sobre o Middleware

Antes de entrar diretamente nas questões de segurança, é importante compreender um pouco sobre a arquitetura e composição da estrutura que permeiam os aplicativos, o sistema operacional e, consequentemente, os serviços que transitarão na Smart TV. O middleware é um termo abrangente, comumente utilizado para referenciar o software que atua como um mediador entre dois programas existentes e independentes. Seu objetivo é trazer independência das aplicações em relação ao sistema de transmissão, possibilitando que inúmeros códigos de aplicações trabalhem com diferentes equipamentos de recepção, concedendo maior liberdade relacionada ao conteúdo transmitido. Através da criação de uma máquina virtual no receptor, os códigos das aplicações são compilados no formato adequado para cada sistema operacional. Resumidamente, pode-se dizer que o middleware possibilita o funcionamento de um código para diferentes tipos de plataformas de recepção, ou vice-versa, o que faz com que a plataforma JAVA, que nasceu sob essa perspectiva, se encaixe perfeitamente.

Pode-se dizer que o middleware se faz necessário para resolver o novo paradigma que foi introduzido com a TV Digital: a combinação da TV tradicional (broadcast, ou transmissão de dados) com a interatividade, textos e gráficos. É justamente essa interatividade que trará várias características e funcionalidades encontradas no ambiente da internet: representação gráfica, identificação do usuário, navegação diferenciada nos conteúdos, interações sistemáticas com o conteúdo; ou seja, tudo isso e mais um pouco daquilo que se encontra em uma Smart TV. Entretanto, não se pode esquecer de que, independentemente do tipo de middleware que se definirá nesse processo de interação entre software e hardware, é fundamental preocupar-se também com a transmissão daquilo que será trafegado. Por isso, o protocolo Transport Layer Security (TLS) é encontrado inclusive na TV digital interativa, de modo a oferecer a comunicação segura, para assim tentar mitigar os riscos da perda de um dos princípios da segurança da informação, que é a integridade e autenticidade.

Os desenvolvedores de aplicações deixaram de se preocupar com os protocolos existentes nas camadas inferiores do sistema de transmissão e focaram uma interface padrão para desenvolvimento de seu trabalho. JAVA é um formato aceito na maioria dos middlewares em funcionamento.

O que se sabe atualmente é que até agora não há, de fato, um padrão de middleware universal. Existem três grupos que buscam formalizar um padrão aberto: a Europa, com o sistema DVB, que tenta padronizar o MHP; os Estados Unidos, com o ATSC, que tenta a evolução do DASE; e o Japão, com o ISDB, que tenta o ARIB.

É extremamente importante compreender que o middleware, o software que intermedia e é uma espécie de emulador entre os programas, pode ter algumas vulnerabilidades que poderiam ser exploradas por intermédio de atualizações de firmware, da passagem de diretórios (pastas de armazenamento contidas na Smart TV), por execução de código (elaboração de script shell), bem como via Joint Test Access Group (JTAG) ou leitura física NAND/SD (Flash Memory).

Quando se fala, por exemplo, da arquitetura da TV digital, mais especificamente da Smart TV, com segurança, é impossível não abordar as questões relativas ao middleware, relacionando sobre os cuidados de segurança usando JAVA e o que a Multimedia Home Platform (MHP), bem como a DTV Application Software Enviornment (DASE) e a Association of Radio Industries and Business (ARIB) poderiam fornecer como padrão de segurança. Não serão abordados esses conceitos, pois não é o intuito, além de ser algo tecnicamente pesado para aprofundarmos aqui, gerando outro trabalho para esse fim. Todavia, é importante saber que existem tais padrões de middleware, com características, funções e objetivos distintos, e alguns, de fato, com foco mais voltado para a segurança. Além de poder ajudar novos pesquisadores a desenvolver frameworks que proporcionem a geração de aplicativos seguros para transmissão no canal de interatividade da TV digital, contribuindo assim a melhor compreender a definição dos mecanismos necessários para se obter segurança. Sem entrar no contexto específico de determinado middleware utilizado junto às camadas de desenvolvimento para Smart TV, como o Ginga, utilizado aqui no Brasil, bem como outro padrão de arquitetura qualquer, nem quanto ao mérito de qual é melhor ou pior. E considerando genericamente o middleware como um todo, como parte integrante dessa arquitetura que formará junto às aplicações, o sistema operacional, os dispositivos e o hardware daquilo que deva se considerar como melhores práticas para mitigar riscos de segurança, prevenindo-se das possíveis ameaças com uma formação mais robusta, consistente e confiável contra as vulnerabilidades que poderiam ser facilmente exploradas.

Voltando novamente àquele assunto abordado em tópicos anteriores sobre Privacy Design e Privacy by Default, eles devem ser considerados no processo da maturidade legislativa da LGPD para melhor direcionar, organizar e definir as diretrizes, normativas, políticas e demais decisões de caráter jurídico, conforme o real entendimento da situação técnica, operacional e científica ao qual os dados são e estão submetidos quando transpostos perante algum recurso, produto ou serviço.

Para tanto, não basta lá na ponta do processo, que é a utilização final do usuário, ele possuir a consciência de configuração segura e preventiva daquilo que ele encontrará como recurso nativo, padrão e de fábrica referente ao que já vem instalado e preparado na Smart TV, se toda essa arquitetura construída e que agora chega ao usuário-telespectador já vem com falhas ou possibilidades engessadas de futuras atualizações e correções lógicas.

Por isso, mais do que nunca, é essencial estabelecer um framework de desenvolvimento seguro de software, pois, afinal de contas, é justamente essa parte lógica que fornece o mecanismo operacional e funcional da interface de configuração e interação TV-usuário, que fará uma grande diferença nesse quesito de proteção e, claro, de maior privacidade.

Figura 26: Ciclo do desenvolvimento de software

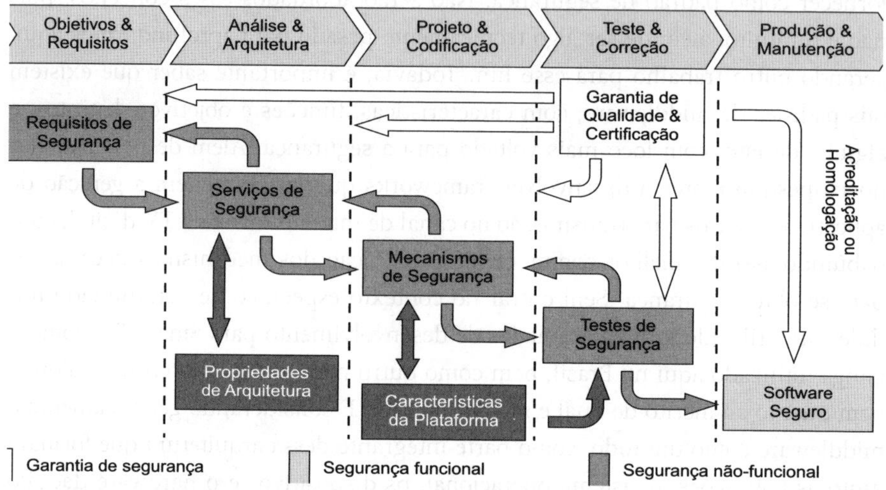

Fonte: Processo de desenvolvimento seguro de software.

Sem dúvida, a segurança é um aspecto da qualidade dos sistemas que interagem junto ao usuário. E nesse sentido, a inserção de segurança de forma preventiva no desenvolvimento dos sistemas estabelece maior confiança de que um produto final com qualidade será oferecido e chegará a esse usuário, que muitas vezes não tem informação ou conhecimento das possíveis vulnerabilidades que se podem ter ao ter uma Smart TV conectada à internet, o que é algo natural. É complicado afirmar que não haverá falhas. Contudo, a maior confiança e qualidade no processo de desenvolvimento do software proporcionaria uma maior garantia de qualidade e controle de estabilidade diante das camadas de software e hardware que formam os multisserviços de uma Smart TV, que seria o assim chamado produto final. Dessa forma, a figura anterior demonstra um processo de desenvolvimento seguro de sistemas, retratando um fluxo de segmentação nos aspectos de segurança funcional (mais flexível, por não depender do fabricante) e segurança não funcional (por depender mais daquilo que vem do fabricante), buscando-se, assim, maior e melhor garantia de qualidade nesse processo de arquitetura mais segura.

Tabela 11: Comparação dos padrões de middlware

COMPARAÇÃO DOS PADRÕES DE MIDDLEWARE			
CARACTERÍSTICA	**MHP**	**DASE**	**ARIB**
Segurança	Sim	Sim	Não disponível
Decodificação de conteúdo comum (PNG, JPEG, ZIP etc.)	Sim	Sim	Sim
Tipos de aplicativos	HTML e JavaTV	XHTML, CSS, ECMA Script, JavaTV	Não disponível
Distinção entre aplicações declarativas e procedurais	Sim	Sim	Não disponível
Interação com usuário	Sim	SIM (teclado, mouse)	Sim
Capacidade de áudio	MPEG BC	Non-streaming: (audio/basic) Streaming: (Dolby AC-3)	Sim
Capacidade de vídeo	MPEG 2	Non-streaming: (Multiple Network Graphics) Streaming: (MPEG 2)	MPEG 2
Capacidade gráfica	LDTV: 320 X 240 SDTV: 640 X 480 EDTV: 720 X 480 HDTV: 1920 X 1080	1920 X 1080 1280 X 720 960 X 540 640 X 480	Alta definição: 1920 X 1080; 1280 X 720; 960 X 540. Definição Normal: 620 X 480.

COMPARAÇÃO DOS PADRÕES DE MIDDLEWARE			
CARACTERÍSTICA	MHP	DASE	ARIB
Display	Não disponível	Multiplano: Background, vídeo, gráfico e ponteiro/ cursor (8 bit pseudocolor; RGBA 4444; RGBA 5551; RGBA 6666; RGBA 8880 e RGBA 8888)	Multiplano: vídeo, figura, controle, gráfico e texto e legendas: (Y, Cr, Cb/4:2:2/8bits; Y, Cr, Cb/4:4:4/8bits/ composição do canal α em 256 valores;1920 X 1080 X 1 - 1 bit decontrole; 8 bit para endereçamento de mapa de cores) Correção de erros sem perda
Metadados	Sim	Sim	Sim
Receptor (STB)	Receptores comuns de baixo custo	Receptores comuns	Receptores comuns de baixo custo
Extensões/Expansões	Sim	Não disponível	Sim
Serviços	HDTV, SDTV, outros serviços de telecomunicações e de dados	HDTV, SDTV, outros serviços de telecomunicações e de dados	HDTV, SDTV, outros serviços de telecomunicações e de dados
Interatividade	Sim	Sim	Sim, via digital broadcasting, SDTV (terrestre), satélite, redes de pacotes e redes de telecomunicações

COMPARAÇÃO DOS PADRÕES DE MIDDLEWARE			
CARACTERÍSTICA	**MHP**	**DASE**	**ARIB**
Controlabilidade	Funções de controle do usuário; canais de emergência	Controle do usuário	Funções de controle do usuário; canais de emergência
Vantagens	Baixo preço do Set Up Box; maior aceitabilidade mundial	Possibilidade de contrapartidas comerciais nos EUA	Melhor para aplicações móveis; proximidade funcional com DVB (Digital Video Broadcasting)

Fonte: Comparação dos padrões de Middleware

Vale aqui uma pequena reflexão sobre os padrões de middleware, que claramente têm características diferentes. Mas, independente disso, prover segurança é estabelecer padrões uniformes para qualquer tipo de arquitetura, pelo simples fato de que vulnerabilidades são exploradas justamente por dois fatores básicos: aqueles que não têm recursos padrão de proteção (aqui entram protocolos de segurança), e aqueles que têm recursos, mas defasados/desatualizados.

Nesse contexto, situações que comprometam a proteção dos dados do cidadão-usuário, por negligência de sua parte em não fazer as devidas atualizações, alterar configurações ou modos de acesso, ferindo de forma ilegal, como root ou administrador, bem como customizar e não somente parametrizar o sistema ou determinado módulo ou recurso, já se tratam de uma responsabilidade não mais do fabricante e que a LGPD deverá muito bem saber discernir.

Sinergia da Segurança e o Poder da Portabilidade e Convergência dos Dados

O surgimento de tanta tecnologia similar, com intuitos finais muito semelhantes ou até mesmo com propósitos iguais de resultados entregues ao usuário, fez com que o poder da convergência extrapolasse as barreiras do ostracismo digital, devido à chegada dos inúmeros tipos de adaptadores e dispositivos para streaming de mídia digital e tantos outros recursos na IoT, cuja "erupção vulcânica" de tanta pesquisa, desenvolvimento e inovação tecnológica e da febre de startups nos faz entrar na matriz que Henry Jenkins retrata muito bem em seu livro *Cultura da Convergência*, a perceber o quão difícil se torna o poder de selecionar e diferenciar. Dificuldade essa nos níveis de produtos, serviços e soluções, e agora, mais do que nunca, esses recursos envoltos pela IoT chegam para ficar, pois ela traz consigo o poder da convergência, centralizando todos esses recursos digitais e tecnológicos oferecidos pelos diversos tipos de equipamentos da esfera transmidiática.

É nesse contexto que os perigos da segurança da informação podem surgir devido a um descompasso daquilo que surge como evolução do poder de convergência dos novos recursos, bem como em outros tipos de produtos e serviços, frente às novas vulnerabilidades que surgem em função dos diferentes produtos de interação, mobilidade, integração e acessibilidade.

As palavras da moda atualmente são transformação digital, mudança de mindset, tecnologia disruptiva ou inovação disruptiva, enfim, convergência. Será que a segurança, suas auditorias e todo arcabouço da privacidade e proteção dos dados estão preparados para essa dinâmica tão disruptiva?

O nível de conhecimento técnico das empresas em relação às metodologias de gestão da identidade é "incipiente" para 13% das empresas e "alto" para outros 12%. A maioria (75%) considera como "moderado" o domínio de suas empresas sobre o assunto. Os nomes mudam, as terminologias se aperfeiçoam em bonitas e impressionantes palavras de impacto, mas no final de contas, a essência é a mesma. Porém, parece que negam ou esquecem que essa essência, essa base, esse alicerce fundamental que sempre existiu deve ser considerado para sustentar as novidades que surgem. E não é à toa que grande parte das empresas ainda está receosa quanto a conseguir atender à LGPD, achando que o calcanhar de Aquiles é a total falta de conhecimento técnico. Claro que os desafios ficaram mais complexos com surgimento da Big Data, da Cloud Computing, do Machine Learning, dos ambientes preditivos, mas qual a novidade? Tudo isso já existe e está em produção no mercado. E como tudo na vida, para aquilo que é mais recente, novo ou contemporâneo, basta se atualizar, preparar, aperfeiçoar, ou seja, estar antenado, na teoria e na prática.

É por isso que há uma pesquisa apontando ainda que 69% das empresas se consideram pouco preparadas para atender à LGPD, com nível de conhecimento técnico abaixo de 50% do ideal, enquanto outros 31% consideram seu nível de preparo entre 50% e 75% do ideal. O alinhamento de processos internos de acesso e controle da identidade é apontado por 60% dos entrevistados como principal iniciativa já adotada para aderência à Lei de Proteção, enquanto 40% se declaram na fase de adoção de ferramentas de TI e segurança adequadas à normativa. Como medidas secundárias, 33% das empresas apontaram iniciativas de ordem jurídica ou educativa, enquanto 67% mencionaram iniciativas de redesenho de aplicações visando a conformidade com a norma.

Exemplos de questões-base nas quais é necessário investir incluem: governança de bancos de dados, tecnologias específicas de governança e administração de identidade, a monitoração de acesso de bancos de dados, controle de acesso interno e de clientes, adoções de cofre de senhas e acesso privilegiado, ferramentas de controle de acesso (RBAC, ABAC ou PBAC), classificação da informação, segurança por perímetro, e, claro, políticas de gestão de privacidade.

O direito à portabilidade de dados é um dos direitos fundamentais do cidadão-usuário na LGPD, não podendo ficar somente no mérito do segmento da saúde, que, claro, é um dos mais importantes, se não o mais importante. Embora vários desses direitos do titular dos dados sobre seus dados pessoais já existissem antes, de certa forma, a portabilidade dos dados é nova, e ambiciosa, devendo ser tratada com todo o cuidado na LGPD.

Essencialmente, a portabilidade de dados é o direito de transferir dados pessoais de uma organização (controlador) para outra organização ou para o titular dos dados no contexto de dados pessoais digitais (conjuntos e subconjuntos) e processamento automatizado. Pode parecer fácil, mas é muito menos na prática. No Capítulo III — Dos Direitos do Titular, Art. 18, item V, temos o seguinte:

[...]

Art. 18. O titular dos dados pessoais tem direito a obter do controlador, em relação aos dados do titular por ele tratados, a qualquer momento e mediante requisição:

[...]

V - portabilidade dos dados a outro fornecedor de serviço ou produto, mediante requisição expressa, de acordo com a regulamentação da autoridade nacional, observados os segredos comercial e industrial; (Redação dada pela Lei nº 13.853, de 2019).

Basicamente, o direito à portabilidade de dados contempla duas situações:

1) Permite que os titulares de dados recebam dados pessoais fornecidos a um controlador em um formato estruturado, comumente usado e legível por máquina.

2) Transmitam esses dados para outro controlador.

O direito à portabilidade de dados precisa ser visto no escopo do maior grau de controle que a LGPD concede aos titulares de dados com regras e princípios mais rígidos que visam garantir que o controle de dados pessoais seja entregue ao titular com uma obrigação de responsabilidade para o responsável pelo tratamento em relação aos princípios do processamento de dados pessoais (e regras mais rígidas sobre algumas das bases legais para o processamento legal).

Fica cada vez mais evidente que o direito à portabilidade de dados certamente também precisa ser visto no contexto de uma era de digitalização e transformação digital, ou seja, da convergência em si, como mencionamos, na qual os dados pessoais se tornaram parte de praticamente todas as áreas da sociedade, vida, negócios e inúmeros processos, desde a compra online até a busca e atendimento ao cliente online e todos os processos de big data que ocorrem em inúmeras atividades de processamento de dados digitais.

Além disso, precisamos perceber que, por exemplo, com a IoT, ainda estamos no começo desse dilúvio de dados e em uma economia de transformação digital na qual os tipos e volumes de dados, bem como o número de atividades de processamento relacionados a eles, crescem exponencialmente, com dados não estruturados representando o principal crescimento desses dados e, claro, dificultando naturalmente a proteção de dados que se almeja. Como permite a transmissão direta de dados pessoais de um controlador de dados para outro, o direito à portabilidade de dados também é uma ferramenta importante que apoiará o fluxo livre de dados pessoais em diversas regiões do Brasil e até mesmo estando em consonância à PGPD junto à União Europeia, o que de certa forma promoverá a concorrência entre controladores.

Essa transmissão de dados de um sistema de TI para outro poderia ser:

» Do sistema de TI do controlador aos sistemas do titular dos dados.

» Do ambiente de TI do controlador aos sistemas de dados de terceiros confiáveis.

» Do sistema de TI de um controlador ao de outro (novo) controlador de dados.

A introdução do direito à portabilidade de dados e toda essa convergência também está relacionada às restrições do direito de acesso, que certamente estará presente e será tratada pela ANPD. O direito à portabilidade de dados também é certamente visto como uma maneira de evitar o bloqueio do fornecedor, ou, digamos, do controlador.

 De maneira que o contexto da convergência e portabilidade está também ligado diretamente à interoperabilidade, que pode ser entendida como uma característica que se refere à capacidade de diversos sistemas e organizações trabalharem em conjunto (interoperar) de modo a garantir que pessoas, organizações e sistemas computacionais interajam para trocar informações de maneira eficaz e eficiente. Nesse sentido existe a passagem da LGPD no Capítulo VI — Dos Agentes de Tratamento de Dados Pessoais — Seção I — Do Controlador e do Operador, Art. 40, que diz o seguinte:

[...]

Art. 40. A autoridade nacional poderá dispor sobre padrões de interoperabilidade para fins de portabilidade, livre acesso aos dados e segurança, assim como sobre o tempo de guarda dos registros, tendo em vista especialmente a necessidade e a transparência.

Considerando os Sinais de Comunicação

Existem dois tipos de protocolos de comunicação, que emitem sinais de frequência adequadas para estabelecer os comandos dados por alguns recursos, e entre esses recursos está a Smart TV. Esses dois protocolos são chamados **ZigBee** e **Z-Wave**.

São tecnologias sem fio de curto alcance utilizadas para o monitoramento e controle remoto. No entanto, as respectivas especificações e aplicativos são diferentes. Ambas as tecnologias são ideais para redes de área-home (Hans), que estão se tornando mais difundidas em nosso meio.

Z-Wave é focado principalmente em funções de monitoramento e controle em casa e pequenas instalações comerciais. É amplamente utilizado para o controle de iluminação, segurança e controle de temperatura. Outros usos incluem detectores de fumaça, fechaduras, sensores de segurança, aparelhos e controles remotos. O Z-Wave é normalmente utilizado em alguns medidores elétricos inteligentes para fornecer dados de consumo para monitores e controles de HVAC (aquecimento e ventilação de ar-condicionado) em casa.

Um dos grandes benefícios do Zigbee é a sua flexibilidade. Ele foi projetado de modo que o software aplicativo possa reconhecer diversos perfis, tornando-o mais rápido e mais fácil para os fabricantes para criar produtos sem fio para aplicações muito específicas. Os perfis disponíveis incluem automação residencial, energia inteligente, telecomunicações, cuidados de saúde, controle remoto (conforme padrão RF4CE, para frequência de rádio e eletrônicos de consumo, como Smart TV), automação predial e outros. A grande questão é a coexistência com Wi-Fi e Bluetooth, que usa a mesma banda. A maioria dos transceptores têm algum mecanismo de redirecionamento para minimizar a interferência.

Figura 27: Tecnologias e suas frequências

ESPECIFICAÇÕES E CAPACIDADES DE ZIGBEE E Z-WAVE					
Tecnologia	Frequência	Modulação	Limite de dados	Alcance	Aplicações
ZigBee	2,4 a 2,483 GHz	OQPSK	250 kbits/s	10m	Automação doméstica, smart grid, controle remoto
Z-Wave	908,42 MHz	GFSK	9.6/40 kbits/s	30 m	Automação doméstica, segurança

Fonte: Especificações e capacidades de sinal das tecnologias ZigBee e Z-Wave.

Nesse contexto, fica a atenção sobre a flexibilização desses protocolos, que podem ser perigosos no sentido de possíveis interferências no sinal de comunicação, por utilizarem justamente esses dois tipos de sinais, que são WI-FI e Bluetooth, que outros meios também utilizam. Levando-se em consideração a nova dinâmica da IoT e a convergência digital, com os inúmeros processos de automação residencial existentes e na vertente da domótica, é natural que vários outros recursos online (geladeira, micro-ondas, smartphones, wearables, entre outros eletros da linha branca) possam interferir. Lembrando também a Tecnologia Operacional (OT).

Existe na União Europeia o Regulamento ePrivacy, que é uma proposta de regulamento sobre privacidade e comunicações eletrônicas. Seu nome completo é Regulamento do Parlamento Europeu e do Conselho, relativo ao respeito à vida privada e à proteção de dados pessoais nas comunicações. Especificaria e complementaria sobre os dados de comunicações eletrônicas que se qualificam como dados pessoais, como os requisitos para consentimento ao uso de cookies e opt-outs (regras do envio, por correio eletrônico). O escopo do regulamento ePrivacy se aplica a qualquer empresa que forneça qualquer forma de serviço de comunicação online, use tecnologias de rastreamento online ou participe de marketing direto eletrônico.

Talvez a LGPD pense em criar uma espécie de ePrivacy para estabelecer junto aos fabricantes e/ou controladores uma forma padrão de sinal ou frequência dos dados para determinadas situações de leitura, interpretação, codificação e decodificação, como um mercado único digital para facilitação dos serviços, conforme demonstrado na figura a seguir, um exemplo que se tem na União Europeia:

Figura 28: Fluxo de serviços

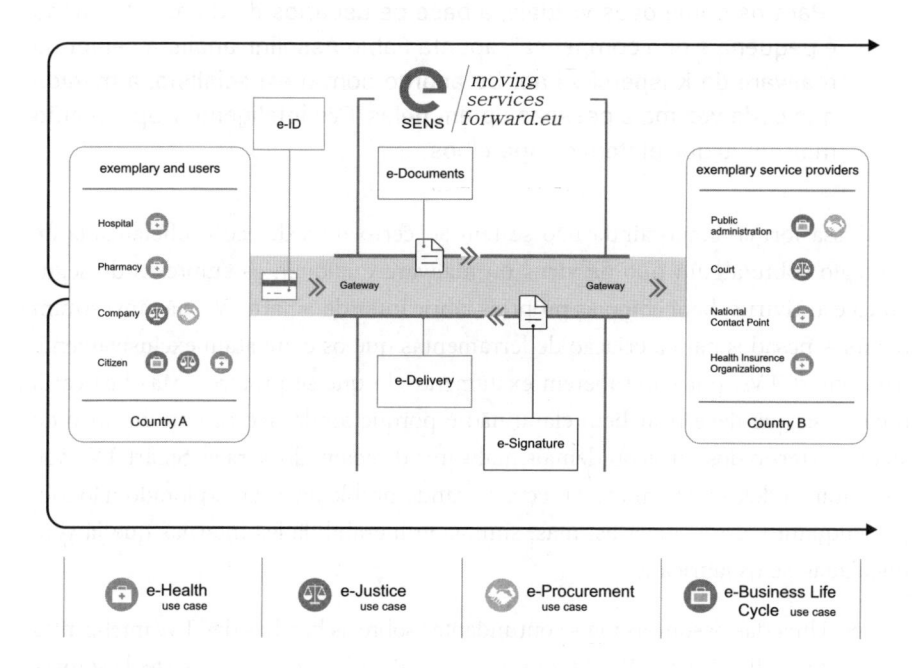

Fonte: Noraonline, 2019.

Considerando os Vírus ou os Chamados Malwares

Essa é uma questão que ainda instiga não somente os fabricantes de Smart TV, como também os especialistas em segurança da informação. Afirmar categoricamente que não existe nenhum tipo de malware para Smart TV é, no mínimo, arriscado, considerando que a categoria malware vai além dos vírus. São arquivos maliciosos que poderiam invadir a Smart TV. Poderíamos talvez afirmar com maior convicção que não existirá um tipo de contaminação padrão e universal para todo tipo e fabricante de Smart TV, assim como acontece naturalmente nos sistemas operacionais para computadores. Pelo menos por enquanto. E sãos alguns os fatores para essa situação: a fragmentação dos sistemas operacionais, a lenta adesão da população às TVs inteligentes, pelo menos em países ainda não tão desenvolvidos e economicamente estáveis, bem como a pluralidade de softwares existentes no mercado, pois cada fabricante tem um sistema operacional próprio para controlar a TV, de modo que, se houvesse disseminação de vírus, ela atingiria um número menor de aparelhos, facilitando, assim, o controle e diminuindo os resultados para os criminosos.

> "Para os criminosos virtuais, a base de usuários de Smart TVs ainda é pequena e não compensa", aponta Fabio Assolini, analista sênior de malware da Kaspersky Lab. De acordo com o especialista, à medida que cada vez mais pessoas optem pelas TVs inteligentes, aparecerão mais vírus que afetem os aparelhos.

Dessa forma, como ainda não se tem ao certo uma detecção oficializada de contágio sobre algum tipo de vírus ou malware qualquer, as empresas de segurança e antivírus, bem como as próprias fabricantes de Smart TVs, não investiram recursos pesados para a criação de ferramentas que os combatam exclusivamente para Smart TVs, por não saberem exatamente do que se proteger. Mas fica certa uma coisa que deve ficar bem clara: não é porque ainda não se tem um foco de ataque externo dos vírus ou demais malwares direcionado para as Smart TVs que a segurança delas está garantida. Pois o grande problema a ser explorado não são, por enquanto, essas ameaças, mas, sim, as vulnerabilidades internas que já vêm instaladas pelos fabricantes.

> » Uma das pesquisas mais contundentes sobre as brechas das TVs inteligentes foi realizada em 2012. Pesquisadores da RevulN, empresa de teste de software com sede em Malta, na Europa, conseguiram controlar remotamente todas

as funções de uma Smart TV Samsung, como trocar de canal, ligar e desligar e até mesmo acessar os arquivos de um pendrive.

» Outro problema aconteceu com uma Smart TV LG, também em 2012. Um usuário estava desconfiado das publicidades que apareciam no sistema e resolveu analisar a fundo o código do aparelho. Ele descobriu que a própria LG estava vasculhando os nomes dos arquivos do pendrive.

» Um estudo realizado pelo Network Security Lab da universidade de Columbia, de Nova York, EUA, revelou o quanto as TVs conectadas estão expostas ao ataque de hackers. Gastando apenas US$450 — pouco mais de R$1 mil —, é possível construir um drone com um captador de sinal para roubar informações das TVs inteligentes. Chamado de Red Button Attack, ao sobrevoar uma área de 1,4 Km², o equipamento consegue captar dados — como o login do Facebook e informações bancárias — de 20 mil TVs, explorando uma vulnerabilidade no HbbTV, tecnologia de transmissão de sinal de TV bastante comum na Europa (Techtudo, 2016).

Contudo, valem algumas precauções para mitigar certos riscos e, assim, tentar se proteger, tomando algumas contramedidas inerentes a essas ameaças e vulnerabilidades, como:

» **Atualizar o firmware**: Mantenha sua Smart TV sempre atualizada. Alguns aparelhos têm a opção de atualização automática. Ative essa função.

» **Blindar o roteador**: Procure manter a criptografia mais atual. Roteadores mais antigos têm encriptação WEP, antiga e mais suscetível a invasão. Dê preferência para dispositivos com o protocolo de segurança WPA2, mais atual e seguro.

» **Evitar compras**: Não coloque informações de cartões de crédito e dados bancários ou faça compras por Smart TVs. Elas não têm sistema de verificação SSL, ou seja, não é possível verificar se o site é confiável.

» **Suspeitar de links:** Assim como em outras plataformas, evite clicar em links desconhecidos. Ou seja, mesmo padrão de quando navega em seu computador.

» **Cuidados com dados externos**: Use com cautela pendrives e HDs externos. Antes de conectá-los à TV, passe um antimalware. Também proteja dados sensíveis dos dispositivos utilizando algum software de criptografia. Ou seja, além dos perigos iminentes que vêm da internet, existe a possibilidade de infecções por intermédio dos componentes da própria Smart TV, como demonstra a Figura 29.

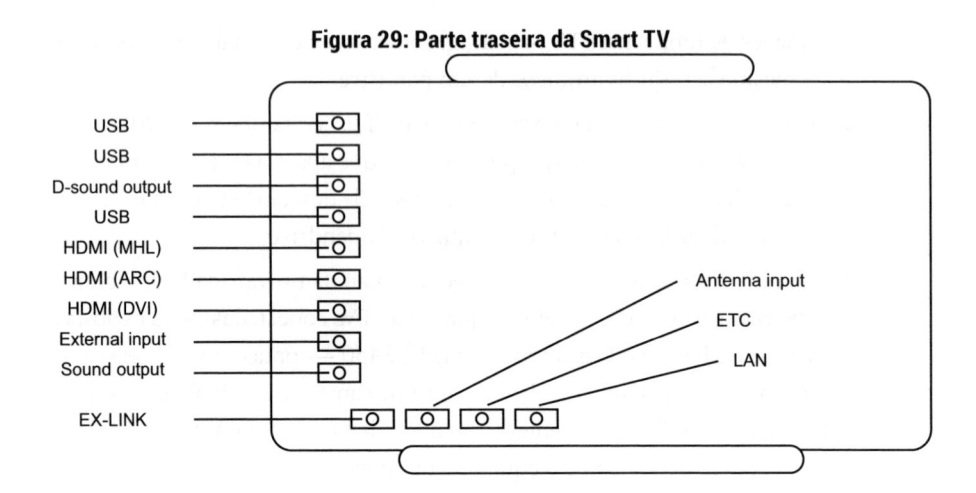

Figura 29: Parte traseira da Smart TV

Fonte: Korea University, 2018.

Os Vetores de Ataques

Antes de tudo, é essencial entender os grandes obstáculos existentes diante da dificuldade de buscar informações de pesquisa para Smart TV.

» A falta de documentação e pesquisa a respeito; grande superficialidade técnica, procedimental e operacional.

» A TV é blackbox, de maneira que a janela de navegação é a própria tela, que está integrada ao modo lógico e físico (hardware e software).

» O fabricante da Smart TV engessa o código-fonte, com dificuldade de acesso, e fica centralizado somente nele o que se codifica e determina.

» Difícil encontrar lugares interessantes para trocar ideias e experiências, bem como especialistas.

» Experiências práticas nada elementares e instrutivas, nas quais não se tem garantia, mesmo com reset de fábrica, que pode não funcionar.

» Dificuldade de interação, pois você só pode enviá-la para o centro de assistência autorizada para pegar diagnósticos e laudos técnicos. O próprio fabricante não se manifesta.

Pode-se dizer que a Smart TV tem quase os mesmos vetores de ataque que um smartphone, considerando os riscos de acesso indevido, como:

» Um hacker que poderia carregar aplicativos maliciosos para o seu provedor de aplicativos (apps) para Smart TV.

» Um hacker que poderia acessar fora de sua rede.

» Um hacker que poderia acessar dentro de sua rede.

» Poderia interceptar alguma informação.

» Alguém que pode tocar sua TV (ataques físicos: USB/etc.).

» Alguém que pode assistir sua TV (controle remoto).

» Alguém que pode estar em torno de sua casa/empresa (sinais de transmissão).

Outro problema, mas agora decorrente especificamente da Smart TV, é o recurso UART que, por padrão, fica habilitado, e com isso, pode-se, por intermédio do controle remoto (e aqui entra não somente o que vem originalmente de fábrica, como também os chamados controles remotos universais), enviar sinais à TV que poderiam causar certos transtornos, pois possibilitariam entrar em alguns modos de serviço do aparelho. Por exemplo:

» Desligue sua Smart TV + Botão Mute + 1 + 8 + 2 + Power On.

» Ao ligar sua televisão, surgirão na tela algumas informações de fábrica, contendo inclusive a opção "Advanced Mode" (Modo Avançado). Nele, algumas configurações de fábrica podem ser alteradas.

Existe, porém, uma situação que pode ser vista por um ângulo diferente, que é a utilização "ingênua" dos Apps (aplicativos para mobile) para o controle remoto via smartphone, que é um recurso interessante e às vezes muito útil, quando se perde o controle remoto original ou no caso de ele ter estragado, de maneira que poderia ser utilizado com intuitos diferentes por pessoas mal-intencionadas, para atrapalhar ou causar algum tipo de transtorno ao espectador ou púbico que esteja ali assistindo. A seguir mostramos alguns exemplos que podem ser baixados no Google Play para Android:

» **SamyGo — Smart TVs Samsung**

• Smart Remote é um aplicativo gratuito e oficial da fabricante sul-coreana, compatível praticamente com todas as TVs da Samsung. Para que o **SamyGo** funcione, basta que seu dispositivo Android esteja conectado na mesma rede da Smart TV, pois a comunicação funciona via LAN.

SamyGo Remote: https://www.androidlista.com.br/item/android-apps/259657/samygo-remote/

Fonte: Escola Android, 2016

» **Smart TV LG**

- O LG TV Remote é o aplicativo oficial da LG para controlar sua Smart TV via dispositivo Android. Na Play Store existem dois "aplicativos oficiais", mas não se preocupe, pois a LG oferece uma versão para Smart TVs lançadas até 2011 e outra para TVs lançadas a partir de 2012.

  LG   Tv   Remote: https://www.androidlista.com.br/item/android-apps/442590/lg-tv-remote-2011/

  Fonte: Escola Android, 2016

» **Smart TV PANASONIC**

- A Panasonic também figura na Play Store com dois aplicativos oficiais, o Panasonic TV Remote e o Panasonic TV Remote 2. A única diferença entre ambos é que a primeira versão suporta TVs dos anos 2011 e 2012, e a segunda suporta o mesmo e também os modelos atuais. Vale testar ambos se você tem uma Smart TV fabricada em 2011 ou 2012.

  Panasonic Tv Remote: https://www.androidlista.com.br/item/android-apps/446118/panasonic-tv-remote-2/ e https://www.androidlista.com.br/item/android-apps/148187/viera-remote/

  Fonte: Escola Android, 2016

» **Smart TV PHILIPS**

- O aplicativo **Philips MyRemote** não funciona apenas como controle remoto, pois ele transforma seu Android em uma central de entretenimento, graças às funções de streaming entre smartphone/tablet e sua Smart TV, permitindo que você reproduza vídeos e fotos instantaneamente.

  Philips   MyRemote: https://www.androidlista.com.br/item/android-apps/476261/philips-myremote/

  Fonte: Escola Android, 2016

» **Smart TV SONY**

- A usabilidade do **TV Side View** da Sony é um dos pontos fortes do aplicativo, que, além de permitir o controle da TV por dispositivos móveis, também oferece guia de programação e tem compatibilidade estendida a outros aparelhos da Sony.

Telecomando   Tv   Sony: https://www.androidlista.com.br/item/
android-apps/410067/tv-sideview-guia-de-tv-sony/

Fonte: Escola Android , 2016

Por mais que as Smart TVs possam dar a opção ao usuário de escolher se ha-
bilita, liga ou não o recurso, por exemplo, de reconhecimento de voz, os direitos de privacidade (e compartilhamento dos dados) deveriam ser uma escolha do
consumidor. Assim como o próprio consumidor/usuário classifica e escolhe suas
fabricantes de TVs para comprar e usufruir de seus recursos, em função de suas
necessidades específicas, o fabricante de TV, por outro lado, deveria também fornecer, no primeiro "start" ao ligar sua TV, a opção de o consumidor escolher na tela
de apresentação (boas-vindas) se deseja ou não que sua TV inicie automaticamente
o recurso de estar online assim que ligada.

O interessante seria ainda que toda Smart TV, após instalada e ligada, iniciasse
com as "boas-vindas", já apresentando/abordando na tela inicial, antes de iniciar
as pré-configurações, a **política de privacidade** (claro que na língua nativa do
consumidor daquele país), como inclusive já mencionamos em tópicos anteriores.

O caro leitor poderá pensar um pouco em uma questão reflexiva para essa nova
dinâmica de interatividade "usuário-TV":

» Será que essas novas "modalidades" de set-top-boxes — Chromecast, Apple
TV, Nexus Player, AmazonFire, Roku, — cada qual com suas widgets, seriam mais seguras que a própria Smart TV? E além dessa parte técnica, sobretudo, estariam também respeitando a Lei Geral de Proteção de Dados? Só
o tempo poderá nos dizer.

Considerando os Aplicativos e o Sistema Operacional

Para aqueles que se aventurarão na construção de aplicativos, sistema operacional
em si para a Smart TV, no caso, plataformas de segurança e padrões aderentes para
esse fim, alguns frameworks de desenvolvimento devem ser considerados para
estudo e pesquisa e na codificação com segurança.

Tabela 12: Características de algumas plataformas

PLATAFORMA	CARACTERÍSTICA	ONDE ENCONTRAR
Samsung SDK	Suporta Java, HTML, Adobe AIR.	samsungdforum.com
LG SDK	Suporta HTML, Adobe AIR, Unity.	developer.lgappstv.com
Google TV SDK	Suporta Java, HTML, Adobe AIR, Unity.	developers.google.com/tv/android
SmartTV Alliance SDK (LG, Sharp, Philips)	Suporta HTML.	smarttv-alliance.org
NetTV SDK (Sharp, Philips)	Suporta HTML.	yourappontv.com
Roku SDK	Suporta C++, Unity.	roku.com/developer
PlayJam SDK	Suporta Adobe AIR, executa dentro de LG e Samsung (e apoia o suporte a HTML).	playjam.com
TV App Engine	Suporta HTML e converte aplicativos para os padrões nativos.	tvappagency.com
Marmalade	Suporta C/C++ e integrações com PlayJam APIs.	madewithmarmalade.com
Yahoo Connected TV	Suporta HTML.	connectedtv.yahoo.com/developer
Opera TV	Suporta HTML.	dev.opera.com/tv

Fonte: Dierks, 2009.

APRIMORANDO SEUS CONHECIMENTOS

Questão 1 - Dentre os inúmeros desafios que certamente surgiram para a LGPD, sua relação junto a todas as tendências da IoT que estamos presenciando certamente serão bastante provocativas, no sentido de saber como lidar, sobretudo, com a questão do consentimento. Reflita a respeito do que isso poderia ser na realidade.

Questão 2 - Dando continuidade à Questão 1, outro desafio seria a minimização dos dados. Reflita também sobre esse item.

Questão 3 - Envolvida no processo e organização do tratamento dos dados pelos controladores, operadores e demais usuários da informação, explique qual seria a importância da anonimização e da pseudo-nimização dos dados nesse contexto.

Questão 4 - Conforme falamos neste capítulo, as ISOs são importantes ferramentas para todo um entendimento teórico e técnico das melhores práticas no processo de implementações de diversos controles e mecanismos de orientação. Dessa forma, consulte o site da ABNT, navegando em seu catálogo para entender a enorme extensão de conteúdo que há nesse sentido: <https://www.abntcatalogo.com.br/>.

Questão 5 - Como existe a permissão da transmissão direta de dados pessoais de um controlador de dados para outro, o direito à portabilidade de dados também é uma ferramenta importante que apoiará o fluxo livre de dados pessoais em diversas regiões do Brasil e até mesmo estando em consonância à RGPD junto à União Europeia, o que de certa forma promoverá a concorrência entre controladores. Nesse contexto, essa transmissão de dados de um sistema de TI para outro poderia acontecer de que forma?

Questão 6 - Sabemos que o processo de proteção de dados é parte integrante para o sucesso da privacidade dos dados. Dessa forma, cite alguns exemplos de proteção de dados que podemos encontrar, conforme abordado inclusive neste capítulo. Até mesmo para evitar também vulnerabilidades.

Questão 7 -   Sobre a temática de vazamento de dados, existe um site muito interessante: <https://haveibeenpwned.com/>. É um site que permite aos usuários da internet verificar se seus dados pessoais foram comprometidos por violações de dados. O serviço coleta e analisa centenas de locais de banco de dados, contendo informações sobre bilhões de contas vazadas, e permite que os usuários pesquisem suas próprias informações digitando seu nome de usuário ou endereço de e-mail. O site tem sido amplamente divulgado como um recurso valioso para usuários da internet que desejam proteger sua própria segurança e privacidade. Foi criado pelo especialista em segurança Troy Hunt em 4 de dezembro de 2013. Acesse esse site e faça sua experiência!

Data Protection Officers: Checklist's de Segurança para IoT

Imagine a seguinte situação em um centro cirúrgico, repleto de enfermeiros, anestesistas e diferentes médicos de áreas cruciais para a vida de um paciente que está ali deitado passando por uma cirurgia extremamente delicada. Existe, é claro, o médico principal, responsável por manipular os instrumentos com precisão literalmente cirúrgica, pois qualquer erro pode ser fatal. São inúmeras veias, das mais diversas, algumas mais finas, ou mais grossas, finíssimas, com poucas ligações ou com infinitas interligações com diferentes canais sanguíneos que irrigam diferentes órgãos do corpo humano. Há todo o cuidado para também não fazer com que aquilo que estava funcionando bem deixe de funcionar ou acarrete alguma sequela. Além, ainda, de todos estarem atentos aos sinais que os aparelhos em volta estão transmitindo, dando-lhe informações cruciais para executar uma mudança de decisão necessária, se isso vier ao caso.

Tenso? Sem dúvida. Mas talvez para o médico, que está realmente concentrado, de forma metódica, talvez ortodoxa e estabelece seu precioso checklist de preparação, a situação pode até ser menos complexa.

O prezado leitor talvez esteja perguntando o porquê dessa explanação inicial, mas é justamente para tentar fazermos uma analogia com o universo da Internet das Coisas (IoT) junto ao Data Protection Officer. Longe, é claro, de comparar funções, mas para entender aqui o seguinte: quando se fala isoladamente sobre a internet, certamente no mínimo você pensará em inúmeras possibilidades de uso pessoal, profissional, de utilidade e dinâmicas infinitas, enfim, algo amplo, bastante amplo, diga-se de passagem. E quando, então, se fala isoladamente sobre a palavra "coisa", fica tudo pior, não é mesmo? Trocadilhos à parte, coisa, pode ser literalmente qualquer coisa, então a amplitude é muito maior.

Agora imagine então a simbiose, a junção dessas duas palavras! Internet das Coisas. Pois é, essa amplitude parece agora realmente ter sido exponencialmente aumentada. É essa a analogia que queremos fazer com que você entenda.

Interligações, integrações, interações entre diversos órgãos do corpo humano, bem como as diversas coisas da internet. O médico escolhe a estratégia e faz o planejamento para a cirurgia, a definição do corpo médico a participar, cada qual com sua competência, a escolha de todo o material cirúrgico , prevendo todos os tipos de situações possíveis e com o maior teor de qualidade, e claro, todo seu conhecimento à prova, sobretudo para situações inusitadas e inesperadas, sempre com grande dose de controle emocional. Assim também é o DPO, que agora deverá prover sua atenção a ambientes muito mais complexos em meio à IoT, o que exigirá maior efetividade no tratamento à privacidade dos dados, porque agora a proteção não poderá ser mais trivial, padrão ou seguindo os mesmos protocolos. É uma mistura de garantir a segurança, com qualidade, performance e precisão. Mas claro, e sobretudo, estar online e não poder ficar offline, bem como o sangue não pode parar de circulando e a respiração deve continuar. Isso não pode parar, senão, fim, off.

São tantas as coisas em volta do DPO, que seus conhecimentos serão também, sem dúvida, colocados à prova. Não somente seus conhecimentos teóricos, mas toda sua vivência e experiência prática, dimensionadas agora em duas áreas do conhecimento que desta vez deverão, mais do que nunca, ser irmãs univitelinas: Jurídico + Segurança da Informação.

Não adiantará dizer na hora da "cirurgia" que houve um equívoco na interpretação da lei, ou que a escolha da solução para realizar uma Análise de Impacto à Proteção dos Dados (AIPD) deixou a desejar. Ou quando o "paciente" está dando sinais de que entrará em óbito e as máquinas já apitam ensurdecedoramente, todos os envolvidos em volta já não dão mais opinião, dizer que o mapeamento de processos era necessário desde o início. Antes tarde do que nunca aqui não serve.

Portanto, como dito no início da elucidação anterior, evite correr riscos demasiados e, assim, não subestime um verdadeiro checklist.

Entendendo a Taxonomia dos Ativos IoT

Os desafios perante a segurança cibernética se iniciam com a identificação e decomposição dos ativos inerentes à IoT. Na tabela a seguir, são vistos os principais grupos de ativos a serem protegidos em um ecossistema de IoT. Como ele aborda a IoT de maneira horizontal, o nível de proteção de um determinado ativo variará dependendo do caso de uso, do aplicativo usado e do cenário de uso do referido ecossistema nessa Internet das Coisas.

Há uma diversidade de ativos na IoT, que dividimos nos principais grupos de ativos definidos. Essa taxonomia de ativos detalha e elabora os diferentes segmentos. Note que o nível mais baixo da taxonomia é indicativo e não exaustivo. Por exemplo, nem todos os tipos de sensores são listados, apenas alguns mais representativos. Isso também se aplica às redes, aos protocolos etc.

GRUPO DE ATIVOS	ATIVOS	DESCRIÇÃO
	Hardware	Os diferentes componentes físicos (exceto sensores e adaptadores) dos quais os dispositivos IoT podem ser construídos. Incluem microcontroladores, microprocessadores, as portas físicas do dispositivo, da placa-mãe etc.
	Software	O software compreende o sistema operacional do dispositivo IoT, seu firmware e os programas e aplicativos instalados e em execução.
Dispositivos IoT	Sensores	São os subsistemas cujo propósito é detectar e/ou medir eventos em seu ambiente e enviar as informações para outros eletrônicos a fim de serem processadas. Existem sensores tecnológicos para muitos propósitos, como medir temperatura, movimento etc.
	Adaptadores	São unidades de saída do dispositivo IoT, que executam decisões com base em informações anteriormente processadas.

GRUPO DE ATIVOS	ATIVOS	DESCRIÇÃO
Outros dispositivos do ecossistema IoT	Dispositivos para interface com as coisas	São dispositivos cujo propósito é servir como uma interface ou como um agregador entre outros dispositivos IoT de um determinado ecossistema de IoT. Além disso, dispositivos usados pelos usuários para interface e interação com outros dispositivos IoT.
	Dispositivos para gerenciar Coisas	São dispositivos especialmente projetados para gerenciar outros dispositivos IoT, redes etc.
	Sistemas embarcados	São baseados em uma unidade de processamento que lhes permite processar dados por conta própria. Eles incluem sensores incorporados e/ou adaptadores, recursos de rede para conectar diretamente para a nuvem e a capacidade de executar software.
Comunicações	Redes	Permitem que os diferentes módulos de um ecossistema de IoT troquem dados e informações um com o outro, através de um link de dados. Existem diferentes tipos de redes de acordo com os recursos em volta, que incluem LANs, WANs, MANs, entre outros.
		Definem o conjunto de regras sobre como a comunicação entre dois ou mais dispositivos IoT deve ser realizada através de um determinado canal.
	Protocolos	Existem muitos protocolos de comunicação, que podem ser sem fio ou baseados em fios. Exemplos de comunicação IoT: os protocolos são ZigBee, MQTT, CoAP, BLE etc.

GRUPO DE ATIVOS	ATIVOS	DESCRIÇÃO
Infraestrutura	Roteadores	São os componentes de rede que encaminham pacotes de dados entre as diferentes redes do ecossistema IoT e fora dele.
	Gateways	São os nós de rede usados para interagir com outra rede do ambiente IoT que usa protocolos diferentes. Os gateways podem fornecer tradutores de protocolo, isoladores de falha etc., para proporcionar interoperabilidade do sistema.
	Fonte de alimentação	Fornece energia elétrica a um dispositivo IoT e aos seus componentes internos. A fonte de energia pode ser externa e com fio, ou uma bateria integrada no próprio dispositivo.
	Ativos de segurança	Este grupo compreende os ativos especificamente focados na segurança dos dispositivos IoT, como redes e demais informações. Mais proeminente, eles incluem firewalls, Web Application Firewalls(WAF), CASBs para proteger a nuvem, IDSs, IPSs e sistemas de autenticação/ autorização.
Plataforma e backend	Serviços baseados na Web	São serviços dentro da World Wide Web que fornecem uma interface baseada na Web para usuários da Web ou para aplicativos conectados à Web. Isso significa que as tecnologias Web podem ser usadas em comunicações de IoT para Interface Humanos para Máquina (H2M) e para comunicações M2M.
	Infraestrutura em nuvem e serviços	Em IoT, o backend em nuvem pode ser usado para agregar e processar dados de diversos dispositivos, e também fornece recursos de computação, armazenamento, aplicativos, serviços etc.

GRUPO DE ATIVOS	ATIVOS	DESCRIÇÃO
	Mineração de dados	Isso se refere a algoritmos e serviços para processar dados coletados e transformá-los em uma estrutura definida para uso posterior, usando tecnologias de big data para descobrir padrões em conjuntos de dados muito grandes.
Tomada de decisão	Processamento de dados e computação	Serviços facilitando o processamento de dados coletados a fim de obter informações úteis para aplicar regras e lógica, para tomar decisões e automatizar processos. O aprendizado de máquina pode ser empregado para aprender com o uso de informações disponíveis ao longo do tempo.

Pode-se observar na figura a seguir o gráfico de criticidade/complexidade, que fornece uma visão dos principais ativos descritos na taxonomia de ativos. Com base nas respostas recebidas pelos especialistas no assunto nas entrevistas, se notará uma variação interessante: essas entrevistas envolveram um questionário estruturado, no qual uma das questões dos especialistas foi avaliar os principais ativos de IoT de acordo com sua criticidade. Os especialistas poderiam classificar os ativos como não importantes, de baixa importância, de importância média, de alta importância e de importância crucial, e assim também sua complexidade em diversos aspectos.

Vale a pena enfatizar novamente a complexidade de definir a criticidade de um determinado ativo de maneira horizontal, em vez de considerar um caso de uso vertical específico. Abstrair esse fato é muito desafiador, mas esse é o objetivo demonstrado quando se vê a análise do gráfico a seguir.

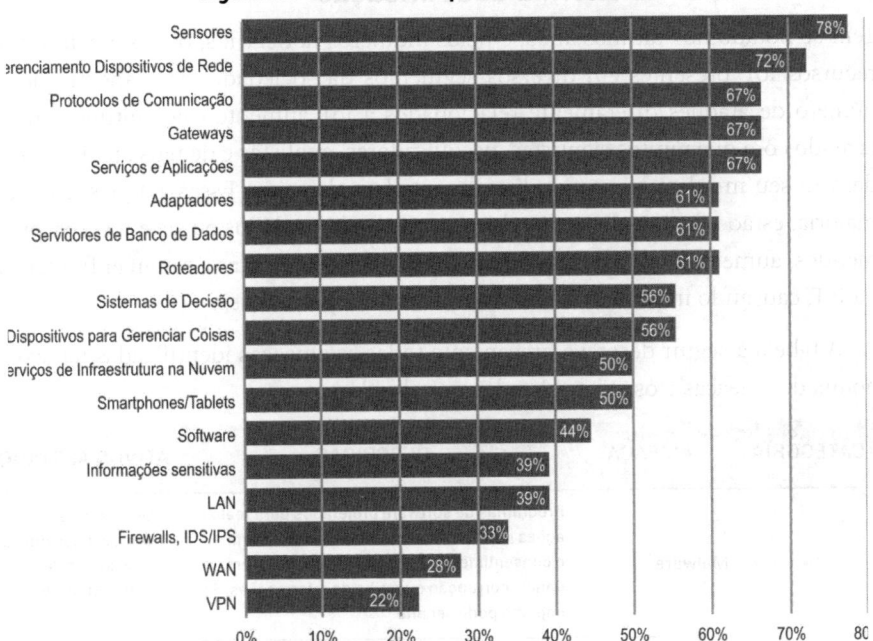

Figura 30: Gráfico de complexidade de ativos IoT

Conforme observado na figura, analisando cada um dos ativos e suas respectivas percentagens de criticidade, algumas prioridades ficam claras, mas a visão, a percepção e o senso crítico do DPO deverão prevalecer nessas análises. As principais conclusões aqui são as de que os ativos mais críticos são os sensores, o controle de gerenciamento de dispositivos e redes, e os protocolos de comunicação, os gateways e os aplicativos e serviços, todos marcados como críticos por pelo menos dois terços ou mais dos especialistas entrevistados. Sim, isso é uma pesquisa, um estudo. Sua relevância e consideração não devem ser subestimados, porém cada caso é um caso, em ambientes, situações e momentos específicos. Portanto, ao abordar a segurança na IoT, esses ativos devem ser priorizados, mas com o olhar técnico e de negócios do DPO perante o cenário que se encontra para determinada análise de impacto e riscos. Mais uma vez, esses resultados são baseados em uma abordagem horizontal, portanto, eles podem variar, dependendo das diferentes implantações e casos de uso. De qualquer forma, a realização de uma avaliação de ativos e riscos é essencial para determinar a criticidade dos ativos e as ameaças que afetam um ambiente IoT específico.

Entendendo a Taxonomia das Ameaças

Tem-se notado nos últimos anos, e pelos inúmeros noticiários, o crescimento dos recursos IoT presentes em diversos segmentos da sociedade, de maneira que o número de ataques diretamente relacionados à IoT aumentou nos últimos anos, fazendo com que muitos cientistas, pesquisadores, analistas e demais técnicos mudassem seu mindset, pensando literalmente fora da caixa. Esses ataques, em sua maioria, estão relacionados a dispositivos que foram violados ou sistemas comprometidos, aumentando ao mesmo tempo o número de ameaças a serem enfrentadas na IoT, causando impactos de fato, com maiores repercussões.

A tabela a seguir descreve brevemente todas as ameaças identificadas na taxonomia de ameaças e os ativos afetados por elas. Veja:

CATEGORIA	AMEAÇA	DESCRIÇÃO	ATIVOS AFETADOS
Atividades ilícitas/ abusivas	Malware	Programas de software projetados para realizar ações não autorizadas em um sistema sem o consentimento do usuário, resultando em danos, corrupção ou roubo de informações. Seu impacto pode ser alto.	- Dispositivos IoT - Outros dispositivos do ecossistema de IoT - Plataforma e backend
	Kits de exploração	Código projetado para tirar proveito de uma vulnerabilidade para ter acesso a um sistema. Essa ameaça é difícil de se detectar, e em ambientes IoT, seu impacto varia de alto para crucial, dependendo dos ativos afetados.	- Dispositivos IoT - Outros dispositivos do ecossistema de IoT - Infraestrutura
	Ataques direcionados	Ataques projetados para um alvo específico, lançados por um longo período de tempo e carregados em vários estágios. O objetivo principal é permanecer escondido e obter dados/informações ou controle muito sensíveis, se possível. Enquanto os impactos dessa ameaça é médio, detectá-los geralmente é muito difícil e leva muito tempo.	- Infraestrutura - Plataforma e backend - Informações
	DDOS	Vários sistemas atacam um único alvo, a fim de saturá-lo e fazê-lo cair. Isso pode ser feito fazendo-se muitas conexões, inundando um canal de comunicação ou reproduzindo as mesmas comunicações uma e outra vez.	- Dispositivos IoT - Outros dispositivos do ecossistema de IoT - Plataforma e backend - Infraestrutura

CATEGORIA	AMEAÇA	DESCRIÇÃO	ATIVOS AFETADOS
Atividades ilícitas/ abusivas	Falsificação por dispositivo malicioso	Essa ameaça é difícil de descobrir, uma vez que uma falsificação de dispositivo não pode ser facilmente distinguida do original. Esses dispositivos geralmente têm backdoors e podem ser usados para realizar ataques a outros sistemas de tecnologia no ambiente como um todo.	- Dispositivos IoT - Outros dispositivos do ecossistema de IoT - Infraestrutura
	Ataques à privacidade	Essa ameaça afeta tanto a privacidade do usuário quanto da exposição pessoal por elementos de rede não autorizados.	- Dispositivos IoT - Outros dispositivos do ecossistema de IoT -Plataforma e backend - Informações
	Modificação de informações	Neste caso, o objetivo não é danificar os dispositivos, mas manipular a informação, a fim de causar o caos ou adquirir ganhos monetários.	- Dispositivos IoT - Outros dispositivos do ecossistema de IoT -Plataforma e backend - Informações
Escuta / Interceptação /Sequestro	Ataque "Man-in-the-middle"	Ataque ativo de escuta, no qual o atacante retransmite mensagens de uma vítima para outra, a fim de fazê-las acreditar que estão falando diretamente uma com a outra.	- Informações - Comunicações - Dispositivos IoT
	Sequestro do protocolo de comunicação IoT	Assumindo o controle de uma sessão de comunicação existente entre dois elementos da rede. O intruso é capaz de farejar informações críticas, incluindo senhas. O sequestro pode usar técnicas intrusivas, como forçar a desconexão ou negação de serviço.	- Informações - Comunicações - Dispositivos IoT - Tomada de decisão
	Interceptação de Informações	Interceptação não autorizada (e às vezes modificação) de uma comunicação privada, como em ligações privadas, mensagens instantâneas e comunicações por e-mail.	- Informações - Comunicações - Dispositivos IoT
	Investigação em rede	Obter passivamente informações internas sobre a rede: dispositivos conectados, protocolo utilizado, portas abertas, serviços disponíveis etc.	- Informações - Comunicações - Dispositivos IoT - Infraestrutura
	Sequestro de sessão	Roubando a conexão de dados, agindo como um host legítimo a fim de roubar, modificar ou excluir dados transmitidos.	- Informações - Comunicações - Dispositivos IoT
	Replay de mensagens	Esse ataque usa uma transmissão de dados válida maliciosamente por repetidamente enviá-lo ou retardá-lo, a fim de manipular ou travar o dispositivo alvo.	- Informações - Dispositivos IoT - Tomada de decisão

CATEGORIA	AMEAÇA	DESCRIÇÃO	ATIVOS AFETADOS
Interrupções	Interrupção de rede	Interrupção ou falha no fornecimento de rede, intencional ou acidental. Dependendo da rede ou do segmento afetado, e sobre o tempo necessário para recuperar, a importância dessa ameaça varia de alta a crítica.	- Infraestrutura - Comunicações
	Falhas de dispositivos	Ameaça de falha ou mau funcionamento de dispositivos de hardware	- Dispositivos IoT
	Falha de sistema	Ameaça de falha de serviços ou aplicativos de software.	- Dispositivos IoT -Plataforma e backend - Outros dispositivos de ecossistema de IoT
	Perda de apoio aos serviços	Indisponibilidade de serviços de suporte necessários para adequada operação do sistema de informação.	- Todos os ativos
Dano/Perda - (Ativos de TI)	Dados sensíveis e vazamento de informações	Dados sensíveis são revelados intencionalmente, ou não, para partes não autorizadas. A importância dessa ameaça pode variar muito, dependendo dos tipos de dados vazados.	- Dispositivos IoT - Outros dispositivos do ecossistema de IoT - Plataforma e backend - Informações
Falha/ Deterioração	Vulnerabilidades em software	Os dispositivos IoT mais comuns são, muitas vezes, vulneráveis devido a fracas senhas default do software, bem como a bugs e erros de configuração, representando um risco para a rede. Essa ameaça geralmente está conectada a outras, como kits de exploração, sendo considerada crucial.	- Dispositivos IoT - Outros dispositivos do ecossistema de IoT -Plataforma e backend - Infraestrutura -Aplicações e serviços
	Falhas de terceiros	Erros em um elemento ativo da rede causados pelo erro de outro elemento que tem relação direta com ele.	- Dispositivos IoT - Outros dispositivos do ecossistema de IoT -Plataforma e backend - Infraestrutura -Aplicações e serviços
Desastre	Desastres naturais	Incluem eventos como inundações, ventos fortes, deslizamentos de terra, entre outros que poderiam danificar fisicamente os dispositivos.	- Dispositivos IoT - Outros dispositivos do ecossistema de IoT -Plataforma e backend - Infraestrutura
	Desastres ambientais	Desastres em ambientes de implantação com muitos equipamentos e causando sua inoperância e vários impactos.	- Outros dispositivos do ecossistema de IoT -Plataforma e backend - Infraestrutura

CATEGORIA	AMEAÇA	DESCRIÇÃO	ATIVOS AFETADOS
Ataques físicos	Modificação de dispositivo	Adulterar um dispositivo, por exemplo, aproveitando-se de configuração ruim ou explorando portas, que ficaram abertas.	- Comunicações - Dispositivos IoT
	Destruição (sabotagem) de dispositivo	Incidentes como roubo de dispositivos, ataques de bomba, vandalismo ou sabotagem podem danificar dispositivos.	- Dispositivos IoT - Outros dispositivos de ecossistema de IoT -Plataforma e backend - Infraestrutura

Foram realizadas entrevistas com especialistas e partes interessadas relevantes, de maneira que os cenários de ataque mencionados em relação aos ambientes de IoT foram descritos e detalhados em seus percentuais de criticidade, conforme será visto na figura a seguir. Nesse contexto, os especialistas foram convidados a classificar os dez exemplos de cenários de ataque em termos de criticidade. Três deles se destacaram mais, sendo, assim, considerados os mais preocupantes para os entrevistados. O gráfico a seguir mostra a criticidade média de um determinado cenário de ataque com base nas informações coletadas nas entrevistas com especialistas. Novamente, o desafio está em definir o nível de criticidade de um ataque a um ambiente de IoT ao fazê-lo de maneira horizontal. Veja:

Figura 31: Gráfico criticidade de ataque à IoT

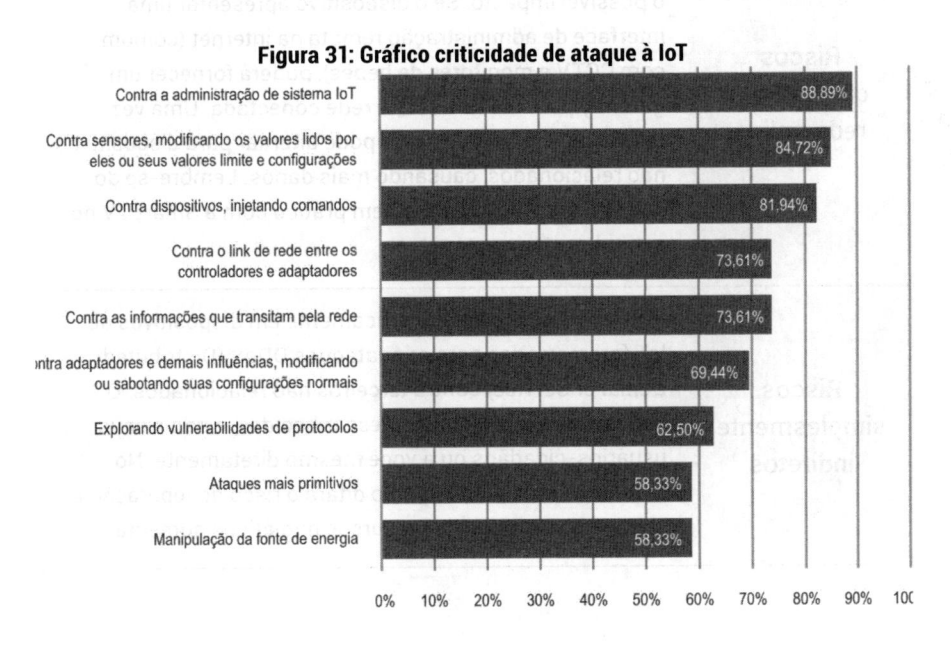

Fonte: Enisa.

Os três cenários de ataque que se destacam são:

» Cenário de ataque 1: comprometimento do sistema de administração da IoT.

» Cenário de ataque 2: manipulação de valor em dispositivos IoT.

» Cenário de Ataque 3: injeção de Botnet/Comandos.

Proteção para a IoT

Ao imaginar o futuro, é fácil focar o conceito principal e passar horas aprimorando os recursos listados naquele pacote de produtos ou serviços para fornecer a melhor experiência do usuário. Compreende-se que isso é importante, contudo, não se esqueça de fornecer essas funções da maneira mais segura possível. A seguir temos os quatro riscos potenciais que devem ser levados a sério.

Riscos ao usuário-cidadão	A falha em proteger o dispositivo arrisca as informações pessoais dos consumidores, levando potencialmente a roubo de identidade ou constrangimento, dependendo dos dados tratados.
Riscos colaterais à rede online	Quando o usuário-cidadão conecta um dispositivo à sua rede doméstica, é improvável que ele tenha considerado o possível impacto. Se o dispositivo apresentar uma interface de administração remota na internet (comum com CCTV e monitores de bebês), poderá fornecer um gateway para um invasor na rede conectada. Uma vez dentro do firewall, o invasor pode alternar para dispositivos não relacionados, causando mais danos. Lembre-se do que vimos como exemplo bem prático com a Smart TV no capítulo anterior.
Riscos simplesmente indiretos	Falhas exploráveis automaticamente em dispositivos de IoT foram usadas para criar ataques DDoS (Distributed Denial of Service) contra terceiros não relacionados. O impacto aqui é a terceiros desconhecidos, e não a seus usuários-cidadãos ou a você mesmo diretamente. No entanto, a escala do impacto ditará o risco de reputação à medida que o ibope dos recursos midiáticos aumenta.

Riscos quanto à reputação	A falha em proteger seu dispositivo provavelmente afetará a reputação do produto, bem como a empresa que o desenvolveu. Esse é o impacto direto para você mesmo. O risco a esse usuário-cidadão ou de uma garantia resultará em danos à reputação.

As maiores notícias no espaço de segurança da IoT foram relacionadas ao DDoS. Por exemplo, o malware Mirai infectou dispositivos de 500k IoT, explorando 60 nomes de usuário e senhas padrão de fábrica comuns. Em seguida, usou esses dispositivos para acionar um DDoS que afeta os serviços online, incluindo GitHub, Twitter, Reddit, Netflix, Airbnb e outros. A causa raiz era simples: senhas conhecidas ou possíveis de ser adivinhadas em dispositivos como câmeras da Web habilitadas para a internet.

Categorias de Risco

O leitor deve se lembrar de uma passagem do capítulo anterior informando que o DPO se deparará com duas grandes áreas principais do conhecimento, que são a jurídica e a de segurança da informação. Ao considerar, então, a segurança de seu dispositivo IoT, você precisa estar ciente da causa raiz dos problemas de segurança e outras questões burocráticas, porém importantes, conforme resumido a seguir.

Falhas técnicas	Se a falha deriva da implementação do dispositivo, é técnica. Um exemplo nessa categoria seria usar uma senha padrão ou fácil de adivinhar para administração. Um simples ataque de força bruta é comprometedor.
Privacidade/ falhas legais	Se o dispositivo manipular dados do usuário ou o sensor puder ser usado para violar a privacidade, deve-se considerar especialmente o aspecto legal. Identifique o potencial de violações de privacidade. Desenvolva controles técnicos para se proteger deles sempre que possível. Mas, definitivamente, consulte um conselho jurídico para determinar onde a responsabilidade por violações estará: ela estará no usuário-cidadão final ou no fornecedor?

Nesse contexto, elaborar uma lista de verificação de segurança da Internet das Coisas para limitar sua exposição a essas falhas técnicas se torna interessante. O primeiro passo é realizar a decomposição do dispositivo. Analise seu produto para encontrar todas as interfaces e aspectos e acompanhe-os em uma matriz. Veja a seguir um exemplo simples formatado nesse sentido.

Figura 32: Aba geral

ID	Ameaça	Sumário / Histórico	Recomendação
1	Senhas Padrão / Fracas	Se o seu dispositivo tiver uma senha fraca ou fácil de adivinhar, será suscetível a ataques de adivinhação. Se for bem-sucedido, um invasor terá acesso à funcionalidade de administração ou ao que estiver sendo protegido por essas credenciais. O impacto dependeria das habilidades adquiridas através do acesso credenciado. Problemas de privacidade e potencialmente a integridade do dispositivo estariam em risco.	Configure senhas seguras para todas as contas de usuário padrão. Idealmente, cada dispositivo deve gerar sua própria senha aleatoriamente como parte da configuração de fábrica. Como alternativa, o usuário pode ser solicitado a criar uma senha no primeiro uso. Uma política de senha segura deve ser aplicada para impedir que os usuários selecionem senhas fracas.
2	Ausência de atualizações de segurança	Os dispositivos IoT geralmente são criados com tecnologias pré-existentes, como o sistema operacional Linux ou usando serviços HTTP, como Apache ou NGINX. Com o tempo, são descobertas falhas em todos os produtos de software que devem ser resolvidos. O modelo de operação para dispositivos IoT é diferente dos sistemas de TI clássicos. Um servidor Web de produção no perímetro externo de uma empresa pode ser facilmente corrigido. Como você atualiza uma máquina de lavar na casa de alguém ou um rastreador de fitness no pulso de alguém? A falha na atualização contra vulnerabilidades conhecidas no suporte ao software aumentará as chances de um invasor remoto poder comprometer o dispositivo.	Verifique se a versão mais recente de cada item de software é usada no processo de construção na fábrica. Crie meios robustos pelos quais o dispositivo possa obter atualizações de software. Force o dispositivo a atualizar na ativação inicial e periodicamente uma vez em uso. Um mecanismo de atualização "robusto" inclui o uso de criptografia apropriada para garantir que a fonte da atualização seja legítima. Também incluirá verificações de que os pacotes não foram adulterados em trânsito.

| GERAL | Rede | ⊕ |

Fonte: Elaborada pelos autores.

Figura 33: Aba de rede

Ameaças	Sumário / Histórico	Recomendação	Referências
Vulnerabilidades Wireless	Alguns dispositivos se conectam ou iniciam suas próprias redes Wi-Fi. Quando isso é verdade, a maneira como eles fazem isso pode ser uma preocupação. O risco mais óbvio seria criar uma rede sem fio no modo de ponto de acesso que use criptografia fraca ou implemente senhas estáticas em todos os dispositivos. Se um invasor puder comprometer a segurança de um dispositivo sem fio, poderá obter acesso a uma rede sensível.	Realize uma auditoria de segurança de rede sem fio. O conselho geral seria: 1) Evite o uso de WEP ou redes "abertas". 2) Verifique se cada dispositivo gera uma senha padrão exclusiva no ponto de produção ou na primeira ativação. A segurança do Wi-Fi é um tópico amplo. Dependendo dos dados sendo manipulados, pode haver uma necessidade significativa de exceder essas medidas simples	
Vulnerabilidades Bluetooth	Alguns dispositivos utilizam redes de área pessoal por bluetooth. Existem várias versões deste protocolo que oferecem graus variados de segurança. As falhas são conhecidas e o risco geral é a perda da confidencialidade do usuário.	Utilize o mais recente padrão de bluetooth que é prático para sua aplicação. O suporte para qualquer coisa anterior à versão 2.1 é considerado totalmente inseguro. Faça uma revisão da sua rede Bluetooth para entender seus riscos.	https://null-byte.wonderhowto.com/how-to/hack-bluetooth-part-1-terma-technologies-security-0163977/

| GERAL | Rede | ⊕ |

Fonte: Elaborada pelos autores.

Para cada linha de sua matriz, você precisará discutir quaisquer questões técnicas ou jurídicas que esse item possa apresentar. É melhor fazer isso como um exercício de papel na fase de design, antes do desenvolvimento, mas também pode ser realizado posteriormente.

Repare que há duas partes de trabalho, uma que captura riscos gerais, aplicáveis a tudo que representa o padrão mínimo que você deve buscar, e outra, que cobre as opções de rede para dispositivos, conforme esse exemplo específico. A escolha da tecnologia de rede varia e é, sem dúvida, o maior tópico isolado que geralmente se tem. No entanto, assim você manterá seu controle e vai ampliando/atualizando conforme as novas demandas, tecnologias, processos que caracterizam o negócio em questão de sua empresa, descrevendo, assim, um ID de controle, a ameaça em si, o histórico referente a esse tipo de ameaça, a recomendação para sanar ou mitigar o risco dessa ameaça e respectivas referências sempre atualizadas. Entenda que, mais do que nunca, esse deve ser um tipo de "documento vivo", que exigirá constantes atualizações.

Checagem High Level

Depois que os dispositivos são fabricados, fica mais complicado, e até impossível, garantir a segurança. O ditado é verdadeiro: "Não deixe de fazer hoje aquilo que poderá lhe custar caro amanhã." Ao introduzir preocupações de segurança na discussão no estágio de design inicial, lembre-se sempre do conceito Privacy Design por Default. Considere as duas categorias de risco listadas no tópico anterior e estará a caminho de poupar dores de cabeça posteriormente. As dicas de alto nível a seguir devem ser consideradas durante o desenvolvimento dos dispositivos.

Segurança por padrão	Questione sempre o seguinte: as configurações são seguras imediatamente, ou o usuário deve fazer algo para ativar a proteção? À medida que a segurança cibernética evoluiu na última década, a estratégia de garantir segurança imediata é preferível a confiar nos usuários. As dicas gerais incluem a desativação de recursos até que sejam ativados e a geração de senhas aleatórias por dispositivo, por exemplo.

Fornecer uma função de atualização	Mesmo a melhor solução projetada acabará tendo algum bug funcional ou de segurança que exigiria uma atualização. Para suportar isso, crie um mecanismo de atualização robusto que possa proteger os usuários em médio ou longo prazo.
Suponha que o código-fonte esteja visível	Verifique se não há segredos codificados no dispositivo que tenham impacto na segurança de todos os dispositivos. Os invasores terão acesso físico aos seus produtos durante muitos anos. Essas são condições ideais para fazer a engenharia reversa. Se você precisar de segredos codificados, crie-os para serem exclusivos para cada dispositivo. Portanto, encontrar a senha de administrador padrão no firmware não exporá todos os outros dispositivos. Além disso, esteja ciente de que a fonte de todas as interfaces administrativas é igualmente exposta.
Planejar a descontinuidade	Os produtos da Internet das Coisas são eletrônicos de consumo, na maioria dos casos. Ofereça aos usuários uma maneira fácil de remover seus dados do dispositivo, para que possam vendê-los ou descartá-los com segurança.

A engenharia de produção tecnológica, com toda essa dinâmica e com esses princípios, desde o primeiro ponto de partida possível, deverá colocar seus dispositivos em uma base segura, seguindo etapas como as citadas, que são básicas, contudo, fundamentais para sustentar novos modelos e integrações mais complexas, sempre primando pelas vertentes da privacidade, proteção, segurança e das leis vigentes.

Melhores Práticas para Revisão

Com as causas principais definidas e os princípios de alto nível estabelecidos, serão descritas agora as boas práticas recomendadas.

Decomposição do dispositivo	Divida o produto em uma lista de suas interfaces. Identifique todas as interfaces de hardware e software que podem ser interagidas e crie uma matriz para capturar cada elemento individual, conforme apresentamos no tópico anterior, tipo uma planilha de controle. Todas as interfaces físicas – como redes com ou sem fio, USB, JTAG e interfaces seriais –, precisam ser listadas. Todas as interfaces de software – como HTTP, o aplicativo executado sobre ele, SNMP etc. – também precisam se tornar linhas consideradas nessa matriz. No final desse processo, você terá descoberto a "Superfície de ataque" de seu dispositivo. Feito isso, você já terá uma boa noção de algumas providências, sejam elas operacionais ou mais técnicas.
Revise cada interface	Para cada item de sua matriz, faça uma análise de risco. Encontre diretrizes de melhores práticas e as implemente. Atualize sua matriz com quaisquer preocupações técnicas ou de privacidade/legais que você identificou ou aceitou durante sua avaliação.
Encontre um parceiro de segurança	Se você não tem as habilidades internas para realizar sua revisão ou se deseja apenas uma verificação de terceiros, encontre um parceiro especialista. Ir a ele com sua matriz já criada reduzirá o tempo necessário para a entrega, já que terá feito parte do trabalho desse processo.

Visão Geral dos Domínios de Segurança para o DPO

Sabe-se que é extremamente importante o DPO imergir em alguns momentos para entender bem as inúmeras criticidades que possam surgir durante sua condução como gestor de privacidade dos dados, seja no projeto ou segmento de mercado que for. Nesse sentido, as diferentes medidas de segurança e boas práticas identificadas se enquadram em vários domínios de segurança com os quais o DPO poderá se deparar em suas empreitadas. A visão, de certa forma abrangente, se diria "Top down", se faz importante para que o próprio DPO possa ver de maneira mais aberta os diferentes cenários e situações que terá como desafio. O objetivo dessa visão por domínio é cobrir os inúmeros ambientes de IoT horizontalmente, para classificar e definir quais medidas de segurança se aplicam a quais áreas diferentes do ecossistema de IoT em que o DPO se encontra e poderá atacar. Os domínios de segurança propostos estão organizados da seguinte maneira:

» **Governança de segurança e de sistemas no gerenciamento de risco**: inclui medidas de segurança relacionadas à análise de gestão de risco de segurança dos sistemas de TI, política, credenciamento, KPIs e demais auditorias de segurança dos usuários.

» **Gerenciamento de ecossistemas:** inclui medidas de segurança relacionadas ao mapeamento e às relações entre ecossistemas IoT.

» **Arquitetura de segurança de TI**: inclui medidas de segurança relacionadas à configuração de sistemas, ao gerenciamento de ativos, à segregação de sistemas, à filtragem de tráfego e à criptografia.

» **Administração de segurança de TI**: inclui medidas de segurança relacionadas a contas de administração e gestão dos sistemas de informações.

» **Gerenciamento de acesso e identidade**: inclui medidas de segurança relacionadas à autenticação, identificação e aos direitos e perfis de acesso em seu ciclo de vida como usuário.

» **Manutenção de segurança de TI**: inclui medidas de segurança relacionadas aos procedimentos de manutenção de segurança de TI e acesso remoto.

» **Detecção**: inclui medidas de segurança relacionadas à detecção, ao registro e à correlação de análise de log.

» **Gerenciamento de incidentes de segurança**: inclui medidas de segurança relacionadas à análise e resposta a incidentes de segurança do sistema de informações e relatório de incidentes.

» **Continuidade das operações**: inclui medidas de segurança relacionadas ao gerenciamento de continuidade de negócios e gerenciamento de recuperação de desastres.

» **Gerenciamento de crise**: inclui medidas de segurança relacionadas à organização e ao processo de gerenciamento de crises.

Esses domínios de segurança classificam as medidas de segurança com base em qual área de um ecossistema de IoT elas se aplicam. Além de sua área de aplicação, cada medida de segurança pode ser organizada de acordo com sua natureza — elas podem ser políticas que devem ser levadas em consideração no desenvolvimento dos dispositivos, medidas organizacionais focadas nos negócios e funcionários que precisam ser adotadas pela própria organização e, finalmente, medidas técnicas destinadas a reduzir os riscos potenciais aos quais os dispositivos da IoT e outros elementos do ecossistema da IoT podem estar sujeitos. O próximo tópico é o checklist de avaliação de segurança de IoT, que ajudará a fornecer uma estrutura flexível que aborda a diversidade dos inúmeros recursos e situações da IoT, permitindo assim que o DPO junto a sua equipe estabeleça dispositivos e ambientes de IoT seguras, conforme inúmeros frameworks de segurança exigem. Sendo assim, um conjunto abrangente de melhores práticas que promovem o end-to-end, de desenvolvimento e implantação de soluções de IoT.

Que as preocupações de um DPO são muitas, isso já se sabe, já se viu, foi exemplificado e já foi entendido. Saber muito bem de processos, compreender a fundo as regras do negócio no qual está inserido o projeto ou o cenário em questão e imergir nas reais necessidades críticas de proteção são questões que devem estar nas veias desse DPO. Por isso a importância de conhecer o contexto interno daquilo que se encontra na empresa e para a empresa, bem como o externo, daquilo que muda no ecossistema da IoT, até porque os inúmeros dispositivos que fornecem informações importantes para as atividades estão interligados com outros recursos, sejam internos da própria empresa, seja junto de algum fornecedor/parceiro que esteja ou não na nuvem para dar suporte ou continuidade ao negócio.

Pelos Poderes de Shodan

Nesse sentido, o DPO deve estar sempre atualizado com relação às ferramentas, as técnicas e os mecanismos existentes no mercado pago, assim como no mundo open source, online ou offline. Muita coisa pode ser explorada de forma gratuita, bastando apenas um pouco de paciência para se encontrar o que precisa, conhecimento técnico (às vezes apurado, às vezes nem tanto), direcionar o objetivo e pôr a mão na massa.

Um bom exemplo disso tudo, que se pode citar aqui envolvendo esse contexto de investigação, análise, pesquisa, técnica e, claro, IoT, seria o buscador **Shodan**, uma ferramenta que encontra dispositivos conectados à internet. Geralmente, ao efetuar alguma busca (sobre praticamente qualquer assunto), usam-se os buscadores mais comuns, disponíveis na internet para encontrarmos informações, sites, fotos, documentos e várias outras coisas de nosso interesse. Porém, existem vários exemplos, e de fato até alguns bem conhecidos, que são em utilizados em nosso dia a dia. Contudo, você já imaginou o espectro de dispositivos móveis como um lugar possível para encontrar respostas? Sim, isso mesmo. Exatamente os recursos tecnológicos de nossa querida Internet das Coisas

Essa ferramenta pode indexar resultados de forma diferente daquela dos buscadores habituais: no lugar de mostrar conteúdos como fotos, vídeos, frases e texto, o Shodan utiliza o leque de endereços IP 0.0.0.0/0 e realiza uma conexão com as portas. Ou seja, da mesma forma como uma varredura que acontece com a ferramenta Nmap, que demostra o que não é visível em um site, há a utilização de algo mais técnico que pode proporcionar informações específicas sobre um servidor.

Dessa forma, para utilizar esse buscador, é preciso criar uma conta pessoal gratuita (também existe uma versão paga), com a qual é possível acessar a um número limitado de cem resultados por busca. Apesar de parecer um número pequeno, é possível obter muitas informações, o que certamente poderá ajudar o DPO a descobrir algo que ele não gostaria que estivesse acontecendo.

Veja então como utilizar de forma básica aquilo que o Shodan poderá oferecer à esfera da IoT. Acesse <https://www.shodan.io/>.

Depois que a sessão for iniciada, aparecerá uma janela monstrando do lado esquerdo os recursos online encontrados (webcam, scada, cisco, câmera etc.), e do lado direito, as demais informações, como número IP, protocolo etc.

Será possível observar na coluna da esquerda uma unidade com os rótulos mais utilizados, enquanto do lado direito estão as subcategorias, como é o exemplo das câmeras web com usuário e senha "admin" (configurações de fábrica). Além disso, também é possível aplicar filtros para as buscas, como o nome do país, o sistema operacional e as categorias de endereços IP, entre outros.

Apenas para exemplificar, foi realizada uma busca na Argentina (correspondente ao filtro **country:AR**) por equipamentos conectados com sistema operacional Windows XP dentro do país (Filtro: **os:Windows XP**). Se você acessar um desses resultados, poderá obter mais informações, como, por exemplo, as portas de acesso aos serviços disponíveis, entre outras informações.

O exemplo demostra informações sobre as portas que estão abertas nesse servidor, o fornecedor de serviços e, inclusive, as informações sobre cada um dos serviços que estão sendo executados. Esse tipo de informação se torna muito valioso quando um atacante tenta buscar vulnerabilidades em um equipamento. Por isso, é fundamental que o DPO leve em conta algumas considerações preciosas.

» Trocar usuários e senhas de fábrica.

» Alterar as configurações de fábrica, como unidades, painéis de administração e outros.

» Modificar os banners dos aplicativos, para que não mostrem informações reais.

» Manter o firewall atualizado.

» Contar com uma solução de segurança instalada e atualizada.

O Shodan sem dúvida tem evoluído e incorporado cada vez mais ferramentas, inclusive com a integração de outros aplicativos, como o Firefox, o Chrome e o Maltego, entre outros. Também inclui algumas funcionalidades extras, como mapas que utilizam a geolocalização ou buscas de exploits. Como você poderá notar, quando entrar no menu inicial, é possível observar as funcionalidades disponíveis, como Maps, Exploits e Scanhub.

Como vimos até agora, o potencial desse buscador de dispositivos realmente é muito grande. Não é nenhuma novidade entre os cibercriminosos, considerando que já o utilizam há bastante tempo, como no caso das câmeras IP com senhas de fábrica, que mostravam na web tudo o que gravavam. Além da questão sobre ter ou não senhas, também se trata de uma invasão à privacidade do proprietário, ou seja, uma atividade ilegal.

Levando em consideração que as informações estão cada vez mais disponíveis, ou seja, públicas, a prioridade número um em práticas de segurança deve ser eliminar as configurações de fábrica nos equipamentos. Por exemplo, no caso dos roteadores, os usuários e as senhas de fábrica de cada modelo estão disponíveis por meio de uma busca na internet, sem muito esforço. Com certeza, em uma Análise de Impacto à Proteção dos Dados isso deverá ser identificado pelo DPO e por sua equipe técnica de segurança.

Apesar de muitos usuários não darem muita atenção para os roteadores, considerando que não guardam arquivos, é importante ter em conta que desses aparelhos saem todas as conexões (e também entram). Dessa forma, através desses pequenos equipamentos, os atacantes podem modificar as buscas para direcionar as vítimas para sites de phishing ou até mesmo para páginas com malware, ou utilizando-se de técnicas de pharming. Por isso, é fundamental que o DPO tenha em sua lista os devidos cuidados da segurança desses aparelhos, conforme o que se faz com os computadores.

Eliminar as configurações de fábrica e atualizar os aplicativos (e o sistema operacional) para a última versão disponível fará com que os vetores de ataque sejam reduzidos. Por isso, o DPO pode considerar a utilização desse tipo de ferramenta para verificar o status do site da empresa e, assim, poder trabalhar de forma proativa para resolver os problemas que possam ser apresentados, deixando de ser simplesmente reativo para ser proativo.

ANEXO I — Relatório de Autoavaliação de Privacidade

Resposta

1. Sua empresa identifica, avalia e gerencia os riscos de segurança da informação.

a) Ainda não implementado ou planejado.

b) Parcialmente implementado ou planejado.

c) Implementado com sucesso.

Resposta

2. Sua empresa tem uma política de segurança da informação aprovada e publicada que fornece orientação e suporte para a segurança da informação (de acordo com as necessidades da empresa e as leis e regulamentos relevantes) e que é revisada regularmente.

a) Ainda não implementado ou planejado.

b) Parcialmente implementado ou planejado.

c) Implementado com sucesso.

Resposta

3. Sua empresa definiu e alocou responsabilidades de segurança da informação e estabeleceu uma estrutura para coordenar e revisar a implementação da segurança da informação.

a) Ainda não implementado ou planejado.

b) Parcialmente implementado ou planejado.

c) Implementado com sucesso.

Resposta

4. Sua empresa estabeleceu acordos escritos com todos os prestadores de serviços e processadores de terceiros que garantem a proteção e a segurança dos dados pessoais que eles acessam e processam em seu nome.

a) Ainda não implementado ou planejado.

b) Parcialmente implementado ou planejado.

c) Implementado com sucesso.

Resposta

5. Sua empresa recebe treinamento regular de conscientização sobre segurança da informação para todos os funcionários, incluindo temporários, alocados ou contratados, para garantir que todos estejam cientes e cumpram suas responsabilidades.

a) Ainda não implementado ou planejado.

b) Parcialmente implementado ou planejado.

c) Implementado com sucesso.

Resposta

6. Sua empresa tem controle de entrada, para restringir o acesso às instalações e aos equipamentos, a fim de impedir o acesso físico não autorizado, danos e interferência nos dados pessoais.

a) Ainda não implementado ou planejado.

b) Parcialmente implementado ou planejado.

c) Implementado com sucesso.

Resposta

7. Sua empresa tem acordos de armazenamento seguro para proteger registros e equipamentos, a fim de evitar perda, dano, roubo ou comprometimento de dados pessoais.

a) Ainda não implementado ou planejado.

b) Parcialmente implementado ou planejado.

c) Implementado com sucesso.

Resposta

8. Sua empresa tem um processo para descartar com segurança registros e equipamentos quando não forem mais necessários.

a) Ainda não implementado ou planejado.

b) Parcialmente implementado ou planejado.

c) Implementado com sucesso.

Resposta

9. Sua empresa identificou, documentou e classificou seus ativos de hardware e software e atribuiu a propriedade das responsabilidades de proteção.

a) Ainda não implementado ou planejado.

b) Parcialmente implementado ou planejado.

c) Implementado com sucesso.

Resposta

10. Sua empresa garante a segurança do trabalho móvel e o uso de dispositivos de computação móvel.

a) Ainda não implementado ou planejado.

b) Parcialmente implementado ou planejado.

c) Implementado com sucesso.

Resposta

11. Sua empresa configura hardware novo e existente para reduzir vulnerabilidades e fornecer apenas a funcionalidade e os serviços necessários.

a) Ainda não implementado ou planejado.

b) Parcialmente implementado ou planejado.

c) Implementado com sucesso.

Resposta

12. Sua empresa estabeleceu controles para gerenciar o uso de mídia removível, a fim de impedir a divulgação, modificação, remoção ou destruição não autorizada de dados pessoais armazenados nela.

a) Ainda não implementado ou planejado.

b) Parcialmente implementado ou planejado.

c) Implementado com sucesso.

Resposta

13. Sua empresa atribui contas de usuário a indivíduos autorizados e gerencia contas de usuário efetivamente para fornecer o acesso mínimo às informações.

a) Ainda não implementado ou planejado.

b) Parcialmente implementado ou planejado.

c) Implementado com sucesso.

Resposta

14. Sua empresa tem procedimentos e "regras" de segurança de senha apropriadas para sistemas de informação e tem um processo para detectar qualquer acesso não autorizado ou uso anormal.

a) Ainda não implementado ou planejado.

b) Parcialmente implementado ou planejado.

c) Implementado com sucesso.

Resposta   **15. Sua empresa estabeleceu defesas antimalware eficazes para proteger os computadores contra infecções por malware.**

a) Ainda não implementado ou planejado.

b) Parcialmente implementado ou planejado.

c) Implementado com sucesso.

Resposta   **16. Sua empresa faz backup rotineiro de informações eletrônicas para ajudar a restaurar as informações em caso de desastre.**

a) Ainda não implementado ou planejado.

b) Parcialmente implementado ou planejado.

c) Implementado com sucesso.

Resposta   **17. Sua empresa registra e monitora a atividade do usuário e do sistema para identificar e ajudar a evitar violações de dados.**

a) Ainda não implementado ou planejado.

b) Parcialmente implementado ou planejado.

c) Implementado com sucesso.

Resposta   **18. Sua empresa mantém o software atualizado e aplica os patches de segurança mais recentes para impedir a exploração de vulnerabilidades técnicas.**

a) Ainda não implementado ou planejado.

b) Parcialmente implementado ou planejado.

c) Implementado com sucesso.

Resposta   **19. Sua empresa tem firewalls de limite para proteger os computadores contra ataques e exploração externos e ajudar a evitar violações de dados.**

a) Ainda não implementado ou planejado.

b) Parcialmente implementado ou planejado.

c) Implementado com sucesso.

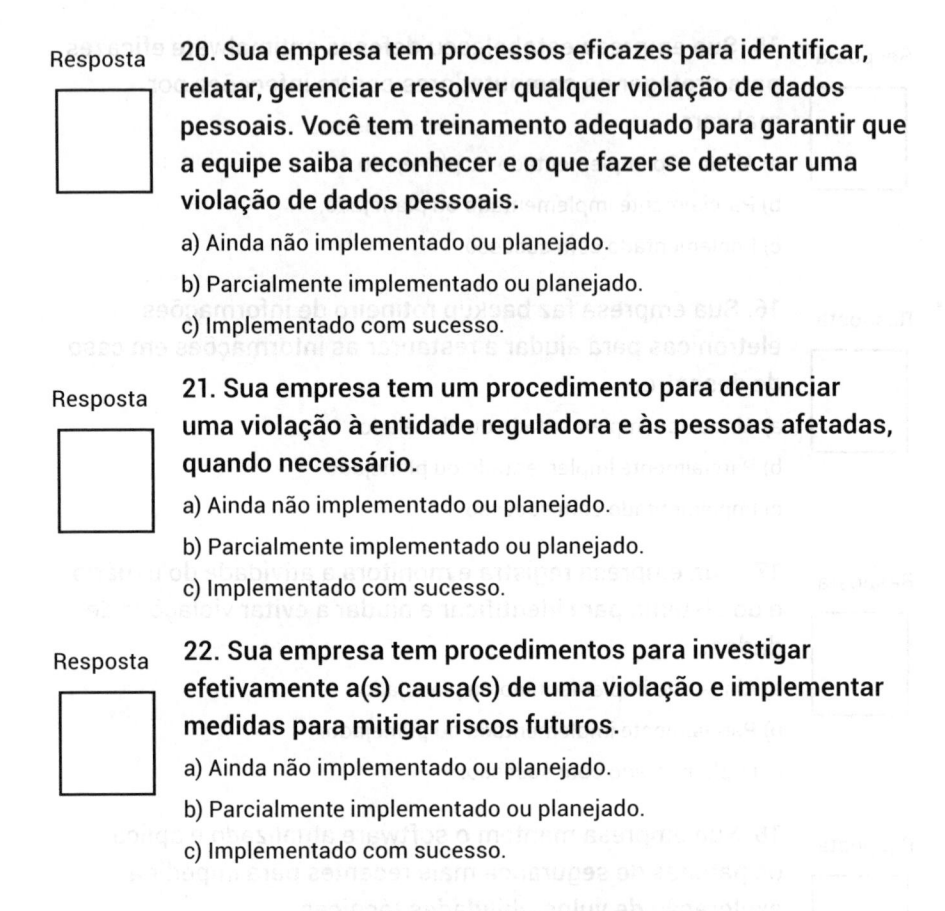

Resposta

20. Sua empresa tem processos eficazes para identificar, relatar, gerenciar e resolver qualquer violação de dados pessoais. Você tem treinamento adequado para garantir que a equipe saiba reconhecer e o que fazer se detectar uma violação de dados pessoais.

a) Ainda não implementado ou planejado.

b) Parcialmente implementado ou planejado.

c) Implementado com sucesso.

Resposta

21. Sua empresa tem um procedimento para denunciar uma violação à entidade reguladora e às pessoas afetadas, quando necessário.

a) Ainda não implementado ou planejado.

b) Parcialmente implementado ou planejado.

c) Implementado com sucesso.

Resposta

22. Sua empresa tem procedimentos para investigar efetivamente a(s) causa(s) de uma violação e implementar medidas para mitigar riscos futuros.

a) Ainda não implementado ou planejado.

b) Parcialmente implementado ou planejado.

c) Implementado com sucesso.

Tabela de pontuação/avaliação

Some os pontos correspondentes às respostas de acordo com a tabela a seguir:

» Resposta **A**: não some e nem subtraia pontos.

» Resposta **B**: some 1 ponto

» Resposta **C**: some 2 pontos

Resultado entre 0 e 26

Atenção total! A situação não é nada boa quanto aos processos e requisitos de privacidade da empresa. Não estão sendo levadas a sério as políticas de segurança vigentes (caso existam), nem processos e recursos tecnológicos aderentes. Caso não existam, deve-se pensar imediatamente em uma política e medidas que organizem a aplicabilidade real da privacidade. O desconhecimento dos riscos inerentes a ameaças e vulnerabilidades existentes e a falta de sensibilização e conscientização por parte dos funcionários em geral, executivos e da alta administração, também são pontos negativos e devem ser sanados, se percebidos. Outro fator a ser levado em consideração é que não deve estar ocorrendo um planejamento conjunto, e sim, ações isoladas, o que enfraquece muito a estrutura de privacidade dos dados (mesmo que exista de modo superficial) da organização. Não é preciso entrar em estado de desespero total, pois há tempo para se conseguir reverter tal situação. Por exemplo, já começando com uma Análise de Impacto e Proteção de Dados (AIPD)

Resultado entre 27 e 53

Cuidado! Não está em tanta inconformidade quanto às diretrizes exigidas de segurança e privacidade de dados, mas ainda existem deficiências que podem ser superadas e levar a empresa a um índice melhor do que o atual. Se tais deficiências não forem tratadas, isso também pode levar a uma situação muito preocupante. Talvez seja um dos estágios mais "traiçoeiros", justamente pela tendência de se achar que está mais bem do que mal, criando comodidade. O que pode ser feito nessa situação é corrigir planos, regras e condutas desatualizadas, defasadas ou inativas. Além também de se verificar se está em um limite suficientemente aceitável dos recursos financeiros de administração e questões legais ainda não bem definidas. Diante do quadro que se apresenta, é aconselhável fazer uma revisão geral das políticas de privacidade que regem os dados tanto cadastrais quanto críticos e sensíveis. A falta de orientação é outro ponto a ser mencionado. O DPO e sua equipe precisam ser rigorosos, para não deixar nenhum setor ou funcionário fora dos padrões exigidos. Novamente deve ser dito que é necessária uma AIPD, mesmo que pontual, pois sua falta pode acarretar desorientação e dificultar a priorização das atividades.

Resultado entre 54 e 80

Parabéns! É algo mais raro de se encontrar, mas existe. A empresa, nesse caso, está seguindo os princípios primordiais de gestão e governança da privacidade aplicadas a seu negócio. Percebe-se aí a conscientização e a certeza de que houve um treinamento por parte da equipe de TI, jurídica e demais envolvidos. Se houve também a constatação de que a aplicação dos controles de segurança foi baseada na ajuda de uma análise de riscos integrada sob a gestão de um DPO, melhor ainda para a credibilidade desse resultado para a empresa.

ANEXO II — Medidas de Segurança para a IoT (Checklist)

Partindo da Iniciativa **OWASP IoT Top 10**, organização internacional sem fins lucrativos que elencou as dez vulnerabilidades mais críticas de 2018, apresenta-se neste anexo uma lista de medidas de segurança para IoT.

Vulnerabilidade 1:	Senhas fracas
Descrição:	Utilização de credenciais suscetíveis a ataques por força bruta.
Medidas:	» Defina senhas seguras: letras, números e caracteres. » Prefira dispositivos com três fatores de autenticação. » Evitar utilizar senhas populares, senhas padrão em multidispositivos ou senhas identificáveis, como data de aniversários ou nomes de conhecidos.

Vulnerabilidade 2:	Serviços de rede inseguros
Descrição:	Serviços de rede desnecessários ou inseguros que funcionam no próprio dispositivo, especialmente aqueles expostos à internet, que comprometam a confidencialidade, a integridade/autenticidade ou disponibilidade de informações ou permitem conexões remotas não autorizadas.
Medidas:	» Siga as recomendações de segurança do fabricante do dispositivo. » Atualize os softwares do dispositivo com frequência. » Desabilite acessos remotos. » Configure o Firewall para bloquear acessos indevidos aos dispositivos IoT. » Cadastre no Firewall somente as portas necessárias para os dispositivos IoT. » Agregue todos os dispositivos IoT em uma VLAN residencial separada dos PCs. » Segregue o acesso.

Vulnerabilidade 3:	Interfaces de navegação inseguras

	Interfaces web inseguras, API de infraestrutura, sistemas ou em redes de terceiros que permitem comprometer o dispositivo ou seus componentes relacionados. Normalmente incluem a falta de autenticação/autorização, de encriptação e de proteção no manuseio e/ou transmissão da informação.
Medidas:	» Homologue as APIs em ambientes próximos do real. » Segregação de acesso. » Criptografia. » Atente-se para o ciclo de vida da informação.

Vulnerabilidade 4:	Atualizações inseguras
Descrição:	Falta de canal seguro para atualizações. Isso inclui a falta de validação de firmware em dispositivo, transferência da atualização sem proteção, falta de mecanismos de *rollback* e falta de notificações de mudanças de segurança devido a atualizações.
Medidas:	» Fornecedores podem ativar VPN direta com os dispositivos antes de atualização. » Checagem de pacotes nos sites dos fornecedores antes da atualização. » Máquina de testes laboratorial para checar o comportamento da atualização. » Crie um ponto de restauração.

Vulnerabilidade 5:	Componentes inseguros ou desatualizados
Descrição:	Utilização de componentes/bibliotecas de software desatualizados ou inseguros que possam permitir que o dispositivo seja comprometido. Isso inclui a personalização insegura de plataformas de sistemas operacionais e o uso de software de terceiros ou componentes de hardware de uma cadeia de suprimentos comprometida.
Medidas:	» Atualize os softwares do dispositivo com frequência. » Usar softwares que estejam de acordo com a compliance da instituição. » Conter Endpoint na máquina local. » Leia os termos no contrato antes de instalar o software desejado. » Verifique a compatibilidade do software a fim de evitar indisponibilidade no sistema.

Vulnerabilidade 6:	Proteção de privacidade insuficiente
Descrição:	Dado pessoal do titular armazenado no dispositivo ou no sistema que é utilizado de forma não autorizada.
Medidas:	» Armazene em locais que estejam em compliance com a instituição. » Utilize cofre de segurança criptografado.

Vulnerabilidade 7:	Transferência e armazenamento inseguros
Descrição:	Falta de encriptação ou controle de acesso de dados sensíveis em qualquer parte do sistema, incluindo dados armazenados em transferência.
Medidas:	» Segregue de acesso. » Faça criptografia ponta a ponta. » Faça armazenamento seguro.

Vulnerabilidade 8:	Gestão do dispositivo insuficiente
Descrição:	Faltas de funcionalidades necessárias na gestão do dispositivo. Exemplo: sistemas embarcados sem função de monitoria, geração de LOGs etc.
Medidas:	» Adapte o sistema para o cliente. » Atenda aos requisitos de segurança como Logs, atualizações contínuas, e atenda aos requerimentos de boas práticas em segurança da informação.

Vulnerabilidade 9:	Configurações padrão inseguras
Descrição:	Dispositivos ou sistemas fornecidos com configurações predefinidas inseguras ou sem a capacidade de tornar o sistema mais seguro, impedindo os usuários de modificar configurações.
Medidas:	» Reconfigure as configurações que vêm como padrão com o objetivo de atender ao nível de segurança aceitável. » Antes da implementação, verifique as opções de segurança que o dispositivo oferece. » Verifique outras opções no mercado que podem ser mais seguras do que o atual sistema/dispositivo sem sair do objetivo proposto.

Vulnerabilidade 10:	Falta de segurança nativa em hardware
Descrição:	Acesso físico aos componentes que armazenam dados críticos para o funcionamento do dispositivo.
Medidas:	» Opte por componentes com criptografia embarcada em hardware. » Não instale drivers e firmware de terceiros. » Mantenha os drivers e firmware sempre atualizados. » Garanta que um programa de usuário nunca possa ganhar controle do computador em modo supervisor.

Checklist Geral de Proteção para a IoT:

» Adicione senha nos dispositivos.

» Prefira comprar dispositivos que suportam senhas complexas.

» Agregue todos os dispositivos em uma VLAN residencial separada dos PCs.

» Realize o mascaramento de rede.

» Troque frequentemente as senhas dos dispositivos.

» Verifique se a senha é armazenada criptografada no dispositivo.

» Mantenha o sistema sempre atualizado.

» Prefira fornecedores que divulgam os detalhes do *update*.

» Bloqueie fisicamente as lentes dos dispositivos com webcams.

» Realize segregação de acesso.

» Mediante a possibilidade, crie pontos de restauração.

» Tenha backups dos arquivos principais.

» Procure ter redundância em ambientes de alta criticidade.

» Evite exposição desnecessária na internet.

» Certifique-se de que o link é legítimo.

Mantenha-se sempre atualizado sobre as boas práticas de segurança da informação

Considerações Finais

Sim, é importante e pode-se considerar e concluir que a arquitetura do novo aparelho televisivo, bem como a de outros recursos, deve ser considerada para um melhor entendimento, em uma visão "top-down", daquilo que circulará como fator principal da preocupação com segurança e privacidade dos dados. Essa arquitetura fica dividida em camadas, nas quais se forma um modelo de estrutura convergente e de novos serviços oferecidos que fazem com que seja possível se preparar para novas integrações e interações, seja no exemplo da utilização de uma Smart TV, seja para qualquer outro tipo de recurso ou serviço.

É notável também que *hackear* uma Smart TV provavelmente não trará o retorno financeiro de *hackear* um computador ou smartphone, pelo fato de as grandes informações críticas, importantes e mais confidenciais estarem ainda armazenadas e transitando entre esse tipo de equipamento, mais do que em uma Smart TV. Mas é claro que a LGPD não quer saber como, quantas vezes, de que jeito, quando e por quem foi hackeado determinado tipo de produto ou serviço. A questão é mitigar riscos e, de uma forma cada vez mais preventiva, fazer também valer não somente na esfera técnica-operacional, mas também na jurídica-legal, a propensão retrógrada de ocorrências de perda de dados.

A LGPD traz consigo questões como a segurança do processamento que controladores e processadores devem garantir, implementando medidas técnicas e organizacionais apropriadas, levando em consideração o estado da arte, os custos de implementação e a natureza, escopo, contexto e as finalidades do processamento, bem como o risco de probabilidade e severidade variáveis dos direitos e liberdades das pessoas físicas. Tais medidas devem incluir:

» A pseudonimização e criptografia de dados pessoais.

» A capacidade de garantir a confidencialidade, integridade, disponibilidade e resiliência dos sistemas e serviços de processamento.

» A capacidade de restaurar a disponibilidade e o acesso a dados pessoais em tempo hábil no caso de um incidente físico ou técnico.

» Um processo para testar regularmente, analisar e avaliar a eficácia das medidas técnicas e organizacionais para garantir a segurança do processamento dos dados.

No entanto, ressalta-se que a privacidade pessoal ainda é muito importante, de maneira que, como vimos, é justamente a política de privacidade que, ao menos, tentará ajudar a definir e clarificar bem quais tipos de informações cadastrais e absorvidas em tempo real serão de fato manipuladas pelo fabricante quando o usuário estiver online. Esse é um lado da moeda. O outro, como também vimos, são justamente as vulnerabilidades, que, por falta de maiores cuidados da engenharia de hardware e software do fabricante, proporcionarão, de fábrica, algumas brechas para supostos ataques de pessoas mal-intencionadas externamente. De olho então neste trio: OT + Privacy Design + Privacy by Default.

Também se pode constatar que a Smart TV, que é o exemplo que se tomou por base até agora, é um ambiente perfeito para vigilância. Conforme retratado, algumas Smart TVs têm recursos de captura de som e imagem, com câmera embutida. Além também do fato de que, mesmo desligadas, elas poderão receber sinais (no caso, ligadas na energia e desligadas somente via controle remoto) e que estão cada vez mais inseridas em diversos locais públicos e privados. Vale, assim, a atenção, como descrito no decorrer deste livro, às questões relativas não somente de estar online, na internet (que é uma das principais), bem como não blindar sua rede interna (roteador, Wi-Fi), onde sua Smart TV está inserida, além das questões de outros sistemas físicos cibernéticos no contexto da Internet das Coisas. Então abra sua mente para cenários muito mais expansivos e com outros tipos de recursos e serviços que podem ocorrer com mesma essência quanto à utilização de uma Smart TV.

O contexto do sistema operacional, o *middleware* e os aplicativos; todos eles contidos na arquitetura, deve ser repensado com plataformas robustas, compatíveis e bem testadas (como o Android), o que colaboraria no âmbito da exploração de desenvolvimento e implementação mais flexível. Havendo também, por exemplo, uma padronização dessa arquitetura, pelo menos nos níveis do kernel (núcleo principal), que seria o Sistema Operacional + *Middleware* (deixando pelo menos as aplicações à vontade para cada fabricante), haveria uma espécie de força tarefa unificada e homogênea de todos os fabricantes a desenvolverem essa arquitetura padrão central, com menos personalizações, podendo, assim, resolver de forma mais eficiente futuras vulnerabilidades. Fato esse que, segundo o relatório lançado pelo Gartner e que se chama "Prevenção é inútil em 2020: Proteja a informação através do monitoramento persuasivo e de Inteligência Coletiva", em que se destacam dois grandes desafios: "*A segurança da informação que não pode mais evitar ataques direcionados e avançados*" e "*Grandes gastos com segurança da informação têm como foco a prevenção de ataques e não o suficiente tem sido para monitoramento e capacidades de resposta de segurança.*"

Ou seja, é, de fato, uma recomendação que merece destaque, de maneira que o foco seria em tais fornecedores/fabricantes/provedores de solução e serviços investirem em suas capacidades de resposta a incidentes, definindo uma equipe que mapeie processos para entender rapidamente o alcance e o impacto de uma violação detectada em seus aparelhos. Além da sugestão de definir uma espécie de framework padrão para esses fornecedores/fabricantes/provedores de soluções e serviços também se organizarem em sua gestão de privacidade e, claro, consequentemente, em um processo de governança da privacidade.

Os líderes empresariais com responsabilidades que incluem segurança, privacidade e conformidade das informações precisam identificar não apenas as leis de proteção de dados as quais devem cumprir, mas também o risco de privacidade aplicável às suas organizações, juntamente dos danos à privacidade possíveis para os titulares de dados associados, e, em seguida, utilizar as estruturas eficazes para ajudá-los a lidar e mitigar adequada e continuamente o risco de privacidade. O foco atual para um grande número de organizações em todo o Brasil está em como se preparar e cumprir a nova lei de proteção de dados, que está cada vez mais presente em nossa realidade e cotidiano.

Nesse contexto, sensores, telefones celulares, objetos vestíveis, etiquetas RFID, câmeras e componentes de middleware têm uma característica em comum: todos eles são pontos de entrada de dados, que podem incluir dados pessoais. À medida que os intervenientes do cenário da IoT aproveitam fortemente os dados pessoais para prestar serviços e aumentar o bem-estar dos consumidores, a proteção de dados pessoais e a segurança são elementos-chave na "cadeia de criação de valor" da IoT.

A respeito disso, a IoT não representa apenas novos desafios; também faz com que os desafios tradicionais se agravem e se multipliquem. Por exemplo, o controle do proprietário dos dados sobre dados pessoais torna-se mais difícil devido ao número disperso de fontes de dados e entidades que processam dados pessoais; à medida que a cadeia de provedores de serviços de IoT se estende, a alocação de responsabilidades e a aplicação da LGPD se tornam mais complexas; e o mesmo pode ser dito no que tange ao cumprimento dos princípios de limitação de finalidade e minimização de dados. Além disso, não é fácil identificar em cada caso qual é o terreno legal viável para o processamento de dados pessoais. O consentimento dos proprietários desses dados nem sempre é confiável; o domínio das chamadas cidades inteligentes vem ganhando espaço neste nosso cotidiano desta vida dita moderna.

Essa complexidade precisa, portanto, ser simplificada de alguma forma, ao mesmo tempo em que garante um nível adequado de segurança e proteção de dados pessoais. Os indivíduos terão a oportunidade de viver em um ambiente de IoT seguro e confiável. Esse cenário tem de ser conciliado com o novo panorama legislativo concebido pela Lei Geral de Proteção de Dados (LGPD), que tem previsão para entrar em vigor ainda em 2020.

Por isso, mais do que nunca, a nomeação de um Data Protection Officer (DPO) representa um passo valioso para uma melhor proteção dos dados pessoais dentro dos projetos e coloca as empresas em conformidade com as próximas regras sobre proteção de dados estabelecidas pela LGPD, que poderá contar com a Associação Nacional dos Profissionais de Privacidade dos Dados (ANPPD) para compor esse desafio de profissionais que são referências nessa grandiosa função, de maneira que o DPO poderá realizar, por exemplo, avaliações a checar se determinada violação representa um risco para os direitos e liberdades desse usuário-cidadão e de outras pessoas envolvidas no tratamento de dados pessoais, agora envolvido cada vez mais nesse universo da Internet das Coisas. Assim, como dito durante o decorrer deste livro, o leitor certamente já percebeu a importância fundamental de esse profissional estar devidamente capacitado, se preparando nos conceitos e práticas dessa dinâmica de tanta coisa em diversos segmentos do mercado, atrelada agora também à preocupação com a proteção e privacidade dos dados exigida para superar esses desafios.

A LGPD fornece aos titulares de dados uma ampla gama de direitos que podem ser aplicados contra organizações que processam dados pessoais. Esses direitos podem, talvez, limitar a capacidade das organizações de processar legalmente os dados pessoais dos titulares de dados de muitas das maneiras que haviam feito regularmente no passado, e podem impactar significativamente o modelo de negócios de uma organização. Essa mudança em um modelo de proteção focado no indivíduo representa uma grande transformação de como as organizações devem agora proteger os dados pessoais de indivíduos aqui no Brasil, considerando cada vez mais uma governança corporativa e de TI focada também na gestão da privacidade.

Referências Bibliográficas

ABREU, D. Melhores práticas para classificar as informações. *Módulo e-Security Magazine*, São Paulo, ago. 2001. Disponível em: <http://www.modulo.com.br>. Acesso em: 31 out. 2015.

ALBERTA. Government of Alberta. *Information Security Classification*. Alberta, Feb. 2005. Disponível em: <http://www.im.gov.ab.ca/publications/pdf/InfoSecurityClassification.pdf>. Acesso em: 31 out. 2015.

ANPPD — Associação Nacional dos Profissionais de Privacidade de Dados. Disponível em: <https://anppd.org/membros>. Acesso em: dez. 2019.

APPOLINÁRIO, F. *Dicionário de metodologia científica*: um guia para a produção do conhecimento científico. São Paulo: Atlas, 2009.

APP INVENTOR.ORG. App Inventor 2 Changes. Disponível em: <http://www.appinventor.org/appInventor2Changes>. Acesso em: 7 nov. 2015.

ARENDT, H. *A condição humana*. 10. ed. Trad. Roberto Raposo. Rio de janeiro: Forense Universitária, 2009.

ARISTÓTELES. *Política*. Rio de Janeiro: Ediouro, 1988.

ARRUDA CONSULT. Matriz de Priorização CEB. Disponível em: <http://www.arruda-consult.com.br/2015/02/matriz-de-priorizacao-ceb-aprenda-usar.html>. Acesso em: 4 dez. 2015.

ASCENSÃO, J. de O. Sociedade da Informação e o mundo globalizado. *Boletim da Faculdade de Direito da Universidade de Coimbra*, Coimbra, 2003.

BENOIT, H. *Digital television. Satellite, cable, terrestrial, IPTV, mobile TV in DVB.* 4. ed. Paris: Focal Press, 2008.

BLOGGER. Disponível em: <http://4.bp.blogspot.com/n45rq5PpO7c/USfnRxG5zJI/AAAAAAAAFhY/NyQqJNcF98/s1600/V+Familia_tv_antiga.jpg>. Acesso em: 17 nov. 2015.

BRASIL, Ministério da Ciência e Tecnologia. *Livro Branco — Ciência, Tecnologia e Inovação.* Disponível em: <http://www.cgee.org.br/arquivos/livro_branco_cti.pdf>. Acessado em: 22 dez. 2015.

_____. Ministério da Educação. *Base Nacional Comum Curricular.* Brasília, DF, 2015. Disponível em: <http://basenacionalcomum.mec.gov.br/#/site/base/o-que>. Acesso em: 21 out. 2015.

BRASTEMP. Suporte Brastemp para configuração DE rede sem fio, 2019. Disponível em: <https://brastemp.custhelp.com/app/answers/detail/a_id/896>. Acesso em: fev. 2019.

_____. Manual. Disponível em: <http://conteudoproduto.magazineluiza.com.br/manual/08/084251600/manual.pdf> e <http://conteudoproduto.magazineluiza.com.br/manual/08/084251600/manual.pdf>. Acesso em: fev. 2019.

BROWN, J. D. *Library classification and cataloging.* [S.l: s.n.], 1916.

CAPURRO, R. Epistemologia e ciência da Informação. In: ENCONTRO NACIONAL DE PESQUISA EM CIÊNCIA DA INFORMAÇÃO, 5. Belo Horizonte: Escola Ciência da Informação/UFMG, 2003.

CARTOONSTOCK. Quadrinhos e desenhos animados de Smart Tv. Disponível em: <https://www.cartoonstock.com/directory/s/smart_tv.asp>. Acesso em: dez. 2018.

CELLARD, A. A análise documental. In: POUPART, J. et al. *A pesquisa qualitativa*: enfoques epistemológicos e metodológicos. Petrópolis: Vozes, 2008.

CESEG. Cap. 5 — Introdução à segurança de aplicações para a TV digital interativa brasileira. Alexandre Melo Braga, Gilmara Santos Restani, 2010. Disponível em: <http://ceseg.inf.ufpr.br/anais/2010/04_minicursos/minicurso_05.pdf>. Acesso em: 2 jan. 2016.

CHIZZOTTI, A. *A pesquisa em ciências humanas e sociais.* São Paulo: Cortez, 2005.

COLENGHI, V. M. *O&M e qualidade total*: uma integração. Rio de Janeiro: Qualitymark, 1997.

CONSUMENTENBOND. Analyse privacy voorwaarden Smart TVs in opdracht van de Consumentenbond, Aug. 2014. Disponivel em: <http://www.consumentenbond.nl/campagne-content/privacy/media/201400820Onderzoek_privacyvoorwaarden_smarttv.pdf>. Acessado em: 1º dez. 2015.

CONSUMENTENBOND-2. Mais privacidade com TVs inteligentes: Dicas. Disponível em: <http://www.consumentenbond.nl/internet-privacy/extra/smart-tvs-privacytips/>. Acessado em: 29 dez. 2015.

DAGNINO, R. *Tecnologia social*: uma estratégia para o desenvolvimento. Fundação Banco do Brasil. Rio de Janeiro: 2004. 216p. ISBN 85-86392-13-8.

DAGNINO, R.; GOMES, E. Sistema de inovação social para prefeituras. In: CONFERÊNCIA NACIONAL DE CIÊNCIA E TECNOLOGIA PARA INOVAÇÃO. *Anais*... São Paulo, 2000.

DAVENPORT, T. H. *Ecologia da informação*: porque só a tecnologia não basta para o sucesso da era da informação. Trad. Bernadete Siqueira. São Paulo: [s.n.], 1998.

DIERKS, T.; ALLEN, C. The TLS Protocol Version 1.0. IETF RFC 2246. The Internet Society, 1999. Disponível em: <http://www.ietf.org/rfc/rfc2246.txt>. Acesso em: 31 maio 2015.

DIGITAL LIVING NETWORK ALLIANCE. *Consumer Home*. Disponível em: <www.dlna.org>. Acesso em: 31 out. 2015.

ESCOLA ANDROID. Como Controlar sua Smart TV pelo Android? Disponível em: <http://www.escolaandroid.com/como-controlar-smart-tv-pelo-android/>. Acesso em: 17 fev. 2016.

ETSI — European Telecommunications Standards Institute. Digital Video Broadcasting (DVB).

EXIN. O guia descomplicado da LGPD. Disponível em: <https://dam.exin.com/api/&request=asset.permadownload&id=5200&type=this&token=383487baf5140dcafe-471d83cbc0791b?__vbtrk=MjY1MDE6MTQwNDUzODA6bmV3c2xldHRlcg==&_uax=-MjY1MDE6MTQwNDUzODA=>. Acessado em: 28 ago. 2019.

FERREIRA, G. M. *Curso de direito constitucional*. São Paulo: Saraiva, 2014, p. 218.

FERREIRA, G. M. *Curso de direito constitucional*. São Paulo: Saraiva, 2014, p. 218.

FIGUEIREDO, N. M. A. *Método e metodologia na pesquisa científica*. 2. ed. São Caetano do Sul: Yendis, 2007.

FORTUNATO, I. Civilização em crise: grotesco e histeria devoram o jornalismo. *Revista E-COM*, Belo Horizonte, v. 5, n. 1, p. 124-138, 2010.

GALPERIN, H. Comunicación e integraciónenla era digital: um balance de la transición hacia la televisión digital en Brasil y Argentina. *Revista Eletrônica Telos*, Madrid, 2003.

GARTNER. *Gartner's hype cycle special report for 2011*. [S.l.], 2012. Disponível em: <http://www.gartner.com/technology/research/hype-cycles/>. Acesso em: 31 out. 2015.

GEORGIA. Supreme Court of Georgia. *Pavesich v. New England Life Insurance CO. et al.* 14 May 1904. Disponível em: <http://faculty.uml.edu/sgallagher/pavesich_v.htm>. Acesso em: 5 jun. 2015.

GIL, A. C. *Como elaborar projetos de pesquisa*. 4. ed. São Paulo: Atlas, 2002.

GOLDENBERG, M. A arte de pesquisar — Como fazer pesquisa qualitativa em ciências sociais. Disponível em: <http://www.ufjf.br/labesc/files/2012/03/A-Arte-de-Pesquisar-Mirian-Goldenberg.pdf>. Acesso em: 23 nov. 2015.

HARDESTY, L. As raízes do MIT do novo software do Google. *MIT Notícias Office*, [s.l.], 19 ago. 2010.

HONNETH, A. *Luta por reconhecimento*: a gramática moral dos conflitos sociais. São Paulo: Editora 34, 2003.

_____. A textura da justiça: sobre os limites do procedimentalismo contemporâneo. *Civitas*, Porto Alegre, v.9, n.3, p. 345-368, set.-dez. 2009.

INSTITUTO EUVALDO LODI. Núcleo Central. *TV digital*: qualidade e interatividade. Brasília, DF: IEL/NC, 2007.

INTERNATIONAL DATA CORPORATION. *Smartphone OS Market Share, 2015 Q2*. Califórnia, 2015. Disponível em: <http://www.idc.com/prodserv/smartphone-os-market-share.jsp>. Acesso em: 31 out. 2015.

IAPP, PRIVACY TRACKER. GDPR matchup: Brazil's General Data Protection Law. Disponível em: <https://iapp.org/news/a/gdpr-matchup-brazils-general-data-protection-law/>. Acesso em: 11 set. 2019.

ISACA. Usando os princípios de privacidade da ISACA para conformidade com o GDPR, por Rebecca Herold, CISA, CISM, FIP, CIPM, CIPP/IT, CIPP/EUA, CISSP, FLMI — Foco COBIT | 14 de agosto de 2017. Disponível em: <http://www.isaca.org/COBIT/focus/Pages/using-isaca-privacy-principles-for-gdpr-compliance.aspx>. Acesso em: 23 mar. 2019.

ISO 27001. Tecnologia da informação — Técnicas de segurança — Código de prática para controles de segurança da informação (segunda edição). Disponível em: <https://www.iso27001security.com/html/27002.html>. Acesso em: 27 ago. 2018.

JOHN LOGIE BAIRD. In: BIOGRAPHY.COM. Disponível em: <http://www.biography.com/people/john-logie-baird-9195738>. Acesso em: 4 nov. 2015.

JOHNSON, S. Cultura da interface: como o computador transforma nossa maneira de criar e comunicar. Rio de Janeiro: J. Zahar, 2001.

JWSAT. Notícias , história TV. Disponível em: <http://www.jwsat.com.br/noticias/historia_tv.pdf>. Acesso em: 21 nov. 2015.

KEPNER, C. H.; TREGOE, B. B. *O administrador racional*. São Paulo: Atlas, 1981, p. 58.

KOREA UNIVERSITY. Hacking Surveying and Deceiving Victims on Smart TV. Disponível em: <https://www.slideshare.net/skim71/us-13leehackingsurveillinganddeceivingvictimsonsmarttvslides-25125956>. Acesso em: nov. 2018.

KUHLEN, Rainer. *Informationsethik*: Umgangmit Wissen und Information in elektronischen Räumen. Konstanz: Universitätsverlag Konstanz, 2004 *apud* CAPURRO, Rafael. Privacy: an intercultural perspective. *Ethics and Information Technology*, [s.l.], v. 7, p. 37-47, 2005.

LAFER, C. *A reconstrução dos direitos humanos*. São Paulo: Companhia das Letras, 1998.

LEMOS, A. L. M. *Anjos interativos e retribalização do mundo*: sobre interatividade e interfaces digitais. [S.l.: s.n], 1997.

MARCONI, M. A.; LAKATOS, E. M. *Fundamentos de metodologia científica*. São Paulo: Atlas, 2007.

MCLUHAN, M. *Os meios de comunicação como extensões do homem*. São Paulo: Cultrix, 1995.

MICROSOFT TECHNET. Business of IT — Understanding Regulatory Compliance, by Tony Noblett. Disponível em: <https://technet.microsoft.com/en-us/magazine/2006.09. businessofit.aspx>. Acesso em: 17 dez. 2015.

MIT AI2 COMPANION. Disponível em: <https://play.google.com/store/apps/details?id=edu.mit.appinventor.aicompanion3 HYPERLINK "https://play.google.com/store/apps/details?id=edu.mit.appinventor.aicompanion3&hl=pt_BR"& HYPERLINK "https://play.google.com/store/apps/details?id=edu.mit.appinventor.aicompanion3&hl=pt_BR"hl=pt_BR>. Acesso em: 4 nov. 2015.

MIT. Wha tis App Inventor? Disponível em: <http://appinventor.mit.edu/explore/content/what-app-inventor.html>. Acesso em: 22 nov. 2015.

MIT-02. Setting Up App Inventor 2. Disponível em: <http://appinventor.mit.edu/explore/ai2/setup.html>. Acesso em: 22 nov. 2015.

MIT-03. Installing and Running the Emulator in AI2. Disponível em: <http://appinventor.mit.edu/explore/ai2/setup-emulator.html>. Acesso em: 22, nov. 2015.

MIT-04. Installing App Inventor 2 Setup on Windows. <Disponível em: <http://appinventor.mit.edu/explore/ai2/windows.html>. Acesso em: 22 nov. 2015.

MONTEZ, C.; BECKER, V. *TV digital interativa*: conceitos, desafios e perspectivas para o Brasil. 2. ed. Florianópolis: Ed. da UFSC, 2005.

MORAN, J. M. *A interatividade na televisão e nas redes eletrônicas*. São Paulo: EDUSP, 2002.

MORIN, E. *O enigma do homem*. Para uma nova antropologia. Rio de Janeiro: Zahar, 1975

MULTIMEDIA HOME PLATFORM (MHP). Specification 1.1.1. v. 1.1.2. Rev.1. ETSI. França, 2003.

NAVARROS, A. M. N. de P.; LEONARDOS, G. *Informational privacy*: origin and foundations in American Law. 2011. Disponível em: <http://www.publicadireito.com.br/artigos/?cod=34f9a343f945196b>. Acesso em: 31 out. 2015.

NORA ONLINE. Bestand:E-SENS architecture. Disponível em: <https://www.noraonline.nl/wiki/Bestand:E-SENS_architecture.jpg>. Acesso em: 11 dez. 2019.

NPD GROUP. *TV screen Application Usage*. Disponível em: <https://www.npdgroupblog.com/wp-content/uploads/2012/12/CI-Connect-Home-Blog.jpg>. Acesso em: 8 nov. 2015.

OLIVEIRA, D. de P. R. de. *Planejamento estratégico* — Conceitos, metodologias e práticas. São Paulo: Atlas, 1992.

OLIVEIRA, Z. M. R. de (Org.). *Educação infantil*: muitos olhares. 3. ed. Revista. São Paulo: Cortez, 1996.

_____. *Docência em formação*: Educação infantil. São Paulo: Cortez, 2002.

PAES, A.; ANTONIAZZI, R. Padrões de Middleware para TV Digital. UFF — Universidade Federal Fluminense — Centro Tecnológico — Departamento de Engenharia de Telecomunicações. Disponível em: <http://www2.midiacom.uff.br/downloads/pdf/paes_2005a.pdf>. Acesso em: jun. 2005.

PELTIER, T. R. *Standardinzing Information Classification*. Disponível em: <http://searchsecurity.techtarget.com/tip/1,289483,sid14_gci995767,00.html?Offer=SEcpcc42005>. Acesso em: 31 out. 2015.

PORTAL EDUCAÇÃO. Arquitetura da TV Digital. Artigo por Colunista Portal — Educação. Disponível em: <http://www.portaleducacao.com.br/iniciacao-profissional/artigos/45876/arquitetura-da-tv-digital#>. Acesso em: 17 dez. 2015.

PPGCE — Programa de pós-graduação em tecnologias, comunicação e educação. Diretrizes para elaboração do relatório de qualificação e relatório final (dissertação, plano de aplicação ou produto). Disponível em: <http://www.ppgce.faced.ufu.br/sites/ppgce.faced.ufu.br/files/Anexos/Bookpage/DIRETRIZES_QUALIFICACAO_DEFESA_PPGCE_0.pdf>. Acesso em: 16 dez. 2015.

PRESIDÊNCIA DO BRASIL. Lei do Marco Civil da Internet. Disponível em: <http://www.planalto.gov.br/ccivil_03/_ato2011-2014/2014/lei/l12965.htm>. Acesso em: 28 dez. 2015.

PUC-PR, MAPEAMENTO SOBRE A INTERATIVIDADE NA TV DIGITAL. Interactivity survey in the digital television, Ed. Porto[a], Lívia Cirne. Disponível em: <http://www2.pucpr.br/reol/index.php/comunicacao?dd99=pdf HYPERLINK "http://www2.pucpr.br/reol/index.php/comunicacao?dd99=pdf&dd1=3585"& HYPERLINK "http://www2.pucpr.br/reol/index.php/comunicacao?dd99=pdf&dd1=3585"dd1=3585>. Acessado em: 13 fev. 2016.

RAMOS, A. *Classificação da informação*: teoria e prática. [S.l.], ISSA, [2002]. Disponível em: <http://static1.1.sqspcdn.com/static/f/454486/8555837/1284551483920/Classificao+da+Informao+-+Teoria+e+prtica.pdf?token=E%2BteQb4oE0CjTDk8bNfT46csPAg%3D>. Acesso em: 31 out. 2015.

RAPID TV. *Quase metade dos dispositivos de entretenimento domésticos estão conectados*. 3 maio 2013. Disponível em: <http://convergecom.com.br/teletime/03/05/2013/quase-metade-dos-dispositivos-de-entretenimento-domesticos-estao-conectados/>. Acesso em: 7 nov. 2015.

RODOTÀ, S. *A vida na sociedade da vigilância*: a privacidade hoje. Rio de Janeiro: Renovar, 2008.

SAMSUNG. Inserindo o adaptador smart home na lavadora. Disponível em: <https://www.samsung.com/br/washing-machines/?cid=br_paid_ppc_google_lavadora_ongoing_cad29-a0005_text_none_%2Blavadora%20%2Bsamsung&gclid=EAIaIQobChMI3qjukI-PD5gIVhQ2RCh3ODg_LEAMYASAAEgKxWfD_BwE>. Acessado em: nov. 2019.

SEBRAE. Quadro de Modelo de Negócios: para criar, recriar e inovar. Disponível em: <http://www.sebrae.com.br/sites/PortalSebrae/bis/Quadro-de-modelo-de-neg%C3%B-3cios:-para-criar,-recriar-e-inovar>. Acesso em: 14 dez. 2015.

SÊMOLA, M. *Gestão da segurança da informação*: uma visão executiva. Rio de Janeiro: Campus, 2003.

SERPRO. O que muda com a LGPD. Disponível em: <https://www.serpro.gov.br/lgpd/menu/arquivos/infografico-lgpd-em-um-giro>. Acesso em: 11 set. 2019.

SLANE CARTOONS. Privacy Landslide By Chris Slane. Disponível em: <https://www.slanecartoon.com/-/galleries/blog/privacy-landslide>. Acesso em: Abr. 2020.

SIRIHAL, A. B.; LOURENÇO, C. de A. Informação e conhecimento: aspectos filosóficos e informacionais. *Informação & Sociedade*: estudos, João Pessoa, v. 12, n. 1, p. 67-92, 2002. Disponível em: <http://www.ies.ufpb.br/ojs2/index.php/ies/article/viewFile/154/148>. Acesso em: 9 out. 2015.

SHODAN.IO MECANISMOS DE PESQUISA. Disponível em: <https://www.shodan.io/>. Acesso em: Maio 2020.

SYMANTEC. Você sabe se o GDPR impacta a sua organização? Disponível em: <https://resource.elq.symantec.com/LP=5906?cid=70138000001MGUYAA4&mc=232816&aid=elq_17211>. Acesso em: 11 set. 2019.

TECHTUDO, VIDA DIGITAL. Devo proteger minha televisão contra vírus. Disponível em: <http://www.techtudo.com.br/dicas-e-tutoriais/noticia/2014/06/devo-proteger-minha--smart-tv-contra-virus-e-ataques-hackers-veja-como.html>. Acesso em: 22 mar. 2016.

TELEVISÃO. In: WIKIPEDIA. Disponível em: <https://pt.wikipedia.org/wiki/Televis%C3%A3o>. Acesso em: 5 nov. 2015.

VIEIRA PINTO, Á. *O conceito de tecnologia*. Rio de Janeiro: Contraponto, 2005. 2 v.

WARREN, S.; BRANDEIS, L. The Right to Privacy. *Harvard Law Review,* Cambridge, v. 4, n. 5, p. 193-220, 1890. Disponível em: <http://www.english.illinois.edu/-people-/faculty/debaron/582/582%20readings/right%20to%20privacy.pdf>. Acesso em: 25 de maio 2012.

WEBER T. *Ética e filosofia política*: Hegel e o formalismo kantiano. Porto Alegre: EDIPUCRS, 1999, p. 97-118.

WEMISSOURTV.COM. *The Evolution of TV*. Disponível em: <http://www.wemissourtv.com/wmotv/wp-content/uploads/2015/10/WMOTV_TV_Infographic_JD_v2.0.jpg>. Acesso em: 6 nov. 2015.

RESPOSTAS DE ORIENTAÇÃO — APRIMORANDO SEU CONHECIMENTO

CAPÍTULO I

Questão 1 — Resposta → Sustentam: Segurança, Proteção e Privacidade. A diferença é que a privacidade dos dados é focada no uso e controle de dados pessoais — coisas como implementar políticas para garantir que as informações pessoais dos consumidores sejam coletadas, compartilhadas e usadas de maneiras apropriadas. A segurança se concentra mais na proteção de dados contra ataques maliciosos e na exploração de dados roubados com fins lucrativos. Embora a segurança seja necessária para proteger os dados, não é suficiente para abordar a privacidade.

Questão 2 — Resposta → É a NBR/ISO — 27701 — Norma Brasileira de Segurança da Informação e Privacidade. Sua importância é que as organizações que seguem os requisitos dela criarão evidências documentais de como lidam com o processamento de dados pessoais, que podem ser usadas para facilitar acordos com parceiros de negócios com os quais o processamento desses dados é relevante e para esclarecer o processamento de tais dados pessoais da organização com outros acionistas.

Questão 2 — Resposta → A aplicação do Privacy by Design tornará o processo de desenvolvimento mais eficiente na proteção dos dados. Saber quais os dados se pretende utilizar e dar uma opção sobre a forma como seus dados são utilizados, aplicando a privacidade por predefinição, também facilitará a transparência desses dados. E a transparência é fundamental quando se trata de ganhar a confiança para coletar os dados em primeiro lugar. Em outras palavras: aplicar Privacy by Design e Privacy by Default é essencial para diminuir riscos legais no manuseio de dados pessoais. É por isso que muitas organizações já incorporaram esses conceitos em seus processos de desenvolvimento.

CAPÍTULO 2

Questão 1 — Resposta → Livre para pesquisa e aprimoramento.

Questão 2 — Resposta → Livre para pesquisa e aprimoramento.

Questão 3 — Resposta → Seriam questões relacionadas à Tecnologia Operacional, juntamente ao conceito de Privacy by Default e Privacy by Design.

Questão 4 — Resposta → Poderíamos dizer que tendência de maiores integrações com redes sociais, eletroeletrônicos e eletrodomésticos e toda uma centralização de vídeo-multimídia, com inúmeros recursos de aplicativos para videogame que interagem com a Smart TV, em volta, ainda, da possibilidade de busca de conteúdo, além, é claro, dos próprios dispositivos mobile e dos diversos tipos de sinais de comunicação e transmissão, aumentando, assim, o leque de novas brechas e vulnerabilidades, seria um dos principais fatores para um direcionamento mais voltado às preocupações quanto à proteção de dados e privacidade.

Questão 5 — Resposta → Livre para pesquisa e aprimoramento.

Questão 6 — Resposta →   A Autoridade Nacional de Proteção de Dados (ANPD) é um órgão da administração pública direta federal do Brasil que faz parte da Presidência da República e tem atribuições relacionadas à proteção de dados pessoais e da privacidade e, sobretudo, deve realizar a fiscalização do cumprimento da Lei nº 13.709/2018, conhecida como Lei Geral de Proteção de Dados Pessoais (LGPD).

Essa entidade foi criada pela Medida Provisória (MP) nº 869, de 27 de dezembro de 2018. Originalmente, a criação da ANPD estava prevista no texto original da LGPD, porém foi vetada pelo ex-presidente Michel Temer, sob alegação de "vício de origem", já que o texto determinava que o órgão faria parte do Legislativo, que não pode dispor sobre a organização do Estado, uma vez que isso é prerrogativa do Executivo. A MP 869/2018, que altera a LGPD reinserindo a criação da ANPD, foi aprovada pelo Plenário da Câmara dos Deputados, com o deputado Orlando Silva (PCdoB-SP) sendo o relator, no dia 28 de maio de 2019. No dia 29 de maio de 2019, o Senado, com o senador Rodrigo Cunha (PSDB-AL) sendo o relator, também aprovou a medida. No dia 8 de julho de 2019, o presidente Jair Bolsonaro sancionou o texto que prevê a criação da ANPD, surgindo, assim, a Lei nº 13.853, de 8 julho de 2019. A criação de uma autoridade nacional independente para fiscalizar o cumprimento da LGPD faz com que o Brasil esteja de acordo com o Regulamento Geral sobre a Proteção de Dados da União Europeia, o que torna o país capacitado para o transacionamento de dados pessoais com países da EU.

Questão 7 — Resposta → Livre para pesquisa e aprimoramento.

CAPÍTULO 3

Questão 1 — Resposta → A conformidade com a LGPD em ambientes de IoT traz muitos desafios sem dúvida. O primeiro, na verdade, trata-se do "consentimento". Podemos controlar quais dados são coletados sobre quem ou quais são coletados? Um hóspede pode proibir a coleta de seus dados enquanto estiver em uma casa que não a sua? Atualmente, os sistemas de IoT lutam para fornecer esse tipo de controle, e as comunicações Machine-to-Machine (M2M) se baseiam no fato de que a contribuição humana não é necessária para o sistema funcionar.

Questão 2 — Resposta → Sem dúvida, outro desafio é a "minimização de dados" e o princípio de "limitação de finalidade". Em um ambiente Smart Home, os sensores implantados podem coletar informações altamente pessoais. Limitar a coleta de dados ao necessário em relação aos propósitos do processamento desses dados talvez seja inviável nesse ambiente. Por exemplo, o áudio e o vídeo são capturados na forma bruta (lembra-se do tópico sobre a essência dos dados?); portanto, a única maneira de limitar a coleta de dados é censurá-lo logo após ser capturado, o que nos leva ao próximo desafio, que é a transparência e o direito de "ser esquecido".

Questão 3 — Resposta → O fato é que os controladores e processadores devem implementar mecanismos apropriados e eficazes de preservação da privacidade, como anonimização e pseudonimização. Embora ambos tenham o objetivo de desvincular certas informações pessoais dos dados, o processo para fazer isso é bem diferente. A anonimização concentra-se em suprimir atributos pessoais, geralmente chamados de PII (identificação pessoal de informações), para impedir a reconstrução; portanto, os atributos são destruídos. Uma função hash é um exemplo de anonimização. Por outro lado, a pseudonimização é um procedimento em que atributos pessoais são substituídos por outros que estão vinculados aos originais. A tokenização é um exemplo de pseudonimização.

Questão 4 — Resposta → Livre para pesquisa e aprimoramento.

Questão 5 — Resposta → Do sistema de TI do controlador aos sistemas do titular dos dados/Do ambiente de TI do controlador aos sistemas de dados de terceiros confiáveis/Do sistema de TI de um controlador ao de outro (novo) controlador de dados.

Questão 6 — Resposta → Atualizar o firmware: mantendo sua Smart TV sempre atualizada. Alguns aparelhos têm a opção de atualização automática. Ative essa função.

Blindar o roteador: procure manter a criptografia mais atual. Roteadores mais antigos têm encriptação WEP, antiga e mais suscetível à invasão. Dê preferência para dispositivos com o protocolo de segurança WPA2, mais atual e seguro.

Evitar compras: não coloque informações de cartões de crédito e dados bancários e não faça compras pelas Smart TVs, pois elas não têm sistema de verificação SSL, ou seja, não é possível verificar se o site é confiável.

Suspeitar de links: assim como em outras plataformas, evite clicar em links desconhecidos. Ou seja, o mesmo padrão de quando navega em seu computador.

Cuidados com dados externos: use com cautela pendrives e HDs externos. Antes de conectá-los à TV, passe um antimalware. Também proteja dados sensíveis dos dispositivos, utilizando algum software de criptografia. Ou seja, além dos perigos iminentes que vêm da internet, existe a possibilidade de infecções por intermédio dos componentes da própria Smart TV.

Questão 7 — Resposta → Livre para pesquisa e aprimoramento.

Índice